「倭」の神々と邪馬台国

志賀島・宗像・八女

宮島正人

海鳥社

「倭」の神々と邪馬台国——志賀島・宗像・八女◉目次

［凡例］①各章における本文の引用は、『魏志倭人伝』等の漢籍一般については『新訂 魏志倭人伝・後漢書倭伝・宋書倭国伝・隋書倭国伝――中国正史日本伝〈1〉』（岩波書店）、『古事記』『日本書紀』『風土記』については岩波日本古典文学大系本（岩波書店）、『万葉集』の訓読については澤瀉久孝『万葉集注釋』（全二十二巻、中央公論社）に拠った。また、六国史関係の記事はおおむね『増補新訂 国史大系』（吉川弘文館）各書に準拠した。
②各引用文の旧字体については、便宜上、できうるかぎり、新字体に改めてある。

「倭」の神々と邪馬台国

志賀島・宗像・八女

▼エピソード 1

イソラは遠く、虚空《そら》の彼方を眺めていた。我が水軍の老将・シホツチの進言によると、遙か東の海上に、瑞々《みずみず》しい青垣山に囲まれた楽土が広がっているという。

もはや、残された道は二つにひとつ。

東に逃れるか、――あるいは南に踵《きびす》を転じて、かれらに乾坤一擲《けんこんいってき》の決戦を挑むか。

眼前のシカの島陰に、無数の小船が肩を寄せ合うようにして浮かんでいる。その中央に、ひときわ目立つ大型の大陸船が幾艘か、静かに停泊していた。

一見、のどかな朝霞《あさがすみ》の港の風景には、言い知れぬ緊張が走っていた。

ある日突然、島の西北方の海上に、夥《おびただ》しい数の軍船が出現した。

当初、日和見《ひよりみ》を決め込んでいたイトの国の軍船である。

後方支援が名目だという。

なにが後方支援か。

かれらの意を体し、半島の国々、とりわけ我らと緊密な関係にあるカヤの諸国の救援を妨害するための、海上封鎖である。

イソラは唇を噛んだ。

信じていた盟友の裏切り。

人の好さそうな、イトの国主・イトテの顔が眼前に浮かぶ。

慌ただしく斥候のナグサが帰ってきた。すでに南部の反乱軍は、セフリの山裾を囲繞《いにょう》する城塞を突破し、小休止の後、再びナの旧都を目指して進撃を開始したという。噂では、一族の巫女・ミカヨリヒメを祝《はふり》となして、我が境の神をも祀り鎮めてしまったらしい。

神が敗れた。

荒ぶる神として近隣に畏れられた我が祖神《おやがみ》も、遂に異国の神・東王父《とうおうふ》を奉ずる異形の集団に屈してしまったか。

イソラは再び、唇を噛んだ。もはや一刻の猶予もならぬ。

かの後漢帝国が滅亡に瀕して数年、帝国内部はすでに壊滅状態で、その余波は遠く辺境の東夷《とうい》にも及んでいた。

光武帝から下賜《かし》された「漢委奴国王」印、あの黄金の印判の威光も地に落ちて久しい。

新興勢力の反乱。

当然、危惧されたことであったが、この異国の神への信仰は、現世に不満を抱えた民草《たみぐさ》や、我が一族の繁栄を快く思わないワの首長層の間で、口伝えに、あたかも燎原《りょうげん》の火のごとく広がって、気付いたときにはもう手を打つ間もなかった。

イソラは決意した。

帆を揚げよ。

傍らに控えるシホツチにうわずった声で命ずると、イソラは躊躇《ちゅうちょ》なく東の空を指さした。

イソラの乗る母船は、悲鳴のような軋《きし》みを上げて、ゆっくりと旋回を始めた。

いつの日か、必ずやこの手で、この父祖の地を奪回せん。

ハヤヒトたちの操る大船団は、ゆっくりと海上に漕ぎ出していった。

一路、ニギハヤヒという神が坐《ま》すという、まだ見ぬ東方の楽土を目指して。

船はシカの島の沖で、面舵《おもかじ》を取った。右に大きく傾《かし》いだ船の舳先に、カネの岬の岩頭がのしかかるように迫ってきた。

いつの日か、必ずやこの手で——

イソラは、彼らの祖霊・ウツシヒカネサキノミコトを祀り鎮めた聖地・カネの岬を海上から遙拝し、改めて心に誓うのであった。

——我は忘れじ、シカのスメカミ、と。

……時に西暦二世紀末。後漢王朝でいえばその末期、桓《かん》帝・霊帝の治世。

後世の史書は、この事変を「倭国の大乱」と記す。

第一章 阿曇の原郷を訪ねて

奴国論Ⅰ

志賀島から立花山へ

古代の北部九州を語り起こすには、宮廷氏族・阿曇《あづみ》氏の存在を抜きにすることはできない。

彼ら阿曇氏は『日本書紀』（応神紀）に「海人《あま》宰《のみこともち》」とあり、全国各地の海人族を統率する海人系氏族として、記紀はもとより風土記にも数々の逸話を残し、大和政権の大陸・半島への派兵の際には、主に北部九州方面からの輸送や水先案内を担当した有力な宮廷氏族であったという。

もともと阿曇氏の源流は、東南アジアから中国・江南地方をへて日本列島に渡来してきた、南方系海洋民族だとされている。

彼らが日本列島に渡来してきた時期は不明だが、北部九州における初期の拠点として最有力視されるのは、『和名類聚抄《わみょうるいじゅうしょう》』にみえる「糟屋郡阿曇《あづみ》（阿雲）郷」であろうと考えられる。

その『和名類聚抄』によれば十世紀当時、糟屋郡には香椎（カスヒ）、志珂（シカ）、厨戸（クリヤ）、大村（オホムラ）、池田（イケダ）、阿曇（アヅミ）、柞原（クハラ）、勢門（セト）、敷梨（フリ）の九郷が存在した

志賀島遠望

という。

現今の地名に照らし合わせてみると、福岡市東区香椎（カスヒ）、福岡市東区志賀島《しかのしま》（シカ）、糟屋郡久山町久原（クハラ）、糟屋郡篠栗町勢門（セト）の四郷、そして「厨戸」の名義から、海産物の加工場の拠点であったと目される福岡市東区西戸崎（クリヤ）が、それぞれの比定地として有力視されている。

郡内に「阿曇」の遺称地は見当たらず、「阿曇郷」の所在地はいまだ不明であるが、いずれ旧糟屋郡北部、玄界灘に面した糟屋郡新宮町から古賀市（旧糟屋郡古賀町）にかけての海浜部に近いあたり、中心領域は、例えば古賀市鹿部《ししぶ》近辺ではないかと考えている。今日、「鹿」と書いて「しし」と読ませるものの、本来はその用字そのままに「しか」＝志賀であったのが、しか→鹿→しし、と転じたものと考えられるならば、後述するように、この地域と志賀島との直接的な結び付き（例えば志賀海神社の祭事に奉仕する氏族の居住地のごとき）、すなわち阿曇氏との緊密な関わりが想定されるからである。無論、この論法でいけば、鹿《しか》すなわち「志珂」郷、という別の解釈も成り立つのだが、「志珂」は『日本書紀』や『風土記』『万葉集』等に古くから散見される古代地名で、そのいずれもが志賀（島）を指向しており、その意味でも「志珂」郷は従来通り志賀島そのものであるべきだろう。以下、「志珂」郷＝志賀島という立論で進めていきたい。

さて、そんな、彼ら阿曇氏の聖地と目されるのが、この「阿曇郷」比定地から西の海上、「海の中道」の先端にかかった陸繋島・志賀島である。

立花山

志賀島は海人《あま》の島である。島内には『延喜式神名帳《えんぎしきじんみょうちょう》』でいう旧式内社（名神大社）・志賀海《しかうみ》神社が鎮座している。ウワツワタツミ・ナカツワタツミ・ソコツワタツミの、いわゆる綿津見《わたつみ》三神＝海神を祀る古社であり、彼ら阿曇氏が、自らの祖神として代々斎《いつ》き祀ってきたという。

神社脇の山道を車で登っていくと、やがて志賀島の最高所、潮見《しおみ》公園に辿り着く。

展望台からの眺望、三六〇度のパノラマはまさに絶景で、晴れた日には遙か遠く玄界灘の広がりを一望のもとに眺め渡すことができる。目を転じると、眼下の博多湾には、万葉の防人《さきもり》歌で知られる能古島《のこのしま》が対峙する。そして東方、海の中道の彼方には、小高い山々の連なりが見える。

立花《たちばな》連山である。

別名二神山《ふたがみ》（二上山）とも呼ばれ、古くはイザナギ・イザナミ二神を祀っていたとされる。決して高い山ではないが、方角によって峰数が異なって見えるなど、周囲から隔絶した特徴的な風貌から、古来、海陸交通の目印とされていた。

「立花山」と言った場合、一般的には北端に位置する主峰の井楼《せいろう》山（三六七ｍ）、松尾山、白岳の三峰を指すが、地勢学的にはさらに、南に峰続きの三日月山（二七二ｍ）、城ノ越山（一八〇ｍ）へと至る、南北約五㎞に及ぶ独立丘陵を一括《ひとくく》りにでき、ここでは便宜上、この地域一帯を「立花山系」と総称することにしたい。

さて、志賀島から立花山という、東西を結ぶロケーション。まるで絵に描いたようなのどかな風景から、この「物語」はスタートする。

筑紫日向之橘小門之阿波岐原

志賀海神社の境内の外れ、周囲を囲った岩の前に、海に向かって小さな鳥居が立っている。

案内版によると、往古、神功皇后《じんぐう》による「新羅征伐《しらぎ》」の際、阿曇氏の祖・阿曇磯良《いそら》が打昇浜《うちあげ》（＝海の中道）にある亀ヶ池・亀住池のあたりにて、軍が無事凱旋できるよう祈願し、七日七夜の神楽を奏した。すると黄金雌雄の亀に乗った志賀明神と勝馬明神が出現し、皇后へ干珠・満珠の玉を授け、船の舵と航路を守り導いたと伝えられる。

黄金雌雄の亀は放たれたが、後に志賀島の南岸「磯良《いそら》が崎《さき》」に石となって出現した、という伝承に因《ちな》み、後世この「亀石」なる霊石が奉納された。

鳥居は、あたかもこの亀石を祀ったようにも見えるが、実は伊勢神宮の遙拝所である。

案内版はさらに、遙拝所は「右斜め対岸の大嶽《おおたけ》神社・小嶽《こたけ》神社と正面真東の伊勢の神宮、宮中三殿等を拝」すともある。

ここにいう大嶽神社とは、志那津彦《しなつひこ》神・志那津姫《しなつひめ》・保食《うけもち》神、末社に阿曇大浜宿禰《おほはまのすくね》を祀り、小嶽神社は阿曇

志賀海神社遙拝所（鳥居の向こうに立花山が見える）

小浜宿禰《をはまのすくね》を祀るという、いずれも西戸崎（海の中道）に鎮座する小社である。このうち、志那津彦神・志那津姫はイザナギ・イザナミによる国生み神話で化生した風の神で、風を司ることから航海安全の神ともされる。阿曇大浜宿禰・小浜宿禰とは、『筑前国風土記』逸文にいう、神功皇后の新羅征伐に従った陪従の名だとされている。しかも阿曇大浜宿禰といえば、『日本書紀』（応神紀）に、

処処《ところどころ》の海人、さばめきて命《みこと》に従はず。則ち阿曇連の祖《おや》大浜宿禰を遣して、其のさばめきを平《たひら》ぐ。因《よ》りて海人宰《あまのみこともち》とす。

とあるように、「海人宰」に任じられたという伝説的な阿曇の遠祖である。このあたりはよい。

しかし、保食神は、天照大御神から葦原中国に派遣された月夜《つくよ》見《み》尊をもてなそうと、口から米飯を始め、魚や獣を次々と吐き出したところ、月夜見尊の怒りを買い斬り殺されてしまうが、体の各部位から様々な食物が生まれたため（『日本書紀』）、食物の起源になったという神である。

ここに、神社創建当初の祭神を考証する際の難しさがあるのだが、創建時期も不明なこの小社に祀られた大浜・小浜の両名が、実在の人物であるかどうかは措《お》き、両社は少なくとも阿曇氏の父祖のいずれかを祀った古跡、とだけは言えそうである。

志賀海神社

さて、伊勢神宮の遥拝所だけに鳥居は東向きに立っているが、鳥居の向こう、海上遥かに臨めるのは、無論のこと波濤数千里の彼方、伊勢神宮などではなく、直接には眼前の立花山系の峰々である。

遥拝所が設けられた経緯はともかく、この鳥居を介して東方、伊勢神宮を遥拝するということは、同時に立花山を遥拝することでもある。どうやら志賀島と立花山は、単に地理的に近いということだけではなしに、もっと根源的な部分で深く関わりあっているようだ。

記紀のイザナギ・イザナミ神話で、黄泉の国から帰還したイザナギが水辺で禊祓《みそぎはらえ》をし、綿津見神・住吉大神を始めとする神々が化生したとされる聖地を「筑紫《つくしの》日向《ひむか》之《の》　橘《たちばなの》　小門《をど》之《の》阿波岐原《あはきはら》」という。各種祝詞《のりと》の常套《じようとう》句としてよく耳にする地名であり、とりわけ綿津見神・住吉大神の出生地として重要視されてきたこの地が、現実にはどこなのかという比定地問題について、近世以降、本居宣長の『古事記伝』を始め多くの研究がなされてきたが、今日では架空の「神話的地名」と見なされ、顧みられることは少ない。

一説には宮崎県宮崎市阿波岐原《あわきがはら》町字産母《やほ》に鎮座する旧式内社・江田神社付近ともされるが、根拠といえるほどのものはない。

しかし、かたや記紀神話に登場する様々な神話的地名が、皇祖発祥の地と目される南九州に手際よく集中し、整然（?）と配置されているという特異な現況を知ってみれば、私などの「あまのじゃく」はつい、机上の神話的地名ともされがちなこの地名こそ、南九州を志向する他の「神々の原郷」群とはまったく異なる別の地点に実在した、「由緒」正しい歴史的遺称地ではないか、という疑いすら抱いてしまうのである。

無論、地名考証・比定地考証には慎重でなければならない。

あえて不遜な言い方をさせていただけば、まさに「邪馬台国」論争で主張されてきた諸説の中には、児戯《じぎ》に類する語呂合わせの羅列でしかないものも、過去に数多く見受けられた。だからこそ、自戒の意を込めて言うのだが、そのリスクを抱えつつ、あえて考察してみたい。

「筑紫日向之橘小門之阿波岐原」は、どこにあったのか。

手始めに、まずはこの問題から検証していきたい。

さて、「筑紫」であるが、これは狭義の筑紫国の義と解しておく。

次の「日向」を南九州の国名、地域名とするのであれば、その前に置かれる「筑紫」は「筑紫島」＝九州全域を広く指し示すものでなければならないが、九州全域を「筑紫島」と称するケースは、実は「国生み神話」のみに限定された特殊な使用例で、他に汎用された例は見えない。

そもそも「筑紫島」＝九州全域という発想自体、九州地方の「顔」としての筑紫、という筑紫の優越性、先進性が意識されるようになってからの、新しいものである。それでも「筑紫」を九州全域とし、「日向」は今日の日向地方（日向国）を指すというのであれば、あえてここで「筑紫」「日向」と列挙する必要はなく、単に「日向之橘〜」でよい。記紀編纂当時、すでに存在していた「筑紫国」という、狭義の国名を想起させる後次的な呼称をあえて「日向」の上に冠するのは、いらざる混乱を招くもとだからである。

というわけで「筑紫」を筑紫国とする以上、「日向」は、必然的に国名とは解釈できない。

そもそも日向とは日に向かう処、すなわち日当たりのよい場所に冠せられる自然地形名である。『古事記』の天孫降臨神話で、高天原から「筑紫日向之高千穂之久士布流多気《つくしのひむかのたかちほのくじふるたけ》」に天降った皇孫・邇邇芸《ににぎ》命は、

此処《ここ》は韓国《からくに》に向かひ、笠沙《かささ》の御前《みさき》を真来通《まきとほ》りて、朝日の直刺《たださ》す国、夕日の日照《ほで》る国なり。故《かれ》、此地《ここ》は甚吉《いとよ》き地《ところ》。

と賞賛し、宮殿を建てこの地に坐《いま》したと伝えられている。

また『播磨国風土記』に見える「朝日夕日の隠《かくろ》はぬ地」に根日女《ねひめ》命の墓所を定めたという記事（賀毛郡玉野村条）なども同様に、いずれ「日向」の地の典型である。

後代の例になるが、「朝日長者の伝説」と称し、全国的に伝えられる黄金埋蔵伝説に、必ずと言っていいほど付随して歌われる、

朝日さす　夕日かがやく　木の下に　◯◯千杯　◯◯万杯

といった類の俗謡も、「朝日の直刺す国、夕日の日照る国」の例同様、太陽の恵みを一身に受ける日当たりのよい土地が、人々にこの上ない理想とされたその延長上にあり、「日向」とはおそらくそうした理想郷の謂《いい》だったのだろう。

さらに補足すれば、ある地点を「日向」と呼称するのであれば、そう呼びならわした主体は、当然のことながら、その地点の「西側」に存在する。この点、特に強調しておきたい。

次の「橘《たちばな》」は、立花山を指すものと考えられる。

立花山一帯は現在、西に砂嘴《さし》状の海の中道を介し、間接的に志賀島と繋がっているが、海浜の砂礫《されき》が潮の流れに運ばれて砂嘴を形成する以前は、玄界灘に向かって突き出した、拳《こぶし》状の岬であったと思われる。

タチバナのタチは「断《たち》」、つまり断崖を意味すると思われるし、ハナは鼻（＝端《はな》）の謂、九州方面では海岸部に多い岬の別称である。つまりタチバナとは「断鼻《たちばな》（端）」、南北に長い立花山系の北端にあり、切り立った急峻な山の斜面が、海に向かって突き出した岬状の地形をいう名称ではないかと考えている。

青柳方面から尾東山を望む（左遠方が立花山）

例のごとく、最澄（伝教大師）が地面に突き立てた杖が化して橘の木になり、それが山名の由来になったという附会《ふかい》説話があるにはあるが、もちろん、取るに足らない俗説である。

さて、この立花山系の支脈がさらに北に延びた末端は、古賀市（旧糟屋郡古賀町）南部に続いており、ここでいくつかの小丘陵へと繋がっていくが、その一つに「尾東《おとう》山」（標高一二二m）と呼ばれる小山がある。

『明治十五年字小名調』（福岡県史資料）という、明治十五年当時の公的な土地台帳に載る地名の一覧があるが、これは近代初期まで生き残った地名の一覧としては、最も信が置け、かつ詳細な資料である。

この資料には「青柳村　尾東」の記載があって、なおご丁寧に、「尾東《トウ》」とルビまで振ってある。通常ならば「おひがし」と読みそうなものだが、あえて「ひがし」ではなく「トウ」と読まなければ

志賀島から立花山を望む（左端の小丘が尾東山）

ならない地名が先にあって、その後無理やり湯桶《ゆとう》読みの用字を当てはめてみました、という不自然さが窺える。

尾東（ヲトウ）、すなわちこれは「小門《をど》」の転ではないだろうか。

そして、この尾東山の麓に広がる集落名を、「青柳」（古賀市青柳）という。アオヤギを、「阿波岐」（アハキ、もしくはアハギ）の転訛《てんか》と考えるのである。

　青柳地区を貫流するのは青柳川といい、この川は立花（タチバナ）山の東麓に発して尾東（ヲトウ）山の裾を巡るようにして流れ、青柳（アオヤギ）の集落を貫き、この一帯に肥沃な田園地帯を形成しつつ、そのまま北流し、玄界灘に流れを注いでいる。

　青柳地区は、往古は青柳川中流域の低湿地帯であり、まさに「アハキ原」と呼ぶにふさわしい地勢を呈していた。

　ここで推定した一連の地名を並べてみると、ツクシ（地域名・国名）、ヒムカ（自然地名）、タチバナ、ヲトウ、アオヤギと、偶然とは思えないほど見事な繋がりを見せていることに気付く。『和名類聚鈔』にいう「糟屋郡阿曇郷」が、まさにここから北の、青柳川流域から海浜部にかけて想定できるのは、ひとつにはこういった理由による。

　辿り着いてみれば何のことはない、綿津見神の化生地「筑紫日向之橘小門之阿波岐原」は、――当然といえば、当然の帰結であるが――志賀島から東に臨む、阿曇氏の原郷「阿曇郷」にあった、はずなのである。

「金之三崎」と宇都志日金拆命

天明四年（一七八四）二月二十三日のことである。那珂《なか》郡（当時）志賀嶋村の百姓・甚兵衛の抱田から、金色に輝く小さな印判が発見された。

一寸弱（約二・三㎝）四方、重さにしてわずか一〇〇g強の「漢委奴国王」印、いわゆる金印発見の歴史的瞬間である。

金印の出土地点は、甚兵衛が郡役所に提出した口上書（「那珂郡志賀嶋村百姓甚兵衛申上ル口上之覚」）によれば、志賀島の南端から西回りに博多湾に沿って、弘《ひろ》漁港に向かう途中の「叶《かな》の崎」と呼ばれる岬であったらしく、今日の金印公園よりも実際にはやや北寄りの地域にあたる。

甚兵衛の口上書には、当時の出土状況が明確に記されている。それによると、甚兵衛（の小作人）が「叶の崎」の所有田の水の流れが悪くなったので、溝を直そうと掘り起こしていたところ、次々と小さな石が出て、そのうち二人がかりぐらいの大きな石が現れ、これを鉄梃《かなてこ》で取り除いた下から、この黄金の印が出土したことになっている。

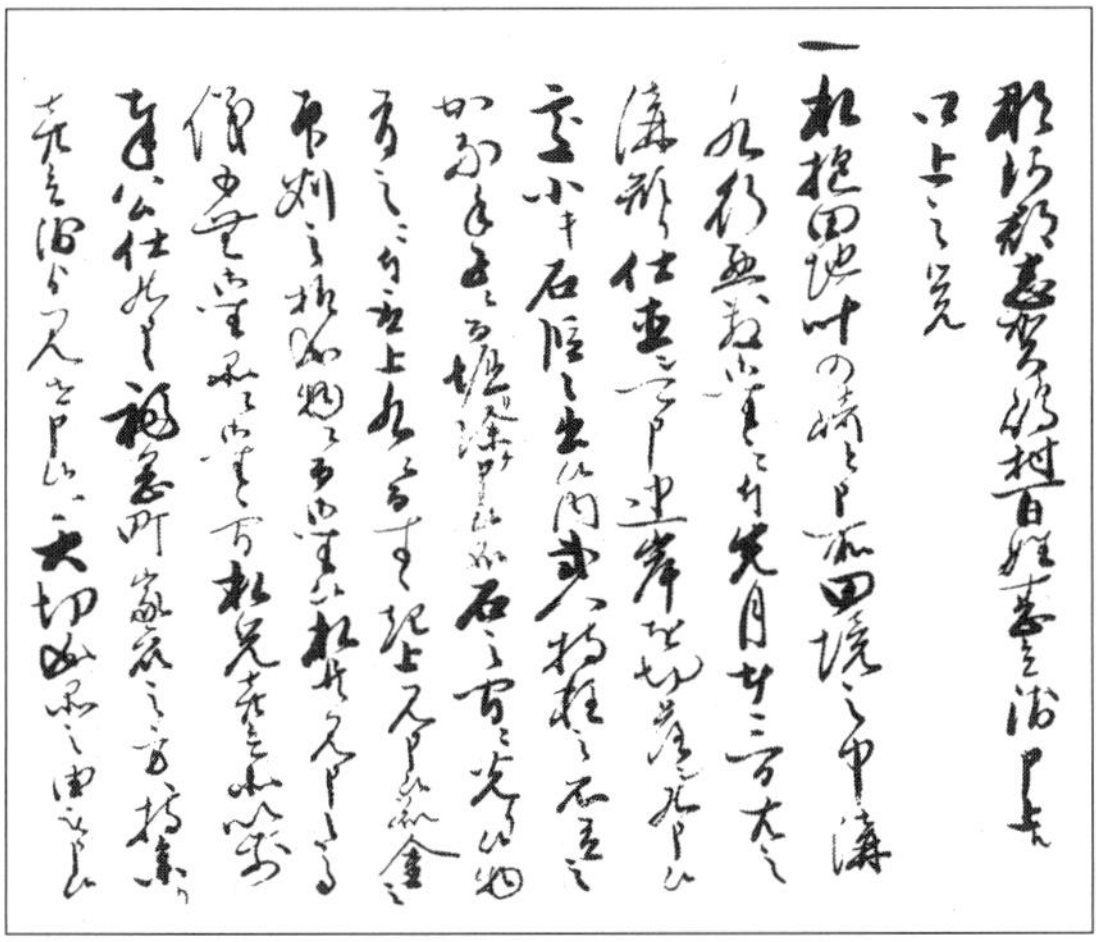

金印口上書（部分。九州大学文学部考古学研究室編『志賀島「漢委奴国王」金印と志賀島の考古学的研究』〔金印遺跡調査団、1975年〕より転載）

この「漢委奴国王」印が、『後漢書』倭伝に「建武中元

金印公園に立つ「漢委奴國王金印發光之處」の碑（叶の崎推定地とは別地点）

二年（五七）、倭の奴国、奉貢朝賀す。……光武、賜ふに印綬を以てす」とある印綬のことであるのは、周知のとおりである。

　弥生時代、北部九州に存在した倭の「奴」国が後漢王朝に朝貢し、時の光武帝から倭国の代表勢力として認可され、その証しとして金印を拝受したという記録の正確さを裏書きする、いわば生き証人なのだが、それにしてもなぜこれほど貴重な宝物が、内陸から離れた志賀島の岬頭・叶の崎に埋納されていたのかという疑問は、いまだに解決されていない。

　定かな記憶ではないが、小学生のときに、嵐で交易船が沈没し、積んでいた金印が海岸に漂着したという無茶苦茶な話を、授業だか何だかで聞いた気がするのだが、無論今では、いくら小学生相手とはいえ、そんな無稽な話が通用するとも思えない。

　博多湾に面した岬・叶の崎に、他に一切の伴出《はんしゅつ》物もなく、単独で埋納されていた金印。

　天明期の発見以来、先の素朴な漂着説はともかく、国家存亡の緊急事態（例えば「倭国の大乱」）に直面して辺地に隠匿《いんとく》したという説、たまたま紛失したとする説、墳墓の副葬品だとする説など、諸説紛々《ふんぷん》の様相を呈していたが、近年の傾向としては、おおむね支石墓《しせきぼ》説と磐座《いわくら》説とに二分されているようである。

　支石墓とは、朝鮮半島南部に多くみられる墳墓形式で、扁平な巨岩を数個の支石で支えつつ、その下に甕棺《かめかん》などの埋葬施設を伴うものである。我が国では糸島半島（志登《しと》遺跡）、春日丘陵（須玖《すぐ》遺跡）、佐賀県東松浦郡、長崎県南高来郡、熊本県玉名郡など、北部九州の十数カ所に限って見出される、特異な墳墓形態である。

金印が二人持ちの巨岩の下から出土したという口上書の記載から、この支石墓説、大いに魅力的ではあるが、残念ながら、金印が埋納されていた施設が、同時に遺骸を納める埋葬部分をも伴っていたという痕跡は、文献上はもちろん今日に至るも確認されていない。

叶の崎推定地（志賀島）

私などはむしろ、歴史学者の水野祐氏によって唱えられた、一方の磐座説に軍配を挙げたく思っている（水野祐『日本古代国家』）。

金印発見地の叶の崎は、あたかも対岸に、万葉の歌枕として知られる能古島を望み、その北端にして防人の設置された也良《やら》の崎と真正面から相対し、博多湾における最も狭隘《きょうあい》な海峡をなしている。

まさにここは、北部九州と朝鮮半島とを結ぶ対外航路の通過地点にあたり、その突端に埋納された金印は、眼下を往還する船舶に対し、航路の安全を祈願する磐座（祭祀施設）――「海の正倉院」として知られる沖《おき》ノ島の祭祀遺跡群がそうであったように――に納められた神宝ではなかったか、と考えてみたいのである。

祭祀遺跡といいつつ、沖ノ島の祭祀遺跡のように長期間にわたる祭祀の痕跡が認められないのは、埋納後ほどなく、この神宝を埋納したまま祭祀を放棄しなければならない緊急事態が発生した、とでも考えなければならないが、この件に関してはいずれ語る機会があろう。

さて、私がこのように考えるきっかけとなったのは、『万葉集』にある、次の歌との出会いである。

ちはやぶる　金之三崎《かねのみさき》を　過ぎぬとも　吾《われ》は忘れじ　志賀《しか》の皇神《すめかみ》

（巻七・一二三〇）

波の荒い恐ろしい鐘の岬を過ぎてしまっても、自分は忘れまい、志賀の神様を（澤瀉久孝《おもだか》『萬葉集注釋』）、というぐらいの大意であるが、歌に詠まれた「金之三崎」とは、宗像市鐘崎《かねざき》の北端、通称「鐘ノ岬」のことであるという。また、「志賀の皇神」とは、志賀島に鎮まり坐《ま》す綿津見神、つまり志賀海神社に祀られた綿津見三神のことだとされている。

宗像市鐘崎（鐘ノ岬）

綿津見神とは、漁撈《ぎょろう》や航海の安全をつかさどる、いわゆる海の神であるから、要するにこの歌は、舟人が航海の難所として知られていた鐘ノ岬沖を通過しようとする際、海上の彼方を振り返って、志賀島に祀られた綿津見神に海路の安全を祈り手向けた呪術性の強い歌、ということになろうか。

ご丁寧にも、志賀海神社の万葉歌碑（志賀島第一号歌碑）には、この歌につき「志賀島から船出して奈良に向かう官人が詠んだもの」という、さらに踏み込んだ解説さえ付いている。

だが、現実に宗像沖を領《うしは》くのは、沖津宮《おきつ》（沖ノ島）、中津宮《なかつ》（大島）、辺津宮《へつ》（宗像市田島）に坐す宗像三女神である。これも綿津見神同様に、古くから海上交通の神々であるのに、なにゆえわざわざ「鐘ノ岬」の沖で、あてつけがましく「志賀」を冠した異所の綿津見神の神名《かみな》を称《たた》えねばならなかったのか、というのが長らくの疑問であった。

鐘崎の岬部には現在、織幡《おりはた》神社が鎮座している。

織幡神社

主祭神として、武内宿禰《たけしうちのすくね》、住吉大神、志賀大神を祀り、併せて天照大神、宗像大神、香椎大神、八幡大神、壹岐眞根子臣《いきのまねこのおみ》を配祀しているが、この神社が『延喜式神名帳』で名神大社に列する古社だということもあり、これが「鐘ノ岬」説最大の根拠になっている。

しかし私見によれば、この神社は『続日本紀』の神護景雲《じんごけいうん》元年（七六七）八月条に、宗像朝臣《あそん》深津とその妻竹生王が僧寿応に勧められ、この地に船が波風を避けるための「船瀬」（船舶の停泊地）を造り官位を授けられたという記事から知れるように、本来は船舶の停泊地＝「降泊《おりはた》」の守護に関わる神社ではないかと考えている。

おそらく創建は八世紀半ば以前には遡り得ず、古くから志賀大神（綿津見神）が祀られていたとは、とうてい考えられない。『延喜式』がまとめられたのは延長五年（九二七）であり、式内社とは、少なくともその当時において、朝廷から官社として認識されていた神社、というに過ぎず、単に由緒ある古社というだけでなしに、その選定の背景には様々な政治的事情が反映しているはずである。

『延喜式』に、織幡神社が宗像郡内において、宗像大社に次ぐ重要な位置づけがなされているのは、先の船瀬設置の記事と関連して、八世紀半ばという比較的新しい創建ゆえに記憶に残っていたとも、「船瀬設置」を手掛けた宗像朝臣が官位を授けられていることから、朝廷が特に重視した事業であり、その船瀬を守る神社であったから、とも考えられる。

そもそも古代にあっては、地名はただの記号ではない。

『万葉集』を始めとする多くの歌集には、地名に冠する様々な枕詞が用いられているが、いずれも起源的には、その土地の神々に対する呪術的な称え言葉であって、「ちはやぶる」宇治、「とぶとりの」明日香、「そらにみつ」大和、「やくもたつ」出雲、「かみかぜの」伊勢……など、国魂《くにたま》を言霊《ことだま》によって宥《なだ》め鎮める言霊信仰から発したものである。

『萬葉集注釋』を始めとする注釈書はもとより、「ご当地」の宗像市鐘崎、まして志賀島社頭の万葉歌碑ですらそうなのだから、この歌の解釈に今さら「ケチ」をつけても手遅れ感は否めないが、この解釈による限り、波の荒い「ちはやぶる」鐘ノ岬をごく間近く臨む、という極めて切迫した事態に直面しながら、こころばかりは遙か後方、志賀島の島影を追い求めて振り返る、といったちぐはぐさを拭い去ることはできないのである。

そんな折も折、ふと気が付いた。「金之三崎」が宗像の「鐘ノ岬」ではなく志賀島自体に存在すれば、問題は解決する。

万葉歌にいう「金之三崎」とはまさに「金印の岬」の謂であり、航路の安全を祈願する磐座として、この岬に金印が納められたという遠い伝承に基づく地名ではないか。すなわち金印が出土した「叶《かな》の崎」こそ、ちはやぶる「金《かね》の岬」の転じた歴史的な地名ではないだろうか。

こう思い至ったとき、あたかも目から鱗が落ちるような思いがしたことであった。

確かに宗像の「鐘ノ岬」には、七六七年に船瀬が設けられたという記録があり、古く航海の難所だとされてきたようである。

同時にまた、この「鐘ノ岬」が後世、名だたる「かねのみさき」として、『源氏物語』を始め『玉吟集《ぎょくぎん》』『夫木和歌集《ふぼく》』など中世期の歌集にも好んで詠まれた伝統的な歌枕でもあったことは、紛れもない事実である。

しかしその事実と、『万葉集』に詠まれた「金之三崎」が、同一の地点を指向しているという根拠は、たまたま地名の読みが一致するということ以外、どこにもないのである。

『源氏物語』玉鬘《たまかづら》の巻に、

……かねの御崎を過ぎても、「われは忘れず」など、世とゝもの言種《ことぐさ》にて……

『散木奇謌集《さんぼくきか》』第六巻にも、

音にきく　鐘のみさきは　つきもせず　なく声ひゞく　わたりなりけり　（七八九）

と引用される「かねのみさき」は、すでにこの時点で宗像の「鐘ノ岬」そのものを指しており、そこにはかつて金印の埋納された、志賀島の聖地「金の岬」の記憶を窺い知ることはできない。

しかしそれは、その時代の知識層の「共通認識」がそうであったという、最低限の事実を示すに過ぎない。

右の用例にしても「鐘ノ岬」が風光明媚な歌枕として当時の貴族たちに知られていたというだけで、紫式部の一文にしても、実地の見聞に基づくものではなく、ただの風聞をもとにした、観念上の所産に過ぎなかった。おそらく、紫式部自身が現地に赴いて実感したものではないからである。

矛盾した言い方に聞こえるが、それもまた然り、紫式部の追従したイメージは、決して間違いではないのである。

寛平《かんぴょう》六年（八九四）、菅原道真の建議によって遣唐使が廃止される。

それ以降、我が国は大陸文化の軛《くびき》から脱し、いわゆる国風文化の時代に入っていくが、それはまた同時に、かつて多くの先人たちが、いかに身命を賭して玄界灘の波濤を越え、苦難の末、大陸や半島との関係を維持し続けてきたかという貴重な記憶をも、次第に薄れさせていく結果となった。

無論、そのときにはすでに志賀島の「金之三崎」に、対外航路の安全を見守ってくれた黄金の印が埋納されているという伝承など、跡形もなく消え失せてしまっていた。

したがって国内の沿岸航路が逐次整備されていき、筑紫に下る官人が、往路復路に玄界灘に突出した、異様な「鐘之岬」を目にする機会が増え、しばしばかの地に「こころ」を止めるようになると、当然のなりゆきとして、こちらの「かねのみさき」の名が、大きくクローズアップされてくる。

そんなとき、たまたま『万葉集』に見出した「金之三崎」、これすなわち「鐘之岬」のこと也、と考える方が、彼らにとってむしろ自然であったに違いない。

四季折々の花鳥風月を詠じることに、せめてもの生きがいを見出した平安貴族たちは、こぞってこの地を訪れ、その風光に浴し、和歌を競い合った。

結局彼らにとっての「かねのみさき」とは、西下東上の途、親しく目の当たりにする歌枕・鐘之岬でありさえすればそれでよかったし、以後、中世・近世を通じて「音にきく　鐘のみさき」として、充分に彼らの歌ごころを動かし得たのであった。

すべては、この「誤解」から始まった、と考える。

作者未詳歌を巡る異説の一つに過ぎないが、「金之三崎」を従来の「鐘ノ岬」ではなく、志賀島の「叶の崎」にもってくることで、いまだ結論の出ていない金印埋納の意義が無理なく説明できるとすれば、たかが一首とはいえ、あだやおろそかにすべきではない、と思う。

さて、さらに話を進めていきたい。

志賀島を語る以上、金印発見の歴史的事件だけでなく、志賀島を拠点とした古代豪族・阿曇氏との関わりについて、ここでぜひとも触れておかなければならない。

当然、金印を埋納した主体・奴国王家との歴史的関係が取り沙汰されなければならないが、従来、常識的な帰結として奴国王家＝阿曇氏という関係を示唆する記述は多くみられるが、この点に関し、積極的な根拠が示されたことはない。

弥生時代中期とされる漢委奴国王・金印の時代と、神話とはいえ、八世紀初頭に編纂された古文献としての記紀。それは一方が、おもに考古学的知見からのアプローチであり、他方が神話学・文献史学等からの考察という、専門領域を異にする研究であるために、両者の研究成果を相互に援用し、相互に補完し合う方向になかなか働いていかないという、タコツボ的な欠点を抱えているからだろうか。

だが、そうも言っていられない。

先にも述べたように、阿曇氏は志賀島に祀られた綿津見三神を、自らの「祖神《おやがみ》ともちいつく」のだが、厳密にいえば『古事記』に、故、阿曇連等は、その綿津見神の子、宇津志日金拆《うつしひかなさく》命の子孫《うみのこ》なり。

とあり、この「ウツシヒカナサク」の語義解釈が、かねてから問題とされてきた。

綿津見神の子、という系譜は、この際無関係である。要は、綿津見神の持つ別神格、別の側面を「〜の子」という形で表現したに過ぎない。

私見ながら、ウツシヒは現霊《うつしひ》（ヒは霊的存在を表す古語である。後述）、カナサクは金崎《かねのさき》の転と解することができ、したがって綿津見神の子「ウツシヒカナサク」とは、綿津見神（＝海神）であると同時に、「金之三崎＝叶の崎」に祀られた金印が、神霊（人格神）の形をとって現世に示現した神としての側面を持つ、という語義解釈が可能となってくる。

つまり、阿曇氏の祖神は綿津見神であると同時に、ある局面においては金印そのものでもあったわけで、金印を斎き祀った奴国王家の末裔という、終わってみれば、これもまたしごく当然の結論に達するのである。

第二章

倭とは何か

倭国論Ⅰ

「金印紫綬」の意義

さて、ここで視点を東アジアに向けてみたい。

時代は、弥生時代中期。

当時の北部九州には、「倭」と総称される小国家群が割拠し、玄界灘方面を主なホームグラウンドとして、半島南端部から対馬・壱岐を飛び石伝いに、福岡県西北部沿岸にかけて、倭人による環状の一大勢力圏を築き上げていた。

その中でも後漢の光武帝から黄金色まばゆい「漢委奴国王」印を下賜された奴国王家＝阿曇氏は、玄界灘沿岸諸国を中心とする倭国の事実上の盟主となり、大陸・半島航路の開かれた唯一の窓口として、玄界灘一円に覇権を確立することになる。

すでに触れたように、『後漢書』の記載によれば、建武中元二年（五七）、倭国の雄・奴国が後漢の光武帝から印綬を下賜されたという。これが江戸時代の天明四年（一七八四）、志賀島の「叶《かな》の崎」で発見された「漢委奴国王」印、いわゆる金印であることはいうまでもない。

無論、この金印について、些か問題がないわけではない。たかが東夷の一小国に過ぎない奴国に金印下賜という破格の待遇がなされたのはなぜか、という当然すぎる疑問である。

当時の後漢帝国は、周辺諸国の支配強化の一環として遠交近攻策をとっていた。倭国と後漢が特に親密な関係を結んだ背景は、後漢が倭国を懐柔することによって、その両国に挟まれた朝鮮半島諸国を制圧する、一つの牽制策に役立てようとするためであった。

特にこの時期、半島の楽浪郡内では内乱が勃発し、光武帝は南鮮の韓民族の動向には最も神経を尖らせていた。そこで後漢としては、この韓民族の背後に控えている倭人勢力を手なずけて、いざというときには、倭と連合して韓民族を腹背から挟撃し得る態勢を整えておこうとしたのだ、という（水野祐『日本古代国家』他）。

これは決して、倭人・倭国勢力に対する過大評価ではあるまい。事実、後代の記録ではあるが、『三国史記』『三国遺事』等、古代朝鮮の事跡を記した史書には、倭人の集団が海を越えて半島の辺境を侵し、半島諸国がその制圧に手を焼いていたことを示す記事が、頻繁に記載されている。

奴国が倭の盟主として君臨し得たのは、他の諸国に比してとりわけ抜きんでていたその水軍力、海運力によるものと思われる。後漢帝国が倭人勢力に期待し、評価の軸としたのは実にこの点であって、ここに奴国を倭国の代表として認めるに至ったものであろう。

奴国の領域と考えられる福岡平野に特徴的な考古学的遺物は、何といっても銅矛《どうほこ》に代表される武器型祭器である。

ちなみに奴国の中枢域と目される春日丘陵周辺に限定しても、弥生時代中期を中心とする埋納遺跡として、坂本遺跡（中広銅矛一）、岡本バンジャクジン遺跡（中広銅矛九）、小倉西方《こくらにしかた》遺跡（中広銅矛十）、岡本辻遺跡

（広形銅矛九）などが知られ、範囲を福岡平野一帯に広げた場合でも、板付遺跡（不明銅矛五）、恵子《えこ》向遺跡（中広銅矛三）、安徳原田遺跡（広形銅矛十三）、上白水門田《かみしろうずもんでん》遺跡（広形銅矛一）と、他地域を圧倒する総数量である。伊都国の中枢域と考えられる糸島方面では、同時期以降に三雲《みくも》南小路《みなみしようじ》遺跡からわずかに中細銅矛が二本出土しているのみで、彼我の差は歴然としている。

銅矛（広形銅矛）の大量出土地として福岡平野と並び称されるのは対馬であるが、ここは『魏志倭人伝』に「良田なく、海物を食して自活し、船に乗りて南北に市糴《してき》す」と記される海人の根拠地であった。

そもそも「武器型祭器」と一括総称されるものの、銅矛は、こと銅剣や銅戈《どうか》とは異なり、本来は天に向かって屹立《きつりつ》する様態にその特徴がある。

『日本書紀』（第七段一書第一）に、岩屋戸隠れした天照大神（日神）を再び招き寄せるためにアメノウズメノミコトが宇気槽《うけぶね》を踏みならして踊ったときの採物《とりもの》の名を「日矛《ひぼこ》」と伝えているが、白日の下で切っ先を天に向けて据えられ、日の光を浴びて輝く姿がそのまま日神の招《お》ぎ代《しろ》として観ぜられるに至ったものだろう。現に、佐賀の検見谷《けんみだに》遺跡、島根の荒神谷《こうじんだに》遺跡など、銅矛の一部に綾杉状の研ぎ分け加工が見られるものが全国で二十数例確認されているが、これなどは日の光を浴び微妙に変化する、その輝きのもたらす心理的効果を狙った、呪術的な施しではないかと考えられている。

かかる銅矛が、海人系氏族の祭祀に深く関わる祭器であったと考えられるのは、洋の東西を問わず、海洋民族の間では日神信仰が多くの場合海神信仰と結び付いていること、とりわけ対馬には、漁撈民の間に日神を祀る天童《てんどう》（天道）信仰が古くから伝えられていることなどからの説明が可能である。

寄る辺のない外海航路のことである。天候の順なることを祈り、航路の安全を祈り、一方で太陽の運行を観察することが航路の方角や時間・現在地などを判断する決め手となる以上、海洋民にとって、日神を祀ることは彼らの死命を制する重要な祭事であったに違いない。先に述べたように、広形銅矛が海人の根拠地・対馬から集中出土するということは、同じく銅矛文化の一方の拠点となっている奴国の氏族的特質を考える上で、極めて興味深い事実である。

さて、奴国の優れた海運力ということであるが、それは金印がなぜ、奴国の中枢と目される春日丘陵ではなく、博多湾頭の志賀島で発見されたかという問題と不可分に結び付いてくる。

倭国が対外貿易を基調とした奴国王家＝海人系氏族・阿曇氏に主導されたものであってみれば、その領域は、内陸部に進出するよりもむしろ、狗邪韓国から奴国に至る玄界灘沿岸諸国を中心とし、あるいは遠く出雲、越《こし》方面も視野に入れ、日本海沿岸地方もしくは瀬戸内海沿岸地方にかけての港湾都市を結んだ、東西に長い、ゆるやかな広域ネットワークを形成していたのではないかと考えられる。

なればこそ、である。

環―倭―和

いつのころからかは、分からない。

とにかく、遙か悠久の昔、「倭人」と呼ばれる集団がいた。

後漢の人・班固《はんこ》の撰した『前漢書』地理志に、

楽浪の海中に倭人有り、分かれて百余国と為る。歳時を以て来たり、献見すと云ふ。

とある有名な一節が、文献に徴する限り、「倭」の文字が充てられた最初の記事だという。以後、『三国志』魏書東夷伝・倭人条、『後漢書』東夷伝・倭条などと、一貫して「倭」の用字で統一されているのは、歴代の古代中国王朝にとって「我が国」がどのような存在と見なされていたかを、端的に物語っているように思われる。

すなわち、手持ちの漢和辞典を紐解いてみると、「倭」という用字には「①したがうさま。また、つつしむさま。②うねって遠いさま」とあり、さらに「音符の委は、なよやかな女性の意味。したがうの意味や、くねくねと遠いの意味を表す」という解説が付いている。

そもそも「倭」には古く「わ」「ゐ」二つの読み（もしくはその中間音）の可能性があるといい、この場合どちらの読みに従うべきなのかすら、いまだに明確ではないのだが、それが「わ」であろうと「ゐ」であろうと、歴代中国の史籍が、我が国の呼称をとりわけ「倭」という表意文字で示してきたのは、それなりに意味があろう。

つまり古代中国王朝にしてみれば、我が国は東夷という僻遠《へきえん》の地にありながら、従順にも遠路、王化の徳を慕ってわざわざ使節を寄越してきたあっぱれ蛮族の国、ということになるらしい。

ただ、本来「わ」だか「ゐ」だか自称していた我が国のことを、例の中華思想に基づき、見下しつつ「倭」と表記したのは中国王朝の勝手であって、漢字表記される以前の、純然たる原日本語の音による国名「わ」（ゐ）の拠って来たるところこそが、我が国の古代国家成立の謎を解明する、ひとつのカギになると私は密かに考えている。

というわけで、ここまで「倭」の読みを繰り返し「わ」「ゐ」の併記でごまかしてきた問題に、一応決着をつけておきたい。

結論から言えば、私はこれを従来通りに、「わ」と読むべきだと考えている。かといって、衆知を集めつついまだ定説のないこの問題につき、欣《きん》喜《き》雀躍《じゃくやく》して鬼の首をこれ見よがしに振りかざせるような、大した根拠があるわけではない。

「倭」が「和」となり、「大倭」がいつしか「大和」と表記されるに至った（ただし、そこに至る道筋は平坦な一本道ではなく、複雑な問題を孕《はら》んでいると思われるが――後述）、そして何よりも、あえて「倭」を「わ」と読み慣わしてきた我が民族の感性の中に、素朴ながら歴史の真実が込められている、と感じるからである。

さて、「倭」を「わ」と読みつつ、その「わ」という原日本語の意味するところを、私なりに考えてみたい。まず、先人たちは、過去にどのような解釈を下してきたのだろうか。

①一条兼良説……日本人が初めて中国人に国名を尋ねられたとき、「吾国《わがくに》を謂《い》ふや」（＝私の国のことを尋ねているのか）と反問したのを、中国側が「吾」だけを聞きかじって国名だと誤解した。

②本居宣長説……日本人の従順で穏やかな性格を「わ」＝「和」＝「倭」と呼ぶようになった。

その他、背が低くて背中が丸くなっている矮小な民族（＝倭）だとか、中国大陸からくねくねと遙か遠くにある未開の国（＝倭）などの説、および、これら字義に沿った諸説が絡み合ういくつかのバリエーションに、ほぼ言い尽くされる。

ところが近年の説であるが、従来にはなかった見解を述べるのは、井沢元彦氏である。氏は、「わ」を「環《わ》」の義と解し、その「環」を、近年発見が相次いでいる「環濠《かんごう》集落」の形態と関連付けた上で、古代中国人に国名を尋ねられた日本人が、まだ「クニ」という概念がよく理解できていなかったので、自分たちが考える「クニ」の概念に一番近いもの、すなわち周囲に濠を巡らした集落、という意味で、それは

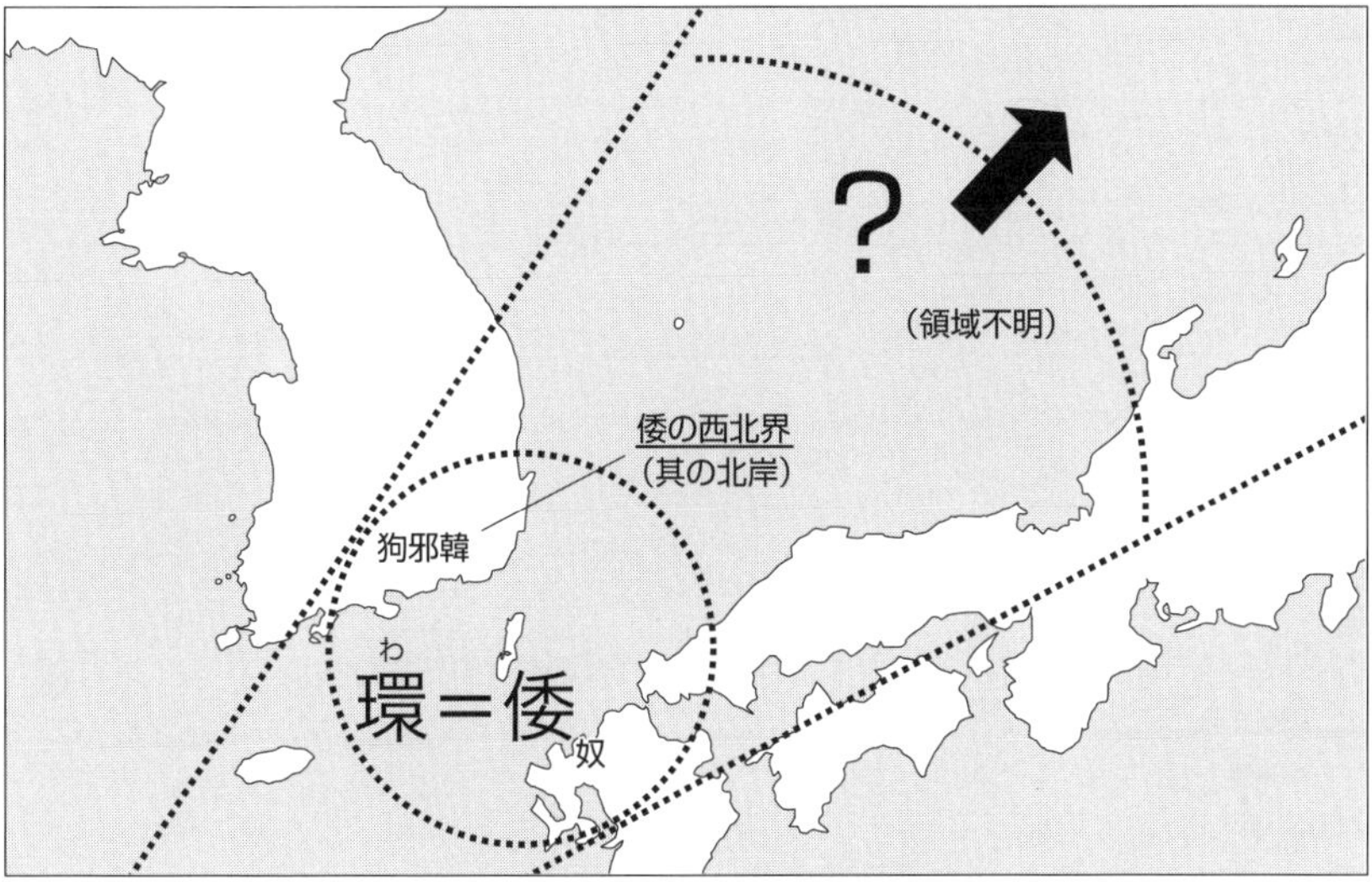

■図１　環＝倭の概念図（狭義）

「環《わ》」である、と答えたことに由来する、という（井沢元彦『逆説の日本史』第一巻）。

ただし、実のところ、集落の周囲に濠を巡らし、あるいは柵を設け土塁や石塁を積み上げるがごとき防禦施設は、決して我が民族固有のものではない。これらは汎世界的に通用する、都市防衛のための常態として認められるものであって、それがゆくゆくは「環」＝「わ」＝「倭」という国名に昇華してしまうほど、我が国で特徴的、かつ象徴的なものであったとは思えない。

だが、「わ」を「環《わ》」の義と解する氏の見解そのものは、極めて示唆に富んでいる。

試しに製図用コンパスを用意してみよう。

玄界灘のいずれかの地点、例えば対馬あたりにコンパスの支点を置き、そこから朝鮮半島南部と北部九州を掠《かす》めるように大きな円を描いてみる。そうすると、コンパスでなぞった円の北端、つまり朝鮮半島の南端には『三国志』魏書にいう「狗邪韓《くやかん》国」を見出すことができる。一方、その正反対にあたる北部九州側には、ちょうど「奴国」の比定地として最有力視されている福岡平野が、すっぽりと収まってしまう。

かように、
①北部九州と朝鮮半島に挟まれた玄界灘を「環」状に取り巻く地域にあって、
②『三国志』魏書東夷伝・倭人条等に見える、狗邪韓、対馬、一支、伊都、奴など、南北岸およびその周辺部に展開する有力な港湾都市を各拠点とし、
③その優れた航海術をもって東西南北に展開していった小国家群のネットワーク
つまり、国境を接した陸続きの領域ではなく、現在の日韓両国に跨《また》がりつつ、海上の道によって結ばれた、これら「環」状に広がる島嶼国家群を結ぶ海域を、「環」＝「わ」と総称したのではないか、というのが私の考えである。

その領域が、玄界灘を中核に、東西南北どの範囲まで広がっていたのかは不明である。

日本列島が大陸から切り離されて、今日のような形になったのは、今から一万年ほど前だといわれているが、それ以前は、ちょうど間宮海峡と対馬海峡あたり、南北で袋状に窄《すぼ》まって大陸と繋がっており、そのため日本海は大きな湖だったという。

今日の地図に照らしてもその基本的な形状は変わらず、日本列島、とりわけ日本海側の「裏日本」は、日本海を挟んで大陸と相対し、全体で大きな環状の沿岸部を形成していることがよく分かる。

自称であれ他称であれ、当時の「倭人」が自らを「環《わ》」と称したとき、現実的に彼らがこの広大なエリアをネットワーク化できていたかどうかはともかく、少なくとも彼らの意識においては、我らはかかる海域を「南北に市糴し」支配する誇り高き海洋民なり、という矜持があり、おそらく大陸側においても、「倭人」のこのような海洋民としての民族的特質を、概ね認めていたということではないだろうか。

さて、そのように解すれば、以前から記事の内容が実際とそぐわないとして疑問視されていた、「倭の奴国、奉貢朝賀す。使人自ら大夫を称す。倭国の極南界なり」（『後漢書』・倭条）という一節も、「邪馬台国」登場以前の倭の領域（広義の「環《わ》」）において、奴国が日本海を「環」状に取り巻く海域の最南端（博多湾岸）に位置することを考え併せ、逆にこの記事の信頼性も際立ってこようというものである。

また、『後漢書』東夷列伝の「倭の西北界、狗邪韓国」という記事、『三国志』魏書東夷伝・倭人条にいう「郡より倭に至るには、海岸に循《したが》ひて水行し、乍《ある》いは東、乍いは南し、其の北岸狗邪韓国に到る、七千余里」

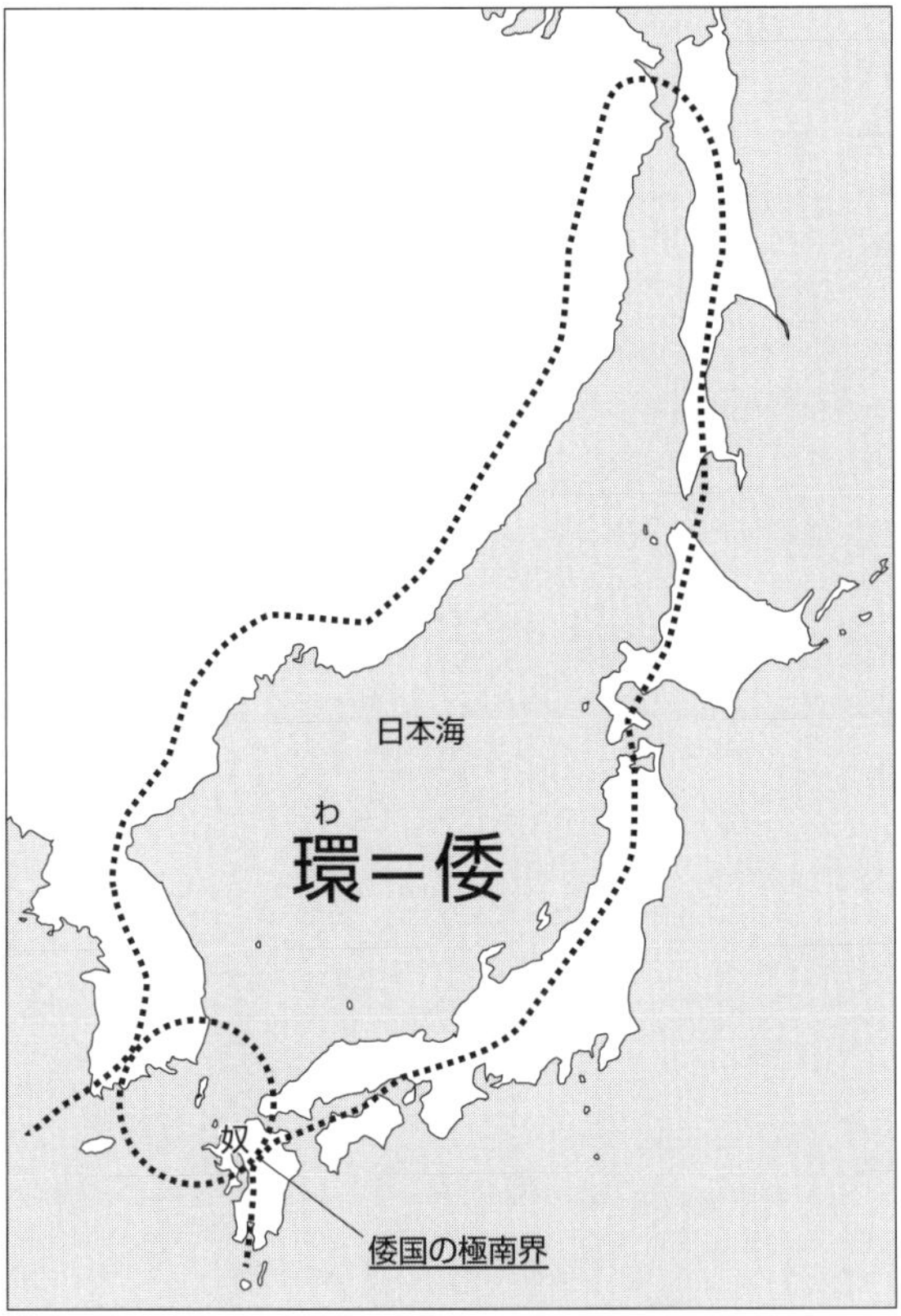

■図2　環＝倭の概念図（広義）

とある記事なども、朝鮮半島南端にありながら「狗邪韓国」が、玄界灘の海域（狭義の「環《わ》」）から見た西北界（北岸）に位置する、「倭」周縁部の一国として認識されていたこと、さらには倭の支配領域が三世紀当時、朝鮮半島の南端に及んでいたという明確な歴史的事実を示していることになろう。

これは、後に改めて提起することになるが、この点、戦後揺れ動いている「任那《みまな》」問題にも関わる、重要なポイントである。

さて、過去から現在に至る東アジアの歴史が証明するように、中国大陸と陸続きで、常に侵略・外圧の危機にさらされていた半島の南端部よりも、玄界灘を隔てた対岸の北部九州域の方が、幸い、中華思想の傘下に組み込まれることもなく、政治的にも、文化的にも、長期にわたって安定した独自の政権を維持していくに好都合であったことは、こと改めて説明するまでもないだろう。倭国が日韓両国に跨る海域にありながら、古代中国王朝から正式に「倭王」として認められた盟主が半島側にではなく、「漢委奴国王」(＝奴国)、「親魏倭王」(＝邪馬台国)と、いずれも日本列島側にあることが、その事実を裏付けている。

倭国がそのまま後代の日本、という単純な構図ではないことはもはや常識である。

我々はつい、日本対韓国・朝鮮という、排外的な国家観で物事を捉えがちである。しかし実は、日本国家成立以前、好むと好まざるとにかかわらず、北部九州から朝鮮半島南端にかけて、倭人と呼ばれる集団があって、それが数々の紆余曲折の後、やがて今日の「日本」という国家形成に大きく関わっているという事実は、知っておかなければならない。

さて、言わずもがなの一言。

我々の常識は、まとまった「土地」を占有する一定領域のみをつい、国家のイメージとして認識してしまう。だが、視点を変えてみると、都市と都市とを結ぶ陸上の道があるように、倭の各港湾都市にもまた、航路を通じてネットワーク化された海上の道があって、その通行の及ぶ海域すべてが領海、つまり倭国の領土(支配領域)、という認識が生まれるのは当然である。

結局のところ、国と国との争いは、山の幸、海の幸を巡ってのせめぎあいであり、その領域を安全かつできうる限り広範囲に支配し、保障してやることが、国家としての重要な責務である。

ましてや、陸上での移動手段に比して、変転極まりない自然の猛威にさらされやすい海上航行では、生死を賭けた相互扶助の精神が必要となってくる。そのギルド的な集団のまとまりが、倭という、玄界灘から日本海を中心に「環」状にまとまった小国家群の実態であり、倭が「環《わ》」、そしてその同族的ギルドの象徴たる「和《わ》」の精神を生み出した所以のものであろう。

ややもすれば、「島国根性」と否定的な言われ方もする日本人の民族性であるが、一方の美徳ともされる「相互扶助」の精神、これこそが長い年月の間に「環」人＝倭人＝「和」人として培われてきた「賜物」であり、近隣の某国家群とは一線を画する、優れた民族的特質の一つ、と言えようか。

第三章

阿曇王権神話の成立

奴国論Ⅱ

海神宮訪問神話

ここで再び、阿曇氏の問題に目を転じてみよう。

門脇禎二氏によれば、古代における地域国家の成立を裏付けるためには、

①王権の存在と支配組織

②支配領域

③独自の支配理念・文化的特徴

右の三つの条件が体制として揃っている必要があるという（松本清張編『銅剣・銅鐸・銅矛と出雲王国の時代』）。

ここでいう、「独自の支配理念・文化的特徴」の具体例としては、その氏族の保持する「王権神話」の存在が必須とされてくるが、私は従来から、記紀にいう「海神宮訪問神話」（海幸・山幸説話）が、この北部九州の海人系氏族・阿曇氏の王権の由来を語る、もともとは彼らの王権（即位式）神話ではなかったか、と考えて

いる。その論証過程は前著『海神宮訪問神話の研究』に詳しく述べているので割愛させていただくが、参考までに、ここでは『古事記』上巻に記載されている内容を要約し、紹介しておきたい。なお、『日本書紀』神代紀にも同趣旨の神話が記載されているが、細部の違いについては、必要に応じ、個別に示させていただくことにする。

ニニギノミコトの子・ホデリノミコトは海幸彦として、ホヲリノミコトは山幸彦としてそれぞれ生活していたが、ある日ホヲリは兄神・ホデリに互いのサチ替え（＝漁具・猟具の交換）を提案する。当初、ホデリは拒絶したが、ホヲリの再三の願いに折れ、サチ替えをすることになる。ところがホヲリはまったく釣果が得られなかったばかりか、ホデリから預かった大切な釣針を失ってしまう。

ホデリから責められ、代わりに十《と》握剣《つかのつるぎ》を鋳つぶして作った、五百、あるいは千個の釣針も受け取ってもらえず、失意のうちに海岸で泣き憂えていたホヲリは、老翁神・シホツチの助言によって、「マナシカタマ」という小船に乗り、波のまにまにワタツミの宮に辿り着く。

海の主宰神・ワタツミの歓待を受けたホヲリは、その女《むすめ》・トヨタマヒメを妻として、ワタツミの宮で安穏な生活を送るが、三年後、思わずついた溜息をトヨタマヒメに見とがめられる。ワタツミ神に事の次第を打ち明けたホヲリは、ワタツミ神の協力を得て、失くした釣針とともに塩満珠《しおみつたま》・塩乾珠《しおふるたま》の神宝を授けられ、ワタツミの使い、一尋《ひとひろ》和邇《わに》に乗って地上の世界へと帰還する。

ホヲリはワタツミの教えの通り、塩満珠・塩乾珠を駆使してホデリを散々に懲らしめ、彼をして「僕《あ》は今より後に汝命《いましみこと》の昼夜の守護人となりて仕へ奉らむ」と言わしめることになるのだが、このホデリこそが、隼人の祖であると伝えられる（後略）。

記紀神話それ自体、天皇家の王権の由来と国家統治の正当性を物語る、極めて政治性の強いものであるが、長年の研究によって、これら記紀神話を構成する様々な説話群は、天皇家独自のものではなく、朝廷に服属した宮廷氏族がそれぞれ保持していた、彼らの「神話」を吸収し、換骨奪胎《かんこつだったい》し、記紀神話という一本の壮大なストーリーに練り上げていったものであることが、次第に明らかになりつつある。

その中でもこの「海神宮訪問神話」は、もともと阿曇氏が有していた成年式説話が、阿曇氏の朝廷への服属を機に、記紀神話の構成要素の一部として取り入れられたものである、とする説が有力であった（守屋俊彦『記紀神話論考』）。

そもそも成年式（成人式）とは、一人の若者が子供社会から大人社会の一員へと新たに生まれ変わるためのイニシエーション（通過儀礼）であるが、そこでは現実に、多くの精神的・肉体的試練が課せられ、苦しみ、擬似的に「死ぬ」ことによって、成年集団を構成するにふさわしい精神力や技能を備えた一人前の大人として、再びこの世に誕生するという、死と復活の思想が、その根底に息づいているのである。

ホヲリ（山幸彦）が兄神ホデリ（海幸彦）に苦しめられ、困窮のあまり、シホツチの神の助けを得て海神宮に赴き、海神から知恵や呪具を授かった上で帰還、兄神に報復を果たす、という基本的な筋立てはまさにそれである。

この神話によく似た構成の説話が、ポリネシア、メラネシアから東南アジアに至る太平洋沿岸地域に多く伝えられていることから、おそらくこれは、元来、阿曇氏に限らず、海人系集団にあってはしばしば行われた成年式儀礼の説話化であろう、と言われる。

そして重要なことは、一つの氏族（ここでは阿曇氏）が継承すべき王権を成立させた時点で、かかる成年式説話は、説話としての素朴さから発展・変容を遂げ、まさしくひとりの王位継承者が氏族集団の長として、君主たるにふさわしい資格を身につけるための、政治的王権神話へと転用されていく、ということなのである。

「説話」から「神話」へ。わずかな字句の違いのようでいて、両者の間には限りなく大きな懸隔が存在する。神話とはつまり、長い歴史の中で繰り返し行われたであろう一連の伝統的な祭式を、歴史的一回性の出来事として集積し、伝説的個人の事績に仮託して作り上げた王権由来の物語である。そして、記紀神話がまさにそうであるように、その神話に登場する神々の幇助や協力、あるいは反逆、抗争といった役割がまた、その末裔たる宮廷氏族たちと、王者・天皇家との、「現在」における力関係を神話的に追認するといった、二重構造をも有しているのである。

神話が（王権）神話である限り、その神話の担い手たる王権が、その国家を統治しているという既成事実があり、そこではその王権の統治の正当性・正統性が語られることになる。

その手っ取り早い手法の一つは、神話の中で、その王権が他氏族（の神々）を武力で次々に征服していくさまを、一大叙事詩風に語っていくことである。または、他氏族（の神々）が、自ら進んで国土を献上したり、その王権の王位継承の祭式にこぞって参加したりするさまを描き、王権の正当性への積極的な支持を表明させることである。

いずれにしても、その王権の正当性・正統性の証明には、自画自賛、独りよがりにとどまることなく、それを客観的に支持する他者の存在が必要となってくる。

この「海神宮訪問神話」が阿曇氏独自の「神話」である限りは、古代、阿曇氏のもとで実修された成年式説話、その進化形としての、彼ら独自の王権祭式の反映である可能性があり、そうなれば当然、これらの祭式が実際に行われた「場」はもとより、その王権に屈服させられた他氏族、または王権祭式に関わっている他氏族の存在が、神話の中で語られているかどうかが焦点となる。

記紀神話における「海神宮訪問神話」の位置づけは、皇孫（初代）ニニギノミコトの御子神・山幸彦（ホヲリ・ホホデミ）が兄神・海幸彦（ホデリ）を抗争の末、ワタツミ神の協力によって屈服させ、ワタツミ神の女《むすめ》・トヨタマヒメを得て二代目となり、三代目・ウガヤフキアヘズの御代をへて、やがて人皇初代のカムヤマトイハレビコ（神武天皇）へと産み繫げていく、いわば神から人へという皇統譜上の「つなぎ」となる、重要な役回りである。

そこでは、ホヲリとの抗争に敗れたホデリの「僕は今より後に汝命の昼夜の守護人となりて仕へ奉らむ」というセリフと、このホデリが、実は隼人の祖であるという、隷属民・隼人の系譜が語られる。

しかもこの隼人族は、神話の系譜上、皇孫・ホヲリの兄神の末裔という、いわば天皇家とは兄弟の血縁で繫がるという、破格の待遇を受けているのである。

後に改めて再説することになるが、記紀の天孫降臨神話で、「高千穂之久士布流多気《たかちほのくじふるたけ》（＝高千穂のクジフル岳）」に天下ったニニギノミコトが最初に出会うのが、「大山津見《おおやまつみ》の神の女《むすめ》、名は神阿多都比売《かむあたつひめ》、亦《また》の名は木花《このはな》之佐久夜《のさくや》毘売」で、後にニニギの妻となり、ホデリ、ホヲリ等の兄弟神を産む。いわばこれも、皇孫の生みの親、という重要な立場である。

アタツヒメは、その名に示す通り、薩摩の阿多地方の国津神の女《むすめ》だとされていて、ここは後世「阿多隼人」の呼び名で知られる隼人族の本拠地である。

系譜上、これほどの厚遇を受けている隼人族なのだが、後代の政権下における、隼人族に対する処遇から考えるに、隼人族から歴代后妃を輩出した、いわゆる「応神王朝」の一時期を除くと、この「日向神話」時代における隼人への「気遣い」は、いささか特異であり、異質である。

これが歴史の真実だ、と言ってしまえばそれまでだが、これを阿曇氏の「王権神話」という視点から読み返してみると、また違った「歴史」の姿が見えてくる。

「阿曇王権神話」に置き換えてみると、ここで語られる中心テーマの一つは、皇孫・ホヲリではなく、阿曇氏の王位継承者に対する隼人族の服属、ということになる。

ここでいう隼人族とは、南九州の阿多地方（薩摩半島）に居住した阿多隼人であり、彼らは航海術に長けた海洋民、すなわち海人系氏族だったと考えられている。海幸彦（ホデリ）の末裔とされる所以である。

阿曇氏が北部九州を本拠とする有力な海人系氏族であることは、繰り返し述べてきたところであるが、北部九州と南九州という地理的親近性から、阿曇氏と隼人族の間に、早期にこうした統属関係が成立したと考える方が自然である（もちろんその前提として、天孫降臨以下、神武東征に至るまでの、いわゆる「日向神話」で語られる天皇家の事跡がすべて何らかの作為である可能性、を前提としているわけであるが。後述）。

いやしくも「王権」を標榜する以上、阿曇氏に服属したのは、ひとり隼人族のみにとどまらないと考えるのが自然だが、かといって現在の「海神宮訪問神話」から、阿曇氏、隼人族以外の、他氏族が関わったとみられる神話の構成要素を明確に指摘するのは、今のところ困難である。

ただ、阿多地方が南九州の西端に位置することからいって、こと九州域に限って言えば、直接的には、九州西岸の沿岸地域を中心に、薩摩半島から葦北、天草、五島列島、対馬、壱岐といった島嶼部を包含しつつ北上していき、やがて阿曇氏の中心領域たる玄界灘沿岸に至るという、少なく見積もっても九州のほぼ西半をエリアとする一定の支配領域が考えられるから、阿曇氏が支配下に置くとしたら、これらの地域に割拠した中小の、それもやはり海人系氏族を中心とする集団ではあるまいかと思われる。

阿曇と隼人

さて、同じ「海人系氏族」ということでまとめてしまったが、ここで阿曇氏と隼人族それぞれの氏族的特質について、私説を述べておきたい。

阿曇（＝アヅミ）という氏族名の由来については、よく分かっていない。「アマツミ」（ミは神霊の謂）のつづまったものだともいうが、別に「ワタツミ」という、山祇（ヤマツミ）と比較対照される、れっきとした海の神格があり、「アマツミ」という語自体、現実味に乏しい。

私はこれを「聚《あつ》め（＝アツメ）」の転ではないかと考えている。

「海神宮訪問神話」では、ワタツミ神が、ホヲリが失くした釣針を探すために「悉《ことごと》に海の大小魚《とほしろくちひさきうを》を召《よ》び集め」ているし、同じ『古事記』の「天孫降臨神話」の段では、サルタヒコを送ったウズメノミコトが、「悉《ことごと》に鰭《はた》の広物《ひろもの》、鰭の狭物《さもの》を追ひ聚《あつ》め」て、皇孫への忠誠を促すなど、両者ともに海の主宰神として、あらゆる海の幸の管理・管掌をこととしていた様子が窺える。

ちなみにウズメノミコトは、伊勢地方の海人系氏族であった猿女《さるめ》君の祖と伝える神である。

すなわち「阿曇」とは、あらゆる海の幸を「呼びアツメ」管掌する漁撈神＝海の主宰神の末裔としての、誇り高い氏族の呼称ではないだろうか。

後に改めて再説させていただくことになるが、『八幡愚童訓《はちまんぐどうきん》』『宇佐託宣集《うさたくせんしゅう》』を始め中世期の八幡系諸縁起には、神功皇后新羅征討の折に、新羅への水先案内人とすべく、筑紫で「阿度部磯良《あどべのいそら》」（『太平記』）を召し寄せる場面が語られている。

海藻や貝殻にまみれた自分の醜い姿を恥じて、お召しに応じようとしなかった磯良神に対し、神々は神楽を奏して誘うのがよかろうと、風俗楽・催馬楽《さいばら》などを次々に歌い上げていったところ、さすがの磯良神も感に堪えきれず、海中深くからその姿を顕《あらわ》したという。そのときに奏せられた数々の舞曲が、今日の「神楽」の起源として語られている。

その多くは、今日では何のために奏されたのか歌詞の意味も不明となっており、その中の一つに「阿知女《あちめ》作法」と呼ばれるものがある。

これは、神事の開始に先立って、

本　阿知女《あちめ》　於《お》於《お》於《お》於《お》
末　於介《おけ》　阿知女　於於於於
本　於介　取合《とりあい》　於於於於
末　於介

と、本方、末方の、左右に並んだ歌人が互いに神言を唱え合うという単純な儀式であるが、西田長男氏は、折口信夫、西角井正慶両氏の考説を引き、この神楽歌の歌詞「阿知女」は固有名詞であり、「阿度部磯良（＝安曇磯良）」を呼び寄せるための称名に他ならず、対する「於於於於」の詞は、その呼びかけに応じる磯良神の返事の声であろう、とする（西田長男「神楽歌の源流」）。

海底の仄《ほの》暗い暗闇に坐ます磯良神の、長い「眠り」を呼び覚ますべく唱えられた「阿知女」という言葉。

この「アチメ」とは、元来「アヅミ」の呼び名であり、アヅミが訛ってアチメとなったのであろう、というのが西田氏の考説であるが、これはむしろ、アツメであったものがアチメ、あるいはアヅミに変化したものと考えた方がより自然ではなかろうか。阿曇＝アツメ説の一傍証として示しておきたい。

さて、一方の隼人（＝ハヤヒト）であるが、従来から、「絶《すぐ》れて敏捷《はや》く猛勇《たけ》きが故に、この名あるなり」とした本居宣長説＝「敏捷猛勇の人」説が、ほぼ継承されて今日に至っていると言っていい。

だが、その「敏捷猛勇」説には、後世の「粗野で野蛮な」未開民族としての隼人、という一種の偏見が介在しているような気がしてならない。

直接に「ハヤヒト」の語源そのものではないのだが、『古事記』に次のような歌謡がある。

ちはやぶる　宇治《うぢ》の渡《わたり》に　棹執《さをと》りに　速けむ人し　我が許《もこ》に来《こ》む

（流れの速い宇治川の渡し場にいる、操舵に巧みな舟人よ、私のところに〔助けに〕いらっしゃい）

同じ歌謡が、『日本書紀』では、

ちはやひと　菟道《うぢ》の渡に　棹取《さをと》りに　速けむ人し　我が対手《もこ》に来《こ》む

（ほぼ同義）


となっている。

これは応神天皇の御代、その御子・大山守命《おほやまもり》が皇位の継承を巡って反逆を起こした事件があり、戦破れ、その際に、宇治川を流されていく大山守命が詠んだ絶唱、とされているが、ここでは物語の経緯等、詳細は割愛させていただく。

記紀で語られる様々な逸話では、ミュージカルよろしく、登場人物たちがその場面において歌ったとされる歌謡が、まま記録されている。

この逸話は京都府の宇治地方、宇治川流域を舞台とする反逆物語であるが、この歌については、もともと、宇治の急流で船頭たちが歌った独立の船歌とされ、後から物語に挿入されたものだという説が有力である。

それはさておき、注目すべきは、「棹取りに速けむ人」という物言いである。

解釈に示した通り、操舵に巧みな舟人の意であろうが、この歌の舞台・宇治川は、古来、流れの速い難所として知られており、渦を巻く激しい川の流れに神威の発動をみた古代の人々にとって、この川の奔流をぬって対岸に船を渡すことのできる舟人は、単に操舵の巧みさばかりでなく、その神威に対抗できるだけの、優れた霊威の持ち主でなければならなかったろう。

「ちはやぶる」宇治（記）が、「ちはやひと」宇治（紀）でもあり得た所以である。

ちなみに「ちはやひと」「ちはやぶる」の「ち」は、「霊《ち》」の謂であり、「ちはやひと」とは、「ちはやぶる」（＝霊威の猛々しい）という枕詞の派生語と考えられ、ここでは「ちはやぶる・ひと」＝強力な霊威を兼ね備えた人、くらいの意であろうか。

つまり「ハヤヒト」とは、「（チ）ハヤヒト」の謂である、と考えたい。

「隼人」とは、操舵に巧みな海の神、すなわち「航海神」を祖に戴く、操舵に巧みな「海人系氏族」の一方の呼称であると考えられる。

さらに、この説を補強する記事がある。

『日本書紀』第九段の一書第四に、阿多の国津神「事勝国勝神《ことかつくにかつ》は、是《これ》伊弉諾尊《いざなぎのみこと》の子《みこ》なり。亦の名は塩土老翁《しほつつのをぢ》」とあり、阿多の国津神、すなわち阿多隼人の祖神が塩土老翁＝シホツチの神、と明記されていることである。

老翁神・シホツチとは、釣針を失くし、海岸で泣き憂えていたホヲリを、ワタツミの宮に教え導いた神であり、後にはカムヤマトイハレビコ（神武）に対し、「東方に、周囲を青垣山に囲まれた美しい楽土がある」ことを教え、いわゆる神武東遷のきっかけをなした神でもある。

シホツチは「潮《しほ》つ霊《ち》」の義とされ、その先導神的な性質から、航路を教え導く神、すなわち航海神だとされている。これはまさに、操舵に巧みな舟人＝「ハヤヒト」の語義にぴったりである。

言うなれば「海神宮訪問神話」は、シホツチの神（阿多隼人の祖神）の幇助に始まり、ホデリ（阿多隼人の遠祖）の屈服で終わる。まさに「海神宮訪問神話」とは、（阿多）隼人族の、阿曇氏への服従の歴史を物語る、「服属神話」でもあったのである。

さて、アツメ（阿曇）とハヤヒト（隼人）、つまり漁撈神と航海神の関係であるが、「海神宮訪問神話」においては、いうまでもなく漁撈神＝海の主宰神を「主」とし、その神に航路を教え導く航海神を「従」とする上下関係が、彼我の間に成立した上での神話構成であることは明らかである。

ただこれは、何はさておいても、漁撈、すなわち海の幸の確保を第一義とした、ある意味「素朴」な時代における海神間の序列であり、やがて交易や使節往来等の、対外航路の確保・安全が重視されるようになった時代とでは意味合いが異なってくるだろう。この点については改めて後述する。

さて、航海神・シホツチを祖と仰ぎ、「棹取りに速けむ人」として阿曇王権に関与する（阿多）隼人族であってみれば、ここで考えられるのは、もともと機動性に富む航海民であるから、南九州の故地・阿多地方にとどまることなく、阿曇氏に従って各地の主要港湾都市に大挙移住し、そこを拠点に阿曇氏＝倭国直属の水軍「梶取《かぢとり》」として活躍したものと思われる。

無論、文献上にその痕跡を辿っていくのは困難な作業であるが、今後、考古学的な遺物・遺構の発見によって、その遺称地が明らかになってくるかもしれない。その点大いに期待したいものである。

■表1　霊格「ミ」「チ」「ヒ」による神名の分類

霊（ミ）	霊（チ）	霊（ヒ）
ツクヨ**ミ**［月神］ （オオ）ヤマツ**ミ**［山神］ （タカ）オカ**ミ**［龍神＝水神］ （オオ）ワタツ**ミ**［海神］	タケミカヅ**チ**［雷神］ イカヅ**チ**［雷神］ （ホノ）カグツ**チ**［火神］ ノヅ**チ**［野神］ イハツ**チ**（イハツ**ツ**）［磐神］ クク**ノチ**［木神］ アメノハヅ**チ**［機織神］ ミヅ**チ**［水神］ シオツ**チ**（シオツ**ツ**）［潮路神］	マサカツアカツカチハヤ**ヒ**［勝利神］ アメノホ**ヒ**［出雲国造始祖］ ニギハヤ**ヒ**［物部始祖］ アメノオシ**ヒ**［大伴始祖］ （オオ）マガツ**ヒ**［災厄神］ （オオ）ナオ**ビ**［禊祓神］ クマノクス**ビ**［霊妙な神］ シラ**ヒ**ワケ［筑紫国魂］ トヨ**ヒ**ワケ［豊国魂］ タケ**ヒ**ムカ**ヒ**［肥国魂］ タケ**ヒ**［熊曽国魂］ ウツシ**ヒ**カナサク［阿曇始祖］

余滴――「ミ」「チ」「ヒ」

古く、ある種の霊格を表す言葉として使用されたという「ミ」「チ」「ヒ」それぞれの語感の違いについて、このあたりでまとめておきたい。

表1は記紀に登場する、「ミ」「チ」「ヒ」という霊格を含むと思しき神名（あるいは神名の一部）を分類したものである。

なお、「産霊」と表記されることの多い「ムスビ」系の神名も、「ヒ」系の神名と語源を同じうする可能性もあるが、不確定要素もあり、ここでは割愛させていただいた。

とはいえ、神名の拠って来たるところを解明するにはかなりの困難があり、自戒の意を含めてであるが、どうやら思い付きの域を出ないものも多々見られるため、その措定《そてい》には慎重であらねばならない。ここでは比較的問題の少ないと思われるもののみを取り上げてみた。

「ミ」系の神格と「チ」系の神格は共通する部分が多く、それは「ツミ」「ツチ」という組成からも窺い知れるように、所属を表す格助詞の古形「ツ」を伴うものが目立つ。ただしそこには、対象物の違いによって使い分けをしようとする、ある一定の意志が働いているようにも思われる。

すなわち、「ヤマツミ」（山神）に対する「ノヅチ」（野神）・「ククノチ」（木神）、「ワタツミ」（海神）に対する「シオツチ」（潮路神）のごとくに、全体と部分、とでもいうべく、「ミ」系の神々の方が「チ」系に比べて包括的、全能的な、より高い霊格を有する存在であることは、どうやら認めてもよさそうである。

これが、同じ海人系氏族とはいいながら、海の主宰神・ワタツミ神（ミ系）を奉ずる阿曇氏と、海神の有する神格の一部ともいえる航海神・シオツチ神（チ系）を始祖に戴く隼人族との上下関係、つまりは文献からは明徴し得ない、彼我の力関係を暗に示したものといえるだろう。

また、「ヒ」系の神々についていえば、自然神的な色合いの強い「ミ」系・「チ」系とは趣を異にし、より抽象的な神格であるような印象を受ける。いわば、本来人格を伴わない神格に、無理やり手足を取り付けて人格神に祀り上げてみたという、人工臭プンプンといった趣である。

ここで、先に阿曇氏の祖神の別神格とし、「金之三崎＝叶の崎」に祀られた金印が、神霊（人格神）の形をとって現世に示現した神、とした「ウツシヒカナサク」を想起してもらえれば、ほぼご理解いただけるのではないかと思われる。

以上、あくまでも印象を述べさせていただいた。

余滴――宇治川とハヤヒト

ハヤヒトの語義を考察する上で、宇治川流域を舞台とする、大山守命の反逆物語の歌謡を例に引いて示したわけであるが、この歌については、元来、物語の舞台となった、宇治周辺の船頭たちが歌った独立の船歌とされ、後から物語に挿入された独立歌謡とする説が有力であることについて、すでに述べた通りである。

実は、この宇治地方とハヤヒトとの、より積極的な関わりを暗示する傍証がある。『延喜式』には、南九州から中央に内付せられた番上《ばんじょう》隼人（朝廷での勤務のために、臨時に使役された下級官吏としての隼人）の居住地として、五畿内、および近江、丹波、紀伊の諸国が指定されていたことが記されている。

諸書の記録によって、その居住地のいくつかが明らかになっているが、そのうち宇治川の流域にあたる、山城国宇治田原郷（京都府綴喜《つづき》郡宇治田原町）も有力な居住地の一つである。

他に挙げられる山城国大住《おおすみ》郷（京都府京田辺市）、河内国萱振《かやふり》保（大阪府八尾市）、大和国宇智《うち》郡阿陀《あだ》郷（奈良県五條市）など、大住（＝大隅）、阿陀（＝阿多）という隼人の出身地を冠したと思われる地名も興味を引くが、何よりも特筆すべきは、これらの地域がいずれも木津川、大和川、吉野川等、大河川の流域という、交通の要衝に配置されているという点である。

井上辰雄氏は、これらの地域が畿内への重要拠点であるがゆえに、勇猛な隼人の軍事力に期待して置かれたという説に対し、

それよりもむしろ隼人の持つ鎮魂呪能を期待することが多かったのではあるまいか。交通の要衝で、邪霊を鎮める呪術を考えるべきだと思う。

とされた（井上辰雄『隼人と大和政権』）。

隼人の鎮魂呪能ということであるが、これは早くに松村武雄氏が、『延喜式』に「元日即位及蕃客入朝」の

際の儀式、あるいは行幸の際、皇駕《こうが》が「国界及山川道路曲《くま》」を通るときなどに、朝廷が隼人に対し、吠声《ぼうせい》（犬の鳴き声を真似た叫び声か）を発する役を務めさせたとある点に注目し、隼人族のこうした吠声は、朝儀の遂行を円滑にするための邪力祓禳《ふつじょう》の予備的儀礼であり、また国界や山川道路など、邪霊の潜みやすい場所における邪霊鎮魂の実修である、と述べている（松村達雄『日本神話の研究』第三巻）。

大河川の周辺に、多く隼人の居住地が認められるのは、「棹執りに速けむ人」＝ハヤヒトとして、日常こうした河川の水上交通に携わった隼人の生活ぶりを彷彿とさせるものであるし、同時にまた、彼らに期待されたのは、彼らの巧みな「棹執り」技術に加えて——その「棹執り」に必須の要件でもあったと思われるが——井上氏の言われる「鎮魂呪能」の力であったろう。

山路平四郎氏は、先の大山守命の反逆物語について、「我が許《もこ》に来む」歌の「モコ」（『古事記』の原字では「毛古《もこ》」）の語を、折口信夫氏の説を引いて「聟《むこ》」の意と解し、「私の聟にいらっしゃい」すなわち、

この歌謡は、名に負う宇治の急流にまつわる神聖な女性について、何らかの物語があり、その聟入りの試練に関するものであったかも知れない。神聖な女性の聟になるために、数々の困難を克服しなければならなかったことは、大国主命がスセリヒメ（5歌出）を得るまでに、須佐之男命から課せられた幾多の試練が雄弁にこれを物語っている。宇治川の流れは「浼々横流　其疾如箭　修々征人　停騎成市　欲赴重深　人馬忘命　従古至今　莫知杭竿　云々（宇治川断碑）」とある急流であった。その急流に棹さして、船を目的通りの対岸に渡すためには、超人的な臂力が要求されたであろう。その持主は、いうならば古代の英雄である。

と述べている（山路平四郎『記紀歌謡評釈』）。

氏の歌謡分析が、論中、大国主命《おおくにぬし》の根国訪問神話を例示されているように、この歌謡を擬似的な「死と復活」によって語られる成年儀礼の語り歌、と見なしてよいならば、氏の言及にはないものの、同様に、数々の試練をへて海神宮に赴きトヨタマヒメとの神婚が語られる、我が「海神宮訪問神話」とも極めて類似した成年儀礼の構成となっている点、特に注意しておきたい。

つまり、この宇治川流域を巡る歌謡物語の背景に、異郷訪問――イニシエーション型の伝承があり、これは南九州から宇治川流域に居住した隼人によってもたらされた、海幸山幸伝承の古形（阿曇氏によって王権神話に昇格する以前の、原初形態《プロトタイプ》を残しとどめたもの）が、形を変えてこの地に根付いたものではないか、と密かに臆測をたくましくしているのだが、強弁に過ぎるだろうか。

幸いにこのような考えが許されれば、「ちはやひと　菟道の渡に　棹取りに　速けむ人」（『日本書紀』）のハヤヒトとは、「操舵に巧みな舟人」の一般呼称ではなくて、一歩踏み込んで、宇治川流域に居住した「操舵に巧みな」隼人族そのものを称した、氏族的・職能的呼称ではないかとも考えられる。

「死と復活の儀礼」としての山誉種蒔漁猟祭

次に、この王権祭式が実際に行われた「場」について考えてみたい。

私はこれを、玄界灘沿岸地域の中で、第一章で考察した「筑紫日向之橘小門之阿波岐原」（＝阿曇郷）から「海の中道」をへて、「志賀島」に至るライン上に想定している。

実は「海神宮訪問神話」とひと絡《から》げにしているが、若干内容の異なる「異伝」がいくつか存在する。記紀い

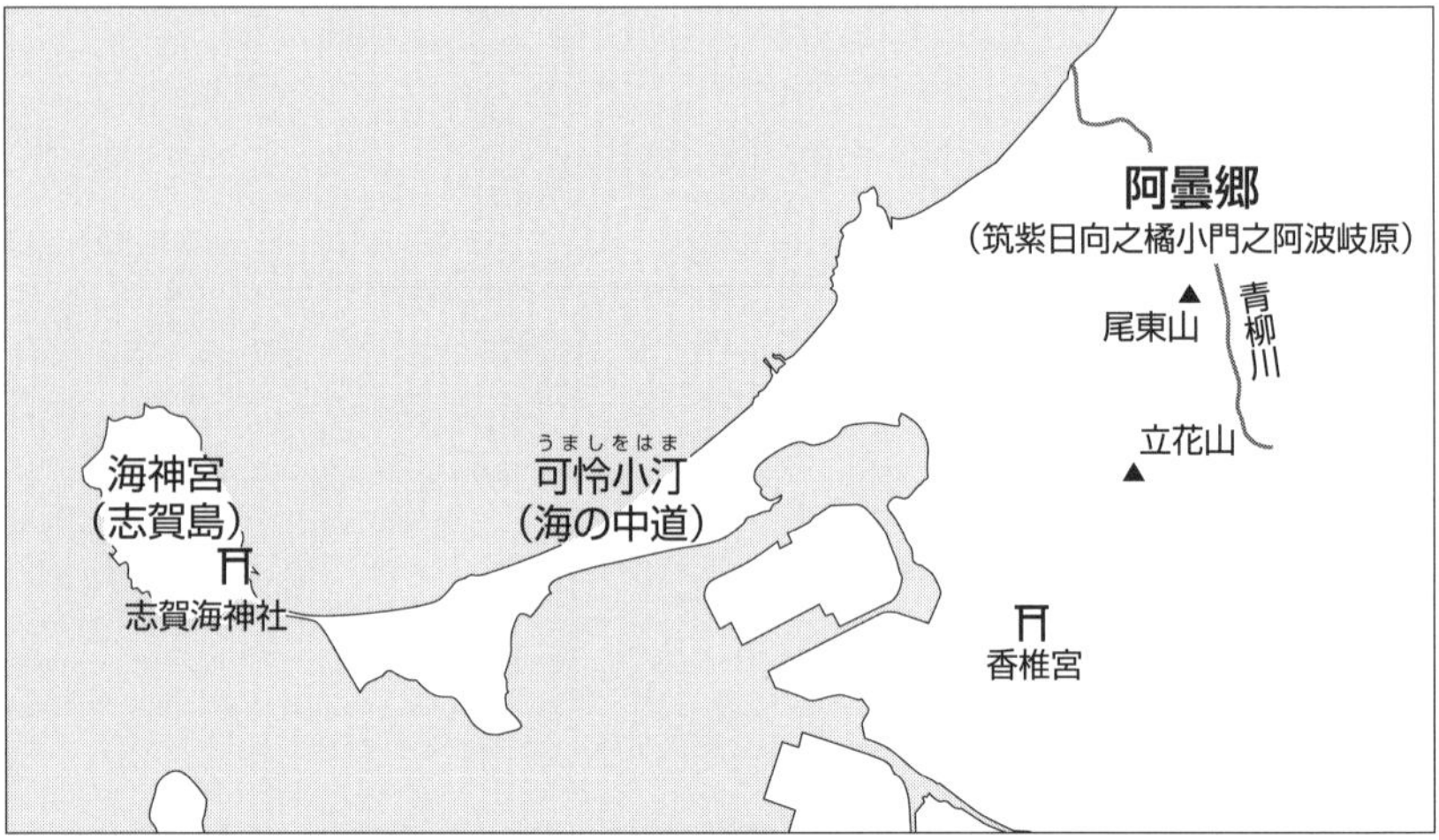

■図３　阿曇郷（橘小門）－海の中道（可怜小汀）－志賀島（海神宮）

ずれにも掲載されている神話ながら、『日本書紀』には本文以外に系統の異なる同伝承を四種、一書の挿入という形で掲載しており、それぞれ細部で違いを見せている。

そのうちの一つ。

海岸で愁《うれ》えさまよっていたホヲリに、塩筒老翁《しほつつのをぢ》（＝シホツチの神）が「海神の乗る八尋鰐魚《やひろわに》は橘《たちばな》の小戸《をど》にいるから、そこに行って、どうすればいいか彼に相談して策を講じましょう」とアドバイスする。彼らを迎えた八尋鰐魚は、「海神の乗る鰐魚は一尋《ひとひろ》鰐魚といい、彼なら一日で海神の宮に辿り着けるでしょう。私が呼んでくるから彼に乗って海にお入りなさい。海に入ったら、美しい浜がありますから、それに従ってお進みください。そうすれば必ずや海神の宮に辿り着くことができるでしょう」という。待つこと八日、やってきた一尋鰐魚に乗り、ホヲリは八尋鰐魚の勧めに従って海に乗り出していく云々。

この一書には、ホヲリノミコトが海神宮に赴く出発点は「橘の小戸（橘小門）」である、と明示されている。

ホヲリはここから、海神の使者である一尋鰐魚に乗って海に乗り出していくのだが、その海中に「可怜小汀《うましをはま》」（可怜御路《みち》、『日本書紀』第十段一書第三）があって、その汀に従って進んでいくと、海神宮に到着するというのである。

このコースがまさに、阿曇郷（橘小戸・橘小門）から海の中道（可怜小汀・可怜御路）をへて、志賀島（海神宮）に辿り着くコースをそのままなぞっているように思えるのは、果たして偶然だろうか。

これは一つの想像だが、海人系氏族・阿曇氏の新成年たち、あるいは一族の王位継承者には、阿曇郷、海の中道、志賀島という風波高い玄界灘のコースを、小型の船（無目堅間《まなしかたま》＝ホヲリが海神宮訪問の際に乗ったという小船の神話的表現）に乗って往復しなければならないような成年式儀礼、もしくは王権祭式としての、命懸けの儀礼が、現実に課せられたことがあったのかもしれない。

今日の志賀島は海の中道を介して阿曇郷の比定地と陸続きになっているが、かつては志賀島はもちろん、海の中道も途切れ途切れの島嶼部で、とりわけ阿曇郷比定地としている和白・新宮・古賀付近の海岸線は複雑に入り組んでいたと思われ、これらの水路をぬうようにして船を漕ぎ渡すには、かなりの技量を必要としたに違いない。

さて、以上のような阿曇氏の王権祭式の存在を証してくれるような神事なり伝統行事が、今日、北部九州のいずこかに残されていないものだろうか。

実は、志賀海神社の代表的な神事の一つ、「山誉種蒔漁猟祭《やまほめたねまきかりすなどり》」「山誉漁猟祭《やまほめかりすなどり》」で謡われる詞章に、注目すべき一節がある。

この神事はその年の五穀豊穣や大漁を祈願する「山誉種蒔漁猟祭」（四月十五日）と、一年の加護と収穫に感謝する「山誉漁猟祭」（十一月十五日）からなる。併せて「山ほめ祭」ともいう。その起源はよく分かっていないが、その昔「神功皇后が三韓出兵した時、皇后の御前にて志賀の海人たちがこの古くより伝わる山ほめ神事をお見せしたところ、実に面白い儀式であるとして皇后はこの神事を『志賀の浜に打ち寄せる波が途絶えるまで伝えよ』と厚く庇護され、今に伝えられてい」るという（志賀海神社「山誉（種蒔）漁猟祭」パンフレットより）。

　無論、いわゆる「伝説」の類に過ぎないわけであるが、「山ほめ祭」の異称通り、これは一種の予祝儀礼であり、「あらかじめ期待する結果を模擬的に表現すると、その通りの結果が得られるという俗信」に基づくものである。

　『三代実録《さんだいじつろく》』には、貞観《じょうがん》十六年（八七四）の大宰府の言上に、香椎《かしい》宮の毎年春秋の祭日で、志賀島の白水郎《はくすいろう》（＝海人）、男女各十人が風俗楽を奏しているが、そのための衣装が宝亀《ほうき》十一年（七八〇）に作られたもので古く使用に堪えなくなったので府庫の（調）物を以て新調したい云々という旨の記事があり、江戸末期の『香椎廟宮記』（増補・糸山貞幹）によれば、ここに見える「風俗楽」とは、この「山ほめ祭」神事の祖型であり、香椎宮の社前で舞われていたものであるという。

山誉種蒔漁猟祭（種蒔）

　志賀の海人の風俗楽が、香椎宮の社前で奉納される理由については後に考察するが、この風俗楽が、少なくとも奈良時代の末期以前には北部九州域ですでに演じられていたという事実は、特筆されていい。

「山誉（種蒔）漁猟祭」は春秋いずれの祭事においても、内容は「山の幸（鹿）」＝前半、および「海の幸（鯛）」＝後半、の場面に大別され、それぞれの幸の収穫を予祝しつつ感謝するという、ひと続きに演じられているが、前半の「山の幸」と後半の「海の幸」とでは、詞章の趣ががらりと異なり、もともと別系統、あるいは時代（背景）の異なる個々の神事であったのを、とりあえずひとつにまとめてみました感がありありである。海人の神事という性質上、本来演じられた海人の風俗楽は、「海の幸」を巡って演じられる後半部のみであろうと思われる。ここでは、その後半部の詞章を紹介しておきたい。

この詞章は近世以降の書写によるものが幾種類か残されているが、長い年月の間に字句の異同もはなはだしく、現在では意味不明な語句も少なくない。

その語釈を踏まえ、参考までに、私個人の通釈を示しておいた。

「山ほめ祭」の後半部分は、禰宜《ねぎ》と別当の掛け合いに始まる。

この二人が鯛釣りに出掛け、櫓を漕ぎながら舟上で予祝的な掛け合いをするのだが、その傍らに三人の社人が座り、鯛のヒレに擬した二本の藁束を後ろ手にして盛んに振りながら、鯛の群れなす様子を演じるという、単純かつユーモラスな祭事である。さて、その詞章にいう。

《詞章》（志賀海神社「山誉（種蒔）漁猟祭」パンフレットより）

禰宜二良

君が代は　千代に八千代に　さざれいしの　いわおとなりて　こけのむすまで

あれはや　あれこそは　わが君の御舟なり

うつろうがせ[1]

みがいに命[2]**　千歳という　花こそ咲いたる**

沖のおんづの　潮早にはえたらぬ

つるおにくわざらぬ

鯛は沖のむれんだいほや

別当一良

志賀の浜　長きを見れば　いくよ経ぬらむ

香椎路に向いたる　あの吹き上げの浜　千代に八千代まで

今宵夜半につき給う　御船こそ　たが御船なりけるよ

あれはや　あれこそは　阿曇の君のめし給う　御船なりけるよ

いるかよいるか　潮早のいるか

磯良が崎に　鯛釣るおきな

禰宜二良　いくせで釣る

別当一良　よせてぞ釣る

禰宜二良　いくせで釣る

別当一良　よせてぞ釣る

禰宜二良　いくせで釣る

別当一良　よせてぞ釣る

《通釈（私案）》

禰宜二良

我が君の御代が　永遠に　永久に　あたかもさざれ石が磐となって　その磐が苔むすまで続きますように

ああ　あれは　あれこそは　我が君の御船であるよ

（その）空ろ船を海に浮かべよ
（さすれば、我が君の）なきがらにも　千歳（＝永遠）の命という華が咲くであろう
沖の湊へと潮の速い流れに（網を）張り渡そうか
釣る釣り糸に食らいつかせようか
鯛を（潮の流れと見紛うばかりの）沖に群れなす鯛たちを

別当一良
志賀の浜が遠くまで続くさまを見ると（その悠久の姿は）幾代をへてきたものか
香椎路に（まっすぐに）向かう　あの吹上の浜が　幾久しく続きますように
今夜半（ここに）お着きになった御船こそは　どなたの御船であろうか
ああ　あれは　あれこそは　阿曇の君がお乗りあそばす　御船であることよ
（さあ　海に）入るか　入ろうか　流れの速い潮路に身を投じようか
磯良が崎で鯛を釣る翁よ
禰宜二良　いくつもの瀬で釣る
別当一良　（鯛を）呼び集めて釣る
禰宜二良　いくつもの瀬で釣る
別当一良　（鯛を）呼び集めて釣る
禰宜二良　いくつもの瀬で釣る
別当一良　（鯛を）呼び集めて釣る

山誉種蒔漁猟祭（漁猟）

［補注］
（1）「うつろうがせ」＝空《うつ》ろ浮かせ、と解した。「空ろ」は空ろ船（＝うつぼ舟）。神が現世に示現するまでの「神の乗り物」であり、いまだ魂のこもっていない空虚な船（柳田国男・折口信夫）。儀礼的「死」を演じるために「喪船《もぶね》」（＝空船）に擬したもの。遺骸を乗せた船の意ととる。海神宮訪問神話でいう、ホヲリが海神宮に赴く際に乗った船、「无目堅間《まなしかたま》」「無目籠《まなしかたま》」に相当するか。
（2）「みがい」＝身骸《みがい》の意。あるいは御骸《みがい》とも。同じ志賀海神社の古記録『御祭礼執事式記』（江戸時代末期）の詞章に「身骸」と明記されているものを採用した。字義通り、遺骸のことか。

つまり（1）（2）を総合し、次期王位後継者を乗せた「空ろ船」を沖合に放ち、波に揉まれ、数々の試練を体験することによって、儀礼的「死」の状態＝遺骸（身骸・御骸）から、新たに千歳の命を授けられた新君主「阿曇の君」として、現世に復活させるというストーリーを考えてみた。乗り手の名が明かされぬまま、貴人のものと思しき御船が「夜半につき給う」という設定自体、貴人の儀礼的「死」の象徴ともいえ、極めて暗示的である。

さて、この「沖のおんづ（御津）」「鯛は沖のむれんだい（群鯛）」という禰宜の詞から、前半部では、海岸から沖合を見晴るかし、「わが君」の乗った御船が船出していくさまを見送る人々の姿がイメージされるが、それに対する後半部では、別当の「香椎路に向いたる　あの吹き上げの浜」「今宵夜半につき給う御船」という詞により、志賀島側にあって「わが君」の到着を今か今かと待ち受ける、一方の人々の存在が想定される。いわば、見送る側と迎える側の掛け合いによって、この詞章は成り立っているように思われる。

その結果、

「今宵夜半につき給う　御船こそ　たが御船なりけるよ」

「あれはや　あれこそは　阿曇の君のめし給う　御船なりけるよ」

と、その貴人の名が初めてここで、公的に顕されることにより、「空ろ船」に乗った「わが君」が、新たな王位継承者「阿曇」の君としてこの世に再誕する、という慶賀すべき結末を、予祝的に謳《うた》い上げたものであろうか。

冒頭に掲げられたのが、「君が代は　千代に八千代に　さざれいしの　いわおとなりて　こけのむすまで」という、国歌の起源となった『古今和歌集』『和漢朗詠集』所収の寿《ことほぎ》歌であることからも、この一連の詞章が、予祝的な呪術性の強い特殊な神事に際し謡われたものであることを想起させる。

かかる、王位継承者の誕生を寿ぐ祝歌であったからこそ、後に予祝儀礼としての「山ほめ」神事と結びついたものかと思われる。

さて、阿曇氏にまつわる神事として、次に忘れてはならないのは、「細男舞《せいのう》」である。

新羅征伐のため、香椎浜に到着した神功皇后は、老翁・住吉大神を召して今後の方策を尋ねる。住吉大神は、ここから西方の志賀島に阿曇の磯良という者がいて海の案内に詳しいので、彼を呼び寄せて竜宮に派遣し、竜王から干珠・満珠を借り受けさえできれば三韓征伐などたやすいことだという。どうすれば磯良を呼び出せるかという皇后の問いに、住吉大神は、彼は「せいなう」という舞を好んでいるからと海中に舞台を構え、自ら「せいなう舞」を奏して誘い出すと、感極まった磯良が、首に鼓をかけ、浄衣の舞姿で亀に乗って舞いながら浮き上がってきた。長いこと海中にいたために、顔に牡蠣《かき》やヒシなどがびっしり貼り付いていて見苦しいので、磯良は浄衣の袖で顔を覆い隠していたという（『八幡宮御縁起』）。

これがいわゆる「細男舞」の起源とされている。先の西田長男氏によれば、この「細男舞」は、もともと志賀海神社発祥の神事であり、神功皇后伝説の流布とともに、八幡宮系の諸社を中心に各地に伝播され、多くの「細男舞」のバリエーションを生み出したという。

醜い顔を恥じていた磯良は、浄衣の袖で顔を覆い隠していたとも、顔から白い布を垂らして覆い隠していたともいうが、これら諸社の縁起絵では、顔を白い布で隠した磯良の姿が好んで描かれており、「白い布で顔を覆った磯良」という常態が、磯良の典型的なイメージであったことは間違いない。

現在、志賀海神社では「細男舞」という名目そのもので演じられることはないが、二年に一度の大祭・御神幸《ごしん こう》祭（十月第二月曜と、その前日）で夜半に演じられる「鞨鼓《かっこ》の舞」では、白布で覆面をし、頭の後ろで結んだ舞手が登場し、「舞のうの岸の姫松や」と唱えつつ一回転し、胸に提げた鞨鼓を打つ単純な舞を三回繰り返す。これが「細男舞」の変形であり、この舞手が首に鼓をかけ、浄衣の舞姿で海中から出現した「磯良」であることはいうまでもない。

実は、顔に布を垂らして覆い隠すのは、磯良の顔が醜かったせいではない、と考える。これはその意義がすでに見失われてしまった後の、後世の合理的な解釈であり、海の底から示現する磯良が、顔に布を垂らす死者同様に、この世ならぬ暗黒の冥界、「あの世」からの来訪者であることを端的に示したものだと考えている。

すなわち「海神宮訪問神話」において、ホヲリの海神宮への訪問を、儀礼的「死」の神話的表現と見なすことが、この神話、そして阿曇氏にまつわる海人系神事の核心的、絶対的要件であったことが窺える。

この御神幸祭は別名夜渡祭《よどの》とも言われ、神社背後の山（衣笠山）に月が入ってから開始されるという。つまり、本来は暗闇の中で行われた神事なのである。

ここでもまた、「今宵夜半につき給う　御船こそ　たが御船なりけるよ」「あれはや　あれこそは　阿曇の君のめし給う　御船なりけるよ」という「山ほめ祭」の詞章が思い併される。あるいはこの「鞨鼓の舞」は、「山ほめ祭」とひと続きの、死と復活の儀礼だったのかもしれない。

さて、ここまで縷々、志賀海神社の神事を題材に考察を加えておきながら、矛盾した物言いに聞こえるかもしれないが、我々はどうにも、古色蒼然とした「伝統」とか「歴史」という言葉に弱いようである。なんでも古ければそれが正しい、というものではない。無論、常識である。

その古さにしても、何百年という古い伝統を誇る祭式や神事、言い伝えや伝承の類が、幾時代を経過するうちに、その時代時代の新しい息吹を受けつつ、常に成長し、変容を遂げて今日がある、実は意外に「新しい」ものだという、考えてみればごく当たり前のことを、我々はつい、忘れがちである。

大切なのは、これら古伝承の中に封じ込められた過去の「真実」を峻別し、誤りなく掬《すく》い上げていくための、鑑識眼の涵養である。一歩誤れば「独りよがり」に堕《だ》しかねない危険性を常に自戒しつつ、以上、私論を述べさせていただいた。

无目堅間とは

参考までに、ホヲリの乗った「无目堅間」「無目籠」であるが、従来、「目の堅く詰まった竹籠の小船」の意とされてきた。マナシのカタマ、すなわち網目が見えないほど固く頑丈に編まれた、水が浸みにくい、したがって軽量で水に浮きやすい竹籠《かたま》、という極めて現実的な発想である。

しかし、これを字義通りに解釈することはできないか。

つまりマナシとは、詰まって「網目が見えない」のではなくて、字通り「目がない」という意味に解してみるのである。

この件に関して、そういえば、と思い併されることがある。

なぜ「埴輪《はにわ》」は例外なく、その目が空洞（空ろ）なのだろうか。この疑問に、考古学の立場で正面から言及されたものは、寡聞にして知らない。

埴輪とは何か。いわく、古墳の墳丘に立て並べられた素焼きの土製品で、これは円筒形の、おそらく墳土の流失を抑えるために土止めとして用いられたと思われる「円筒埴輪」と、人物や器材、動物などの姿をかたどった「形象埴輪」の二種に大別され云々。

確かにその通りなのだが、それではまったく説明になっていない。

『日本書紀』（雄略紀）に、興味深い記事がある。

（雄略）九年の秋七月、河内国飛鳥戸郡《あすかべのこおり》の田辺史伯孫《たなべのふひとはくそん》という男が、嫁いだ娘が出産したので古市郡《ふるいち》の聟《むこ》の家に祝いに出かけた。その帰途のこと、月夜の道を誉田陵《ほんだ》（応神天皇陵）のかたわらにさしかかったとき、赤馬に乗った人に出会った。その馬の姿形を始め、あまりの駿馬ぶりに伯孫はすっかり心を奪われてしまったが、それと察した相手の好意により、運よく自分の乗っていた馬と交換することができた。伯孫は喜んで家に連れて帰ったが、朝になって見ると、その赤毛の駿馬は埴輪の馬に変じていた。不思議に思った伯孫が、再び誉田陵に出向いてみると、乗っていた自分の馬が墳丘に並んだ埴輪の馬の間に立っていた。伯孫は取り替えて、代わりに埴輪の馬をもとの場所に戻したのであった。

夜道で出会った人物の乗る馬を、てっきり駿馬だと思い、喜び勇んで取り替えたのはいいが、朝になって見ると実は埴輪の馬だったという少々不気味な話だが、普段は実物を目にする機会がほとんどない埴輪とて、実見すると意外と等身大に近いものがあったりするから、油断ならない。

しかも、人物埴輪にしろ、動物埴輪にしろ、気味の悪さを一層掻き立てるのは、あの、空洞になった空ろな眼窩《がんか》である。

私見によれば、眼睛《がんせい》が欠けているのは、それが紛れもなく「生きていない」証拠である。

先の説話は、本来動いてはならない埴輪を巡る怪異譚だからこそ記録されたのであり、穿《うが》った見方をすれば、平時は単なる土くれの人形に過ぎないが、一朝事あるときには魂を得て動き出し、不敬な墓盗人に鉄槌を下す幽冥界の番人＝神々の怒れる代理人に変ずるぞ、という戒めにもなり得るエピソードである。

最後に睛《ひとみ》を描き入れたがために、魂を得て、雷鳴とともに天高く龍が飛び去っていったという「画竜点睛《がりょうてんせい》」の故事。仏像もまた、「開眼」の儀なければ、「仏作って魂入れず」ともいう。

なぜ「埴輪」は例外なく、その目が空洞（空ろ）なのか。

余談ではあるが、幼いころに抱いた、その素朴な疑問に対する答えは、実は身近なところに転がっていたのである。

昔「大魔神」という特撮映画シリーズがあった。普段は村の守護神として、あの空洞のまなざしで村人たちを見下ろしていた巨大な武人埴輪が、怒りに燃えて動き出すとき、顔をひと撫でした途端に、いつの間にか眼窩の奥に、らんらんと輝く狂気の「目」を宿していたのは、実はそういうことだったのかもしれない。

さて、マナシ（＝目のない）カタマとはつまり、「死者」の乗る船の象徴でなければならない。

これはポリネシアやメラネシアなど、阿曇氏や隼人の祖族と思しき南太平洋の海人系氏族が共通して有する「舟葬」（＝死骸を小舟に乗せ、沖の彼方に存在するという冥界に向け解き放つ葬送儀礼）の他界観に基づくものである。ここではそれが、死と復活の儀礼のため、擬似的に冥界に赴く王位継承者を乗せた「空ろ船」＝喪船の神話的表現なのであろう。

以上の解釈を踏まえ、例の「山ほめ祭」の詞章を、今一度読み返してみる。

曰わく、

うつろうがせ　みがいに命（＝空ろ浮がせ　身骸に命）　千歳という　花こそ咲いたる

王位後継者を乗せた「空ろ船」を沖合に放ち、数々の試練＝擬似的な死を体験させることによって、儀礼的「死」の状態＝身骸、から新たに千歳の命を得た新君主「阿曇の君」として、現世に再誕する。

今日、志賀海神社に伝わる「山ほめ祭」が、こうした阿曇氏独自の王位継承儀礼（朝廷でいうところの、いわゆる「大嘗祭《おおにえ》」に相当するもの）の名残ではないかとするのは、あまりに穿ち過ぎ、だろうか。

以上、かかる傍証ごときで「海神宮訪問神話」、およびその担い手たる阿曇氏の王権祭式の存在を現地に跡付けるには、やや荷が重いかもしれないが、臆説として提起しておきたい。

余滴――「狗人」としての隼人

少し横道にそれるが、ここで海人系氏族「隼人」の、隠された一側面について指摘しておきたい。

実は隼人は、別名「狗人《いぬひと》」とも呼ばれていた。

海神宮訪問神話において、海神宮から呪物を得て帰還したホヲリ（ホホデミ）に、その呪力で屈服させられたホデリは、これより後、ホヲリに永遠の服従を誓うのだが、そのときに演じた種々の態が、ホデリの後裔たる隼人族の宮廷芸能として後世に伝承されたとは、記紀本文・一書にかかわらず、おおかたの等しく伝えるところである。

今より以往《ゆくさき》は、吾が子孫《うみのこ》の八十連属《やそつづき》に、恆《つね》に汝《いましみこと》の俳人《わざひと》と為らむ。一《ある》に云はく狗人《いぬひと》といふ。請ふ、哀《かなし》びたまへ。

（中略）是を以て、火酢芹命《ほのすせりのみこと》（＝ホヲリ）の苗裔《のち》、諸《もろもろ》の隼人等、今に至るまでに天皇《すめらみこと》の宮墻《みかき》の傍を離れずして、代《よよ》に吠《ほ》ゆる狗《いぬ》して奉事《つかへまつ》る者なり。（『日本書紀』第十段一書第二）

『万葉集』にも、

隼人《はやひと》の　名に負ふ夜声《よごゑ》　いちしろく　吾が名は告《の》りつ　妻と恃《たの》ませ　（巻十一・二四九七）

とあって、当時、隼人の「狗」の鳴きまねがとりわけ「名に負ふ（＝有名な）」「いちしろ（＝際立つ・はっきりしている）」きもの、として知られていたことが分かる。

だが、この隼人の「吠声」、隼人の原郷・南九州において、彼らのもともと有していた伝統儀礼のひとつであるがごとき痕跡は、今日に至るまでまったく確認されていない。

にもかかわらず、なにゆえ彼らは「狗人」と称されたのか。
実は、「狗」と冥界との深い繋がりを示す、様々な民俗伝承が知られている。

三谷栄一氏によれば、「羽衣譚」型の七夕説話において、天上界に昇天する際、犬が重要な役割を担っていることから、古くから犬が、現世と霊界との境にいてそこを守護する動物だと見做され、霊界から福分をもたらす神使とも考えられていたらしい、と指摘されている（三谷栄一『日本文学の民俗学的研究』）。

例えば、犬張子《いぬはりこ》という犬の置物は、中世以降、公家や武家の間で出産の際に産屋に置いて、その守りとされたことが起源だが、江戸時代には庶民の間でも広く行われ、大切な嫁入道具の一つとされるようになった。これは犬が多産でお産が軽い動物だという俗信によるというが、これなどもまた、本来「狗」が現世と冥界の境にいて、新しい生命の誕生に際し、邪霊や魔をはらう呪力があると信じられたからであろう。

また、中山太郎氏によれば、京都祇園祭で、神幸に先立って、順路の不浄物や死屍を処理する役割を担った下級神人のことを犬神人《いぬじにん》といい、彼らは日常的にも祇園社境内を巡回し、死屍の処理にあったという。

これは、現世と冥界の境を行き来し、現世に福分をもたらしてくれる神使であったものが、転じて冥界への先導者ともなりうる、というマイナス面ばかりが強調された挙句、その連想から死体処理、埋葬という役柄に貶《おとし》められ、零落した姿だとも考えられる。

こうした「狗」と冥界との繋がりは、考古学の方面からも指摘できる。

縄文期の貝塚にしばしば発見されるイヌの骨格は、イノシシやシカなど、食用に供され投棄された骨片と扱いが異なり、丁寧にピットを掘って埋葬されたと思われる例が多くみられるという。

愛知県田原市の吉胡《よしご》貝塚は、三十三体分の人骨とともに、十体分のイヌの骨格が出土したことで知られており、その中でシャーマンと思しき成人女性の遺骸の周囲に、四頭のイヌが埋葬されていたことなどから、これは葬送のための犠牲ではなかったかと考えられている。おそらく民俗伝承の事例のごとく、「狗」が死者の霊魂を冥界に導く、あるいはその間、邪霊を払って守護するもの、と考えられていたからではないだろうか。

つまり、翻って、隼人が「狗人」と呼ばれたのは、その祖神と目されるシオツチの神（塩土老翁）が、海人系氏族にとって冥界の象徴ともいえる海神宮にホデリを教え導いた、先導神・航海神であり、またそのホデリのために、マナシカタマという「空ろ船」（＝喪船の象徴）を作り、ホデリを乗せて沖に押し放ったのもこの神であったことを思い会わせると、よく理解できる。

現実に『日本書紀』においても、雄略天皇の崩御に際し、殉死した隼人の遺骸を御陵の北に埋葬した話や、敏達天皇の殯《もがり》にあたって隼人を殯宮の護衛にあたらせたという記事が見えることなど、この一連の、隼人と冥界の繋がり＝霊魂を冥界に先導する隼人＝狗人、というイメージが色濃く表れている。

隼人が「狗人」と呼ばれたのは、彼らの有する（冥界への）先導的役割からの連想で、「狗人」なればこそ、その吠声の実修を新たに彼らに課した、というのが真相ではないだろうか。

イヌの鳴きまねが、彼らの原郷・南九州に、伝統儀礼・習俗としての痕跡すらいささかも見当たらないのは、さすがにむべなるかな、である。

この、隼人の「先導神」的性格、「葬送儀礼」的性格については、後に再述することになろう。

香椎廟と神功皇后新羅征討説話

さて、阿曇氏との関わりで、神功皇后新羅征討説話について触れてきた手前、この説話と「海神宮訪問神話」の関わりについて触れないわけにはいくまい。

香椎宮

回り道ながら、ここで福岡市東区香椎に鎮座する香椎宮について、いささか触れておきたい。

志賀島から東、立花山麓の小高い丘に広大な敷地を有するこの神社は、神社とはいえ、古くは「香椎廟《びょう》」と呼称されてきた。祭神は仲哀《ちゅうあい》天皇、神功《じんぐう》皇后。相殿に応神《おうじん》天皇、住吉大神を祀る。

熊襲征伐のため西下した仲哀天皇の仮宮があったところで、仲哀天皇が天照大御神（住吉大神）から新羅を討てとの神託を受けながら、それを信じなかったために急死してしまったというこの場所に、養老七年（七二三）、造営されたと伝える。

この経緯をもう少し詳細に説明しておきたい。

これはいわゆる「神功皇后新羅征討説話」として、様々なバリエーションを伴いながら、北部九州の神社縁起ではよく知られた説話である。

新羅を征討すべしという神託を疑い、急死してしまった仲哀天皇の後を継いで、神功皇后は腹に御子（後の応神天皇）を宿した身重の体で、朝廷軍を率いて玄界灘を渡った。

途中、航海神・住吉大神と、舵取り・阿曇磯良の助力を得ながら、ついに「金銀をはじめとして、目のかがやく種々の珍しき宝多《さわ》に」あるという新羅を屈服させた皇后は、意気揚々と筑紫に凱旋の後、無事、応神天皇を出産した。

ところが、大和に帰還の途にあった神功・応神母子を討って政権を奪取すべく、虎視眈々《こしたんたん》と待ち受けていたのは、応神の異母兄弟、香坂《かごさか》王・忍熊《おしくま》王であった。不吉なことに、香坂王は「反乱」に先立った誓約《うけい》狩（神意を伺い、吉凶を占う狩）の際に、猪に食い殺されてしまう。誓約が「凶」と出たにもかかわらず、忍熊王は、腹心の伊佐比宿禰《いさひのすくね》とともに、あえて反逆に踏み切ったのであった。

しかし、「御子はすでに崩御された」という噂を流し、その喪船（空船）に軍勢を潜ませておくなど、皇后軍の事前に巡らした計略にまんまと引っかかって、戦いに利あらず、追い詰められた忍熊王は、とうとう伊佐比宿禰とともに、琵琶湖に入水自殺を遂げるというのがおもなストーリーである。

伝・香椎古宮跡

以上に述べた説話が、どれほどに歴史的事実を反映したものか、はなはだ怪しいと言わねばなるまい。実はこの説話、先に示した「海神宮訪問神話」と、極めて類似した構成上の特徴を持っているからである。

宮廷版「海神宮訪問神話」の基本構成は、もともと子供社会の一員であった若者が、試練、儀礼的死、復活の過程をへて、新たな「力」を得た大人社会の一構成員として生まれ変わるための儀式、すなわちイニシエーション（通過儀礼）としての、海人族の「成年式儀礼」、そしてそれが転用された、「阿曇王権祭式」の投影である、ということはすでに述べたとおりである。ここではおおむね、

①兄神ホデリの追及、ホヲリの困窮…………………〈試練〉
②異界・冥界としてのワタツミの宮訪問…………………〈儀礼的死・楽土への訪問〉
③新たな「呪力」を得て帰還、兄神ホデリへの報復………〈復活〉

という三点に集約される。

これが、仲哀天皇の崩御に始まる新羅征討説話では、

①´当初の計画であった熊襲征伐に反し、新羅討つべしという神託が下るが、仲哀天皇はそれを疑い、神罰を受け崩御する。………〈試練〉
②´仲哀天皇の死後、神功皇后は胎内に御子を宿したまま、「金銀をはじめとして、目のかがやく種々の珍しき宝多に」あるとされた西方の楽土・新羅に進攻する。………〈儀礼的死・楽土への訪問〉
③´新羅を制圧した神功皇后は、筑紫に帰還して応神天皇を出産（これは説話的には、仲哀天皇の「復活」と理解される）。応神天皇出生の後、反逆を企てる意母兄弟、香坂王・忍熊王を討つ………〈復活〉

ちなみに、ホヲリノミコト、および神功皇后（胎中天皇＝応神天皇）それぞれに海の彼方の楽土へと辿り着く道を教え導いたのは、海幸山幸説話では航海神・シホツチの神、三韓征討説話では住吉大神とされており、後ほど触れるが、両者はいずれも老翁神であり、同一神と目される。

一方が神話、一方が歴史的「事実」とされながら、ここまで類似の構成となっているのは偶然とは思えない。再説するが、この「海神宮訪問神話」の祖型とされる類似の説話が、メラネシア、ポリネシア等の島嶼部を中心に、南太平洋沿岸地域に多く分布することから、元来これは、海人系集団の成年式儀礼だったものを神話化したものであろう、とした。記紀いずれにも記載される神功皇后の新羅征討説話を、戦後の歴史学が、この説話（もしくは神話）をモデルになぞった創作物語と断じ、否定し去るのも、それは無理からぬ話ではある。

しかし、これによって仲哀天皇、神功皇后以下の、歴史上の登場人物の存在までもが否定されるものではないし、この一事を以て、ここで語られる神功皇后の新羅征討という事績が、根拠のないまったくの虚偽だと証明されたわけでもない。

一時、改竄説が盛んに喧伝された著名な「好太王碑文」には、四世紀末、倭人集団が半島に攻め寄せ、新羅や百済を臣従させたという明確な記載があるし、同時代資料ではなく我が国の史籍と同列に扱うには難があるものの、十二〜十三世紀ごろ編纂された『三国史記』『三国遺事』等、古代朝鮮の事績を記した彼の地の歴史書にも、しばしば倭と半島諸国との武力衝突、あるいは、講和・修好という権謀渦巻く歴史の一端が記載されている。

(我が国は知らず)一般的に歴史書というものは、おおむね自国に有利になるよう史実を捻じ曲げ、いわば我田引水的な内容に偏向しがちだが、倭人集団の朝鮮半島侵攻という歴史的「事実」は、これら侵攻を受けた側の史籍にも明記されているだけに、そこで語られる事績は、ある程度の歴史的事実を反映したものと、認めてよいと思われる。したがってこの新羅征討説話の語りを、捏造、作為として頭から批判するのではなく、何らかの史実を反映したもの、と仮定した上で、冷静かつ客観的に再検討するだけの余地は残されてよい。

それにしても、両者の類似性は顕著である。

ここで再び、香椎宮の話に戻ることにする。

香椎宮はまた、「香椎廟」とも呼ばれていたが、「廟」というのはもともと中国の思想に由来し、皇帝の祖霊を祀る「みたまや」を指し、我が国の伝統的な祭祀には見られない形態であった。

この思想は平安時代初期になって、時の桓武《かんむ》天皇のころに導入されたのが嚆矢《こうし》だとされ、以後、我が国の祖霊祭祀の中に浸透していくことになるが、香椎宮だけはなぜかそれ以前、奈良朝にはすでに「廟」と呼ばれていたらしい。

文献上確実な記録は、『万葉集』に神亀《じんき》五年（七二八）と記される大伴旅人《おおとものたびと》の歌に、「香椎廟を拝み奉り訖《を》へて云々」という詞書《ことばがき》が添えられていることである。この時期、皇室の祖霊を祀った施設で「廟」を名乗るものは皆無であることから、この「香椎廟」という存在がいかに特異なものであるか、分かろうというものだ。

ここで想定されるのは、「香椎廟」は朝廷直轄の「香椎廟」となる以前から、すでにして「廟」だったのではないか、ということなのである。

ある若者が、数々の苦難をへて海の彼方の楽土に赴き、めでたくかの地を討ち平らげて故国に凱旋し、一族を統合の上、新たな王者として四海に君臨する。遠い昔、かかる伝説的な英雄がいた。

遠く神話時代にさかのぼる、伝説的な建国の英雄、彼らにとっては父祖の祖霊が鎮まり坐ます、奥津城《おくつき》（＝墳墓の地）こそが、この「香椎廟」であった、と考えてみる。

香椎廟（香椎宮）に祀られるのは、仲哀天皇（応神の父）、神功皇后、応神天皇、住吉大神とされているが、こうした神功皇后新羅征討説話をそのままなぞった皇統譜・神統譜に統一される以前、この地には、玄界灘に君臨する王族歴代の祖神・英雄神が、すでに祀られていたのではないか。これこそが、ここが仲哀帝ゆかりの「香椎廟」と称される以前から、「廟」でなければならなかった所以である。

その「廟」に祀られる真の王族の正体は、その説話的構成の類似から推して、ここまで論を展開してきた当然の帰結ながら、「海神宮訪問神話」の本来の担い手であり、志賀島を聖地と見晴るかし、遠く玄界灘の彼方に雄飛した海人の雄族・阿曇氏歴代の王者ではなかったか。

つまり、「香椎廟」はもと「阿曇廟」であった、と考えたい。

香椎廟の立地は、南北に長く延びた立花山系の西麓、真西に志賀島を望む、恰好の地点である。彼らにとって「神の島」たる、「海神宮」を西に望む丘——立花山系——の麓に、彼らの祖廟、すなわち奥津城が求められるのは、むしろ当然のことと理解されよう。

『三代実録』に、香椎宮の毎年春秋の祭日に、社前で志賀島の海人、男女各十人が風俗楽を奏する神事が行われたという記事が見え、その際に志賀島から海藻や魚介を調物として香椎宮に献上する習わしがあったりと、志賀島と香椎廟を巡る特殊な関係は、いくつか散見される。先にも述べたように、香椎宮の社前で奏せられた風俗楽の実態は、志賀海神社の「山ほめ祭」そのものであったらしい。

本書では「山ほめ祭」について、その祖型を、新王位継承者（阿曇氏）の誕生を予祝し、寿ぐ儀礼と見なしたわけであるが、農耕儀礼における、これら予祝と感謝の儀礼が、王権祭式と結びついたケースは、大嘗祭がその好例である。

大嘗祭とは本来、年に一度、秋に行われた新嘗《にいなめ》祭がその起源である。

新嘗祭は、春先に五穀豊穣を祈る予祝儀礼・祈年《としごい》祭と対になって行われた、収穫への感謝祭であるが、これが年に一度の実り（＝王者の魂の再誕・更新・復活）を祝う儀礼とも同一視されるようになり、やがて、新帝が即位後に、最初に皇祖および天神地祇に新穀を供え、祖霊とともに共食をされ、国家安寧・五穀豊穣を感謝し祈念される一世一度の王権祭式、新帝の誕生を寿ぐ（践祚《せんそ》）大嘗祭へと昇華したものである。

「山ほめ祭」神事自体、春秋二回行われる、阿曇氏の新王位継承者の誕生を寿ぐ一連の儀礼だった、と考えてきた。

つまりこの山ほめ神事＝風俗楽が香椎宮の社前で奏せられた背景は、とりもなおさず香椎廟が阿曇廟であればこそ、阿曇氏代々の祖霊に海の幸を供えつつ、豊漁を予祝し、かつ豊漁を感謝するという、大嘗祭（新嘗祭）にも比すべき彼らの重要な王権祭式、という位置づけが可能となってくるのである。

さて、話は戻る。

神功皇后新羅征討説話は、あくまでも記紀限定の歴史的「事実」として、ただの「伝説」に過ぎないという見方もある。だが、その祖型を辿っていけば、固有名詞を入れ替えただけの、阿曇氏の伝説的英雄の物語として、すでに粗筋ができあがっていたもの、と考える。

それを遡及させていけば、いずれは神話としての「海神宮訪問神話」、さらに成年式儀礼としての「海神宮訪問説話」へと、順次辿り着くはずだ。

説話がいかにして神話へと昇華していくか、あるいは逆に、神話がどのようにして歴史的「事実」を形作っていくか。

「海神宮訪問神話」と「神功皇后新羅征討説話」の二つの物語は、地方王権が中央政権に組み込まれていく過程を跡付ける、おそらくは無類の証しと言っていいのではあるまいか。

笠沙御前と高千穂之久士布流多気

いったいに「海神宮訪問神話」（海幸・山幸説話）の原郷は南九州、とりわけカササノミサキ（鹿児島県南さつま市）のある薩摩半島（阿多地方）ということになっているようだが、先の「阿波岐原」を含め、伝説ゆかりの地名や遺称地など、後の時代に生半可な為政者や知識人の賢《さか》しらで、いかようにも創出できるという事例は、今さらこと詳しく列挙するまでもない。

再掲させていただくが、『古事記』の天孫降臨神話で「筑紫日向之高千穂之久士布流多気《つくしのひむかのたかちほのくじふるたけ》」に天降った邇邇《にに》芸《ぎ》命は、此処《ここ》は韓国《からくに》に向かひ、笠沙《かささ》の御前《みさき》を真来通《まきとほ》りて、朝日の直刺《たださ》す国、夕日の日照《ほで》る国なり。故《かれ》、此地《ここ》は甚吉《いとよ》き地《ところ》。

と言挙《ことあ》げされ、この地に鎮まり坐ましたという。

字義通り、「韓国」が朝鮮半島の「カラクニ」そのものを意味しているのなら、「韓国に向か」うというカササノミサキは、朝鮮半島を間近く望む北部九州の、いずれかの岬でなければならず、ましてや天孫降臨の地とされる「筑紫日向之高千穂之久士布流多気」（＝高千穂のクジフル岳）自体、「笠沙の御前を真来通」る以上は、宮崎県高千穂と鹿児島県霧島山による本家争いどころの話ではなく、カササノミサキに繋がる北部九州のいずれかの峰、というとんでもない可能性すら生じてくるのである。

「笠沙の御前（岬）」の比定地は、鹿児島県南さつま市野間岬（旧川辺郡笠沙町）とされている。だが、そもそも「笠沙」という遺称地はなく、かろうじて大正十一年（一九二二）、旧西加世田《かせだ》村が笠砂村となり、昭和十五年（一九四〇）、町制の施行に伴い「笠沙町」と命名された新しい地名である。にもかかわらず、この地がカササノミサキに比定されたのにはいろいろな経緯があるのだが、ここでは省略する。

「韓国に向か」うというロケーションをそのまま生かすのであれば、カササノミサキの適合地は、ここで何度も触れてきた、まさに「糟屋郡阿曇郷」の比定地とした旧糟屋郡北部、玄界灘を挟んで朝鮮半島と対峙する、現在の和白、糟屋郡新宮町から古賀市（旧糟屋郡古賀町）にかけての海浜部、ということになるのではないか。

現在、旧糟屋郡北部一帯に、「笠沙」（カササ）に類する地名は遺っていない。

ただ、『和名類聚抄』にいう「糟屋郡香椎郷」は、古く「訶志比《かしひ》（『古事記』）」、「橿日《かしひ》（『日本書紀』）」、「哿《か》襲《そひ》（『筑前国風土記』逸文）」等、様々な表記がなされているが、その『和名抄』には「加須比」（カスヒ）の訓が振ってあり、香椎は古く、「カスヒ」と呼ばれていた可能性がある。

だとすれば、郡名である糟屋「カス・ヤ」との関連から、このあたり一帯に「カス」を冠する地域名が存在したことが想定される。

「沙」は字義をそのまま生かせば「すな・まさご」の意味であり、したがって笠沙とは、カス＋サ（沙）の意、つまりカササノミサキとは、砂浜の広がったカスの岬、と解することが可能である。

このように理解した上で、

此処は韓国に向かひ、笠沙の御前を真来通りて、朝日の直刺す国、夕日の日照る国なり。

（＝ここは「カラクニ」と対峙し、カササノミサキから真っ直ぐに上ってきて、朝日・夕日に照り映える国である）


と示された「此処」、つまり「筑紫日向之高千穂之久士布流多気」の位置を割り出していくと、そこはあにはからんや、「筑紫日向之橘」＝立花山系のいずれかの一峰、を指すことになってしまう。

であるならば、『古事記』にいう、

日子穂穂手見《ほほでみ》命は高千穂の宮に坐《いま》すこと伍佰捌拾歳《いほとせあまりやとせ》。御陵《みささぎ》は、即ち其の高千穂の山の西に在り。

という日向二代目・ホホデミ（ホヲリ）の御陵は、その立花山系の西麓、つまり前項で触れた、もと阿曇氏の霊廟に措定した「香椎廟」の存在と重なり合って、再度クローズアップされてくるのである。ちなみに『日本書紀』には、ホホデミの御陵を「日向高屋山上陵《たかやのやまのうへのみささぎ》」といい、より具体的で「日向国」を意識したような書きぶりになってはいるのだが。

さらに言えば、『日本書紀』ウガヤフキアヘズの条には、「西洲《にしのくに》の宮に崩《かむあが》りましぬ」とある。崩御の地がどこの西なのかが問題であるが、前後の文脈から、ここもまた、「筑紫日向之高千穂之久士布流多気」の西、と解釈してよさそうである。

御陵は「日向吾平山上陵《あひらのやまのうへのみささぎ》」と明記されているが、ここもまた立花山系の西麓、「香椎廟」付近（あるいは、廟の所在地そのもの）と比定しても、何ら不都合はなさそうである。

さて、にもかかわらず、カササノミサキが従来、南九州に比定されてきた根拠の一つは、『古事記』の天孫降臨の章段に続き、

> 番能邇邇芸能命《ほのににぎの》、笠沙の御前に、麗《うるは》しき美人《をとめ》に遇《あ》ひたまひき。爾《ここ》に「誰《た》が女《むすめ》ぞ」と問ひたまへば、答へ白《まを》ししく、「大山津見《おおやまつみ》の神の女《むすめ》、名は神阿多都比売《かむあたつひめ》、亦《また》の名は木花之佐久夜毘売《このはなのさくやびめ》と謂《い》ふ」とまをしき。

とある「神阿多都比売」が「阿多」の名を負うことから、これは薩摩の阿多地方の国津神の女《むすめ》だとし、故にこそ、その舞台となったカササノミサキは、薩摩半島最西端・旧笠沙町の野間岬、という比定に繋がっているのである。

一方、『日本書紀』は、さらに具体的な記述になっていて、ニニギノミコトが天下った先は「日向襲之高千《ひむかのそのたかち》穂峯《ほのたけ》」であり、ニニギが「槵日《くしひ》の二上《ふたがみ》の天浮橋《あまのうきはし》より浮渚在平処《うきじまりたひら》に立たして」「膂宍《そしし》の空国《むなくに》を、頓丘《ひたを》から国覓《くにま》ぎ

行去《とほ》りて」「吾田《あた》の長屋《ながや》の笠狭之碕《かささのみさき》」に至ったところ、国津神「事勝国勝長狭《ことかつくにかつながさ》」と出会う。

彼の勧めに従い、この地にとどまり住んだニニギは、麗しき「美人《をとめ》」に出会うのだが、これは大山祇神の女《むすめ》であり、「名曰鹿葦津《かしつ》姫。亦名神吾田津《かむあたつ》姫。亦名木花之開耶《このはなのさくや》姫」と名乗る。

「日向襲之高千穂峯」だの「吾田長屋笠狭之碕」だのと、明らかにカササノミサキを南九州の阿多地方にもってこようという算段が、見え隠れしている。

「日向国」色の濃い『日本書紀』の記載はともかく、『古事記』にいう「神阿多都比売」は、その名が記されるだけで阿多地方の国津神、とは明記されていない。

付会に過ぎるかもしれないが、カササノミサキに比定する旧糟屋郡の北海岸、ちょうど志賀島に向かって海の中道が伸びていく出発地点、その先端の海岸部を「奈多」（ナタ）という。これなど「阿多」（アタ）の転、と取れなくもない。

先に、南九州・阿多地方の隼人《はやひと》集団が、阿曇氏に従って北部九州に大挙移動し、居住していた可能性について指摘しておいたが、「奈多」（ナタ）方面は、志賀島に相対した岬部、という重要な立地点から、その有力な候補地の一つとして考えている。つまり、「神阿多都比売」は、阿多（アタ）地方から玄界灘沿岸地域に移住した隼人族の居住地であるがゆえに、その地を故郷にちなんで「アタ」と称し、それが転じて（例えば、奴国領域のアタであるがゆえにナのアタ→ナタのごとき）、後に奈多（ナタ）となったものと考えると、「神阿多都比売」とは、新たな「アタ」＝奈多の地に移住した隼人族の長（＝阿多君《あたのきみ》）の女《むすめ》、という解釈も可能ではなかろうか。

さて、そもそも『古事記』は、その序文によれば、「飛鳥の清原《きよみはら》の大宮《おほみや》に大八州御《おほやしまぐにしろ》しめしし天皇《すめらみこと》」、すなわち天武天皇が、その当時、諸家が持つ系譜や伝承にはすでに誤りが多く、虚偽が加えられているという事実があり、これらを「削偽定実」して正しく後世に伝えねばならぬ、という並々ならぬ決意のもとに撰録が進められたものであるが、紆余曲折の後、実際に完成に至るのは、その約四十年後、和銅五年（七一二）になってからである。

『日本書紀』は養老四年（七二〇）に撰進されているが、わずか八年という『古事記』との先後関係は、伝承の正しさを検討する上で、ほとんど意味をなさない。

要は、どちらが古いか、新しいかではなく、『日本書紀』が、対外的・公的な勅撰書であることを意識してか、「歴史的客観性」を重んじる姿勢を強調せんがため、とりわけ神代の神々の事績については、「一書《あるふみ》に曰はく」という形で様々な異説を網羅する体裁をとっている点である。

一つの一貫した物語、つまり起承転結相整った、物語としての読みやすさの点では、『古事記』に軍配が上がる。『日本書紀』では「一書に曰はく」という、一見「良心的」な挿入句が、物語のスムーズな流れをあちらこちらで寸断してしまっているからである。

これは、それぞれの、史書としての性質の違いに起因するもので、同じ神代を取り扱いながら、記載内容が異なる場合、成立時期の先後関係は、一方の内容の客観性・正当性を判断する決め手にはならないことは知っておいた方がよい。

日向三陵

ここで、「日向三陵」の比定地を例にとってみよう。

日向三陵とは、ニニギ・ホホデミ・ウガヤフキアヘズが鎮まる陵墓とされるものだが、神代の伝承とて、当然のことながら、日向三代の歴史的実在性については、ここであえて問わないことにする。
延長五年（九二七）に撰上された『延喜式』巻第二十一（延喜諸陵式）によると、この三代の神陵はいずれも「在日向国、無陵戸」とあって、少なくとも平安時代にはこの三代の神陵が南九州・日向の地にあると認識されていたことを示す。

しかし、その詳細は不明で、単に「日向国」とのみ記載するに過ぎない。

初代神武天皇陵以下の所在地が「国名＋郡名」の記載となっていることから考えて、郡名がないということは、すでにその当時、具体的な陵墓の所在地が不明となっていたか、あるいは記載できるはずがない、という特殊な事情があってのことか。

ちなみに『古事記』では、ホホデミの陵について「御陵は、高千穂の山の西にあり」と記すのみで、ニニギ・ウガヤフキアヘズについての記載はない。

『日本書紀』では、それぞれの具体的な山陵名が記載されている。これらをまとめると、表2のようになる。

『日本書紀』に「筑紫日向」「日向」と記す三陵を、「日向」と明記されているにもかかわらず、いずれも今日の宮崎県ではなく鹿児島県内（薩摩・大隅地方）に比定する『陵墓要覧』においては、記紀の記載との矛盾点を解決するため、旧来の「日向国」のエリアを、かなりの広域に拡大する必要が生じる。

そうでなければ、「在日向国」という記載そのものを疑ってかかるか。

実はこれら三陵は、明治七年（一八七四）七月に明治天皇の御裁可をうけて決定されたものだが、背後には、当時、維新政府を実質的に牛耳っていた薩長、とりわけ旧薩摩藩の国学者の意見が、かなり「強引」な形で反映されているとされ、そういった意味では、『陵墓要覧』の比定地は、学問的な裏付けはほとんどなく、かなり政治的な色合いが濃いものだと言っていいだろう。

しかし、いったい「政治」と無関係な神話など、この世に存在するものだろうか。

だからこそ、その神話の中に封じ込められた一片の「歴史」を掘り起こしていく、地道な作業が必要となってくる。

それらが、不肖、事実の一端なりと言い当てているか、あるいは事実に近いものであるかどうか。かかる「事実」を綴り合わせて描き出した古代日本のありようが、いかに矛盾なく我々の眼前に姿を現してくれるか。

まだまだ先は遠い。

■表2　日向三代・御陵比定地

神名	御陵比定地1		御陵比定地2	御陵比定地3
	『古事記』和銅五年（七一二）	『日本書紀』養老四年（七二〇）	『延喜式』延長五年（九二七）	『陵墓要覧』明治七年（一八七四）〜
瓊々杵尊《ににぎ》（邇邇芸命《ににぎ》）	記載なし	筑紫日向可愛《え》之山陵《のみささぎ》	在日向国、無陵戸	鹿児島県薩摩川内市宮内町《みやうち》字脇園《わきぞの》（新田神社境内）
火火出見尊《ほほでみ》（火遠理命《ほをり》、亦名、穂穂手見命《ほほでみ》）	高千穂山之西	日向高屋山上陵《たかやのやまのうへのみささぎ》	在日向国、無陵戸	鹿児島県霧島市溝辺町《みぞべ》麓《ふもと》菅ノ口《すがのくち》
鸕鷀草葺不合尊《うがやふきあへず》（鵜葺草葺不合命《うがやふきあへず》）	記載なし	（崩於西洲之宮《にしのくにのみや》）日向吾平山上陵《あひらのやまのうへのみささぎ》	在日向国、無陵戸	鹿児島県鹿屋市吾平町《あいら》大字上名《かんみょう》

第四章 倭国の大乱

倭国論Ⅱ

鬼道とは何か

さて、話はガラリと変わる。奴国王家＝阿曇氏が後漢帝国から「漢委奴国王」の称号を得、前期倭国の盟主に君臨して百年ほど後、倭国はかつてない、時代の転換期を迎えることになった。いわゆる「倭国の大乱」の勃発である。

桓・霊の間（一四八〜一八八）、倭国大いに乱れ、更々相攻伐《こもごもあいこうばつ》し、歴年主無し。一女子有り、名を卑弥呼と曰ふ。年長じて嫁《か》せず、鬼神の道に事《つか》へ、能く妖を以て衆を惑はす。是に於いて、共に立てて王と為す。（『後漢書』）

其の国、本亦男子を以て王と為し、住まること七、八十年、倭国乱れ、相攻伐すること歴年、乃ち共に一女子を立てて王と為す。名づけて卑弥呼と曰ふ。（『三国志』魏書東夷伝倭人条。以下、『魏志倭人伝』）

かくいう政変を世に「倭国の大乱」と称するが、二世紀後半のこの出来事をきっかけに、古代史の表舞台に登場するのが、すなわち卑弥呼である。

大乱の後に共立された女王・卑弥呼は、

鬼道を事とし、能く衆を惑はす。年已《すで》に長大なるも、夫婿《ふせい》無く、男弟有りて、治国を佐《たす》く。王と為りし自り以来、見る有りし者少なし。婢《ひ》千人を以て自ら侍せしめ、唯男子一人有りて飲食を給し、辞を伝へて居所に出入す。宮室・楼観・城柵を厳かに設け、常に人有りて、兵を持して守衛す。（『魏志倭人伝』）

とあるごとく、「鬼道」あるいは「鬼神の道」（『後漢書』）と呼ばれる呪術を駆使して人心を支配し、男弟とともに、聖俗分離の見事な構造を持つ王権を担っていた。

この政治形態は、「其の国、本亦男子を以て王と為し」（『魏志倭人伝』）とあるように、従来になかった画期的なものであった。しかも、政治的・経済的優位という基盤の上に成立した奴国政権とは異なり、ここではっきりと「鬼道」という新興宗教による倭国の統一が謳われている。

卑弥呼の奉じた「鬼道」の実態については従来から伝統的に、「シャーマニズム」という曖昧な括りで説明がなされてきた。だが、先にも示したように、ここ数十年来、これを古代中国の民間信仰、いわゆる「道教」との関わりで説明しようとする試みがなされるようになった。

これは同じ『魏志』巻八・張魯伝に、

（張）魯遂に漢中に拠り、鬼道を以て民を教へ、自ら師君と号す。

とある「鬼道」（＝五斗米道《ごとべいどう》。後に天師道と称される「道教」の一派）の用例を参考に、「直接的には、張魯の宗教の影響下にあったもの」と断ずるもの、あるいは「土着の、おそらく南方的な憑依型シャーマニズムと外来の道教的要素を触媒として再組織したものである可能性」を指摘するものまで、多少の強弱・緩急の差は否めないものの、おおよそ卑弥呼の「鬼道」＝「道教」の影響下に成立した新興宗教、という位置づけは、百家争鳴、いまだに混迷の途上にある「邪馬台国論争」の中にあって、かなり確実性の高いものと考えてよい。

一般的にいって、新興宗教が成立するためには、いくつかの抜きがたい要因が考えられるという。

大林太良氏によれば、高度な外来文化が土着文化の中に侵入した場合、その結果発達した文化の中心地とそれ以外の周辺地域・後背地（ヒンターラント）との間にしばしば緊張関係を生じ、文化変容を遂げた先進地域への嫉視《しっし》が高じて、後背地を起点に土着主義運動が発生する例が多いとされている。

しかもこの場合、後背地の人々は、絢爛たる外来文化の圧迫に対して現世の不平等の救済を宗教に求め、その土着主義運動は、往々にして新興宗教の形をとることが多い（大林太良『邪馬台国』）。

近いところで大陸や半島の歴史をひもといてみても、漢末期、新興宗教・太平道の教祖張角が民衆を唱導した黄巾の乱、清末期には「扶清滅洋」をスローガンとした白蓮教系の秘密結社・義和団による排外運動（＝北清事変）が発生するなど、古代から近代に至るまで、様々な事変や内乱が、新興宗教的色彩を帯びつつ絶え間なく繰り返されてきた。

欧米列強の侵略に虐げられてきたアジア・アフリカの新興独立国においても、その草創期にあっては、再三にわたって同様の事例が、大小取り混ぜて数限りなく発生している。

我が国の場合はどうかというと、幕末の混乱期に続々と産声を上げた、多くの新興宗教の例がよく知られている。備前国今村の黒住教、大和国丹波市村の天理教、備中国大谷村の金光教など、これらはいずれも「女性教祖による神がかり呪術」という原点回帰の特徴を有していた。

しかし、◯◯ノミコト、◯◯ノカミなどという、これも一気に記紀神話の時代に逆戻りした大時代的な主神・祭神を奉戴し、伝統的な土着文化（神祇信仰）の主張をなぞりながらも、その教義は決して単なる復古主義ではなかった。それは、男女平等・階級制撤廃といった反権力・反封建的な、したがって極めて近代的な意識を内部に取り込んだ、はなはだ画期的なものであったという。

まさにこの時期、我が国は相次ぐ飢饉で庶民の窮状は頂点に達し、一方で異国船の来航をきっかけに尊王攘夷の嵐が吹き荒れるなど、人々の不安と緊張は頂点に達していた。しかもこれら新興宗教の発祥地（聖地）は、幕末期、伝統文化の中心地であった畿内、とりわけ京都の外郭に位置し、そこはまさに地理的にも、文化的にも先進地域の後背地（ヒンターラント）に位置していたという指摘は重要である。

このように、新興宗教は本来、外来の要素を媒介とし、それと対抗し得る土着の要素を再構築、再体系化したところに生まれるものである。そしてそれは、例外なく文化的には劣る地域の、先進地域に対する反動として現れるといってよい。この、歴史が指し示す汎世界的な類型は、邪馬台国の宗教的特質を考える上で、多くの示唆を与えてくれる。

「鬼道」という宗教が、港湾部の先進国家であった奴国勢力に対抗する形で発生し、しかもそれが、明らかに文化的には後発の、新興国であったと思われる邪馬台国に生まれたという事実。

その実態は、異文化が接触して生みだされる新興宗教そのものであって、その一般的傾向からいって、大陸・半島系渡来人がもたらした外来信仰――半島経由でもたらされた中国の雑多で体系を持たない民間信仰、従来「民衆道教」＝道教の名で呼ばれていたもの――に触発され、その要素を一部受容した信仰だということができる。

我々はややもすれば、古代国家の実態を必要以上に素朴視しがちである。日本列島への渡来文化の影響を強調する余り、国境などあってなきがごとく、あたかも岸辺に波が打ち寄せるように、日本海の波濤を越えて北からも南からも列島にしきりと渡来人の往来をみていたかのような言われ方をするが、それはおおむね誤解であり、錯覚である。実際のところ、弥生全期を通じ、前漢鏡・後漢鏡を始めとする舶載鏡など、明らかに交易品と思われる考古学的遺物の大半は、奴国を頂点とする伊都国、末盧国ら玄界灘沿岸諸国に集中・独占されて出土をみており、以南の内陸部はもとより、日本国内の他地域では、ごく限られた数しか出土していないという事実が、はっきりとそれを裏付けている。

これら交易品の、玄界灘沿岸諸国における集中度の高さは、裏を返せば玄界灘の制海権は奴国ら玄界灘沿岸諸国、いわゆる前期倭国の強力な管理体制下にあり、彼我の自由な往来など望むべくもなかったことを示すものに他ならない。交易品の数々は、後漢から直々のお墨付き「金印」を拝受した代表勢力、つまり大陸への唯一の窓口であった奴国のもとに集約された上で、各地に分与・分配されていたと考えるのが常識である。

このように考えてみると、後発の新興国家であり、もともと独自の交易拠点を持たない内陸部の群小諸国の首長たちにしてみれば、万一、奴国の機嫌を損ねでもしたら大変なことになる。奴国を介し、かろうじて維持してきた大陸・半島への交易ルートを失ってしまうことにもなりかねない。

首長が首長たる所以は、苦労して手に入れたこれら交易品を権威の象徴として、自国民の上に君臨することにある。それらを手にするためには、心ならずも奴国の機嫌を取り続けなければならない。彼らの生殺与奪は、すべて奴国に握られていたからである。

奴国王家の性格は、一面では交易商人でもあった。

岡田英弘氏によれば、そもそも倭人勢力が誕生した背景として、紀元前一〇八年、漢の武帝の時代に漢が朝鮮半島に侵攻し、楽浪郡、臨屯郡、玄菟郡、真蕃郡を設置したことが挙げられるという。とりわけ真蕃郡（後の伽耶・辰韓地方――いわゆる任那・新羅方面）では、ここに新しく設置された都市を維持・発展させていくため、対外貿易が盛んに奨励され、日本列島の市場開拓が猛烈な勢いで開始された。その結果、倭の地域に中国からの交易船が定期的に来航するようになり、その港湾部周辺に、交易のための集落が形成されていったのだという（岡田英弘『倭国』）。

一方、市場を管理する港湾部集落の首長は、中国商人の居留地に保護を加え、さらに婚姻関係を結ぶことで後背地に対する交易権を独占し、こうして倭人社会は、経済的にも政治的にも序列化されるようになる。すなわち、このような中で成長を遂げた倭人勢力の頂点に立ったのが、奴国王家というわけである。先に述べたように、奴国を中心とする玄界灘沿岸の限られた諸国に、こうして銅剣・銅矛を始め、各種舶載鏡など、大半の交易品が集中・独占される結果となったのである。

かくして後漢文化という、高度な外来文化に彩られた「漢委奴国王」＝奴国をピラミッドの頂点とする港湾諸国の繁栄の一方で、そのヒンターラント（後背地）の内陸諸国の間では、かの先進諸国に対する民衆の羨望、嫉視が、やがて彼我の相対的な不平等感、飢餓感へと高まっていき、両者の間にはもはや埋めがたい亀裂が広がっていった。

ところが、奴国王家が後ろ盾としていた後漢帝国は、二二〇年、遂に滅亡することになるが、実はそれ以前の二世紀後半には、黄巾の乱を始めとする度重なる内乱によって、帝国内部はすでに崩壊寸前となっており、その末端機関、直接には倭に対する監督官として倭の諸国に睨みを利かせていた楽浪郡も、早くにその機能を失っていた。当然、頼るべき後ろ盾を失った奴国の権威も、これを機に大きく揺らいできたはずである。

外には後漢帝国の弱体化、内には内陸諸国の不満の鬱積という、二つの大きな要因を孕み、ここに倭国の大乱は勃発したのである。

邪馬台国の登場

ここで、ある日突然、神懸かりと称してあらぬ「託宣」を口走り始めた一婦人の言動が発端となった、という場面を想定してみる。

その婦人こそが後の「卑弥呼」であり、彼女がたまたま邪馬台国の一住民（あるいは王族）であったことが、邪馬台国を、奴国に代わる次代倭国の盟主に押し上げる要因となったのではないだろうか。

この、現世救済のメシアともいえる卑弥呼の託宣は、民衆レベルで口伝いに浸透していき、多くの支持者を獲得しつつ、これら内陸諸国の首長層にまで飛び火した挙げ句、遂にこれが「倭国の大乱」という最悪の形で、一気に爆発していったものと考えてみたい。

我々は邪馬台国の所在地を云々する際、どうしてもその地域の文化的先進性を問題としがちである。従来邪馬台国の登場は、それが畿内大和、筑後山門のいずれであろうと、その地域が弥生時代後期に至って水稲耕作による生産力の飛躍的な増大を見、弥生前中期の、強大であった玄界灘沿岸地域（奴国）と勢力関係が逆転した結果だと考えられてきた。

しかし、右に述べたごとく、「倭国の大乱」を新興宗教「鬼道」による宗教的動乱とし、一種の土着主義運動の結果とみる考えに従うならば、邪馬台国が必ずしも文化的先進地域である必要はなく、むしろ逆に、文化的にはやや劣る地域の方が好都合だといえる。

ただし、まったくの不毛地域は問題外としても、外来文化の触発に応じ、受けて支え得るだけの、ある一定水準以上の、先行する土着文化の存在は必要不可欠であろう。

しかも彼我における外来文化の影響関係は、具体的には、外来文化を一方は積極的かつ迎合的に受容し、他方は土着主義運動の触媒として批判的に取り込んでいくという態度の差はあれ、いずれもが共通する外来文化圏に接し、それに影響を受けやすい位置関係になければならず、したがって、邪馬台国所在地の第一候補は玄界灘の沿岸地域にさして遠くない、まさしく後背地になければならないことになる。これだけでもすでに、畿内大和説は破綻していると言えはしまいか。

奴国に代表される玄界灘沿岸地域から見てその外郭部、後背地に位置すること、しかもなお、後背地にありながら沿岸地域に次ぐ文化レベルを有し、彼らの繁栄を嫉視し得る位置にある、という諸条件を満たす地域こそ、邪馬台国の比定地に最もふさわしいといえそうである。

第五章

筑紫君と邪馬台国

邪馬台国論Ⅰ

「筑紫」語源説と筑紫君

さて、今さらいうまでもないが、この時期日本列島のいずこかで「倭国の大乱」が勃発したという「事実」は、外国文献によってのみ確認されるに過ぎない。一方、我が国の歴史関係の記録といえば、現存する最古のものとして『古事記』『日本書紀』や各国風土記などがあるが、これらはいずれも八世紀に編纂されたものであって、同時代の一等資料とはいい難い弱みがある。しかし、これら我が国の上代文献に、遠い過去の記憶の一断片なりと、この事実を裏付けるような記載が見出せないものであろうか。

『筑後国風土記』逸文に、次のような記事がある。

筑紫の国は、本、筑前の国と合はせて、一つの国たりき。昔、此の国の間の山に峻《さか》しく狭き坂ありて、往来《ゆきき》の人、駕《の》れる下鞍《したくら》を摩《す》り尽《つく》されき。土人《くにひと》、下鞍尽しの坂と曰ひき。三に云はく、昔、此の堺の上に麁猛《あらぶる》神あり、往来の人、半《なから》は生き、半は死にき。その数極《いた》く多《さは》なりき。因りて人の命尽《つくし》の神と曰ひき。時に、筑紫君・肥君等占へて、筑紫君等が祖、甕依姫《みかより》を祝《はふり》と為して祭らしめき。爾《これ》より以降、路行く人、神に害《そこな》はれず。是を以ちて、筑紫《つくし》の神と曰ふ。四に云はく、其の死にし者を葬らむ為に、此の山の木を伐りて、棺輿《ひとき》を造作《つく》りき。茲《こ》れに因りて山の木尽さむとしき。因りて筑紫の国と曰ひき。後に両の国に分ちて、前と後と為す。

この伝承は、記紀・風土記など、上代文献にしばしば散見される地名起源説話の典型的な体裁をなしていて、話そのものは児戯に類する付会記事であろうが、しかしこれは、「筑紫」という語源を考える上で重要な問題を含んでいる。

「筑紫」とは、今日の行政区画でいえば福岡県筑紫野市大字筑紫にあたる地域だが、ここは肥前・筑前・筑後三国の国境が集結する中心点で、古くから交通の要衝であった。記紀神話にも登場する重要な地域名で、古代の地名としてはかなり古い部類に属する。

にもかかわらず、その語源説についてはまだ定説と呼べるほどのものはない。

右の逸文記事のいうところは、結局、

①筑前・筑後の境界に荒ぶる神がいて、通行の妨害をしたということ。

②筑紫君の祖・甕依姫が祭祀者となって、この神を鎮めたということ。

右の二点に絞られるであろう。

①については、「二つの異なる世界の境に荒ぶる神がいて通行人を苦しめる」型の類話が各国風土記に数多く見られることから、ちょうどこの「筑紫」が筑前・筑後とを分かつ境界線として強く意識されていたことが分かる。

筑前と筑後の境界に位置する筑紫野、太宰府、基山方面は、西側からせり出す脊振山系に遮られて、ツルの細い喉首のように、左右から窄まった盆地状の地勢をなしている。

福岡と佐賀の県境で南北を分断する、屏風のような脊振の稜線が、玄界灘から吹き付ける北の突風と、有明海の干潟を渡ってきた穏やかな南風を遮断してしまうせいか、この「筑紫」一帯に複雑で特異な気象条件を生み出してきた。

筑後に住んでいた時分、福岡方面に出る際には必ず「筑紫」盆地を通過することになるのだが、高速道路でこの付近にさしかかると、いつの間にか四囲を霧に閉ざされ、時には重苦しい黒雲が深く垂れ込めてきたかと思うと、突然、車のワイパーをフル稼働しても前方が見えないほどの激しい土砂降りに祟られ大慌てをすることがままあった。ところが、ここを抜けた途端に福岡は雲一つない快晴、といった体験は決して珍しくなかったのである。

そしてまた、西鉄天神大牟田線の電車の車窓から眺めた明るい冬景色が、「筑紫」に近づくころから民家の屋根にぽつぽつと斑雪が目立ち始め、そのうち降りしきる一面の雪景色に変じてしまうのに驚かされることもしばしばであった。無論、筑後と福岡は、穏やかな冬の晴天であったにもかかわらず、である。

これらはすべて、「筑紫」周辺の狭隘な地勢がもたらす特異な状況で、科学の発達した現代においてはあらかた説明可能な、その意味では取り立てて異とするまでもない、ごく普通の自然現象として我々には納得できるところである。

だが、自然の猛威を神威の発動と見、時に荒れすさぶその姿に畏怖の念を抱き、信仰対象とした古代の人々にとっては、かかる地域は魔所であり、異界・冥界への入口であり、決して近づいてはならない神々の坐《い》ます領域であった。

『古事記』の「倭健《やまとたける》命の伊吹山説話」に、伊吹山の神が白い猪になってミコトの前に立ち現われ、ミコトを散々に懲らしめたという記事があるが、白猪＝伊吹山の神とは究極のところ、雪深い里として知られる伊吹の山麓に住む人々が、冬季になると豪雪に閉ざされ生活や交通の方途を失う苦しみと絶望を、伊吹の山に降り積もった白雪を神格化することで畏れ、崇め、宥《なだ》め癒そうとしたものであろう。

私事であるが、以前、新幹線の車窓から、トンネルを抜け出た途端、真っ白な雪を戴く異様な風体の伊吹山を間近く見て、不意に、幼いころ特撮映画を見て感じた、ビルの谷間から巨大な怪獣が迫り来る恐怖にも似た、逃げ場のない威圧感に囚われたことを思い出した。なるほど信仰の原点というものは、対象（自然）に対する恐怖の感情なんだなと、そのとき妙に合点がいったことであった。

さて、話は「筑紫」である。

「筑紫」の場合における「境界に荒ぶる神がいて、通行の妨害をした」という神話的発想もまた、古く遡れば、かかる特殊な地勢的条件に淵源するものといえよう。そして、「筑紫」の持つこうした特異性は、この領域に何か目に見えない境界線があって、荒ぶる神の支配する侵すべからざる聖域だという観念を生み出したのであろう。

ひとつの国、ひとつの地域は、それぞれまとまった別個の精神世界をなしていて、その境から一歩足を踏み入れると、そこは次元の異なる別世界だと考えられてきた。

とりわけ「坂《さか》」は「境《さかい》」であって、「逆《さか》ふ」（＝妨害する）に通じる。

筑前・筑後・肥前三国の国境が交錯する、「筑紫」の「峻《さか》しく狭き坂」に荒ぶる神が鎮座していて、通行人の往来を妨げたという逸文記事は、このような観点から理解すべきであると思われる。

この観念は、他面、現実問題として、今日の国境紛争がそうであるように、対立する集団の武力抗争の場へと容易に転じ得る。そしてその抗争は、古代にあっては宗教的色あいを帯びてくることにもなるだろう。集団には、その集団の奉ずる固有の神々が存在する。こちら側にとっては「神」そのものの存在が、境界から向こう側の、信仰を異にする集団からすれば荒ぶる神＝邪神であり、忌むべき、そして排斥すべき淫祀《いんし》邪教の類と見なされるのは、よくあることだからである。

②は土地占有の呪術である。分かりやすくいえば、地境の祭祀にあたったものが、一歩踏み込んでその土地の精神世界を支配する（国魂の支配権を掌握する＝占有する＝支配下に収める）という古代祭祀の一形態である。しかもその祭祀に関わったのが、筑紫君の祖・甕依姫であるという。

考えてみれば、筑紫君という氏族名は不思議である。

古代豪族に限らないが、氏族名は通常、彼らの居住地域（発祥地）か、その氏族に関わる職掌そのものを冠することが多い。北部九州のみに限っても、ミヌマ（三瀦）、ムナカタ（宗像）、ウサ（宇佐）など、君姓豪族はその本貫地名をそのまま姓氏名として名乗りを上げている。したがって「筑紫」君を称するからには、彼らが「筑紫」を本拠とする古代豪族であったようにも思えるが、事実は決してそうではない。

六世紀初頭、時の朝廷に「反乱」を起こしたと伝える筑紫君磐井の墳墓・岩戸山古墳（前方後円墳）を始め、筑紫君一族の墳墓群と思われるものが、八女市を中心とする筑後地方に集中分布していることから、筑紫君の本拠地は紛れもなく筑後方面であったと思われる。にもかかわらず、「筑紫」はあくまでも筑前側に属する地名である。筑後、肥前との国境に隣接する地点ではあっても、決して筑後でもなく、肥前でもなく、御笠郡、筑紫郡と所属を変えながらも、終始「筑前」最南端の一地域名として、古代から連綿と続いてきた歴史的地名であった。

そもそも筑紫郡大字筑紫に発する「筑紫」という地名は、筑前・筑後を合わせた広がりを持つ地域名でもあり、場合によっては九州全域を総称する大地名として使用されることもあるのだが、その割には、この地域が古代のある時期、とりわけ筑紫君が歴史の舞台に登場する以前、すでに文化的な先進地域として他地域に抜きん出ていた、という客観的事実があるわけではない。ましてやここが、先に述べたように筑紫君発祥の地であったとも考えられず、なにゆえ筑後に本拠を有する彼らが、筑前域の「筑紫」を以て自らの姓氏としているのか、よく分かっていない。

五郎山古墳

一方、この筑紫地区では、筑後・肥後地方に特徴的な装飾壁画古墳の流れを汲む、五郎山古墳が発見されている。直径三二mほどの円墳で、石室内部に多彩な装飾壁画が施されていたことで知られているが、築造時期は六世紀後半とされ、「反乱」以後の、筑紫君の動向が窺える古墳として興味深くはあるが、これをもって、ここが筑紫君のもともとの本拠であった、とはいいがたい。

実は、この問題を解く鍵は、「ツクシ」という地名の由来そのものにあるのではないか、というのが、私の考えである。

地境祭祀と甕依姫

先に、「筑紫」語源説についてはまだ定説と呼べるほどのものはない、と述べはしたが、ただ、数ある起源説の中で一つ、目を引くのは、新井白石の説く「標《つくし》」説である。

大陸から我が国に来航する船にとって、北部九州地方が航路の目印・目標となる地点であるため、「標」という称が起こったというのであるが、「標」をツクシと訓むのは、古来、水先案内のために航路に立てた杭「澪標（ミヲツクシ）」の語例によるものである。

「航路の目印・目標」という、白石説のその後の展開はさておき、この場合、「標」を単独でツクシと訓む、その訓みの正しさを証明することが必要となる。

従来、「澪標」は「水脈《みを》つ串《くし》」（「つ」は連体格助詞の古形）であって、水脈や水深を知らせるために港湾部に立てられた杭を意味する語だとされてきた。したがって、もともとはミヲ／ツ／クシであって、ミヲ／ツクシと訓むのは後世の俗訓に過ぎないと言われてきたのである。

ところが、地域名・筑紫（ツクシ）の語源を直接取り上げたものではないが、民俗学者の柳田国男は、天然の樹木や周囲から屹立し目標となる山の峰や森のことを「ツクシ」と称する多くの地名の例から、ツクシとは本来は村落の境界を表示するための、ひときわ目立つ棒状の杭（柱）を指すものであろうとした（柳田国男「地名の研究」）。

ツクシの用字に「標」を宛てるのも、境の標示というツクシ本来の性質を表意的に示したものに他ならない。無論、これらの柱が境界の単なる標示ではなく、神域標示などの呪術的性格を有するものであろうことはいうまでもない。ちなみに氏は、植物の土筆（ツクシ）もまた、その形状――突っ立った柱のごときもの――によって転用された名称だと考えている。

そもそも「ツクシ」とは、最後まで～する、恒久的に～する、の意味を持つ動詞「ツクス（尽くす）」の名詞化したものだと考えられる。

境界の標示のため、風雨に曝されながらも立ち続ける、モニュメントとしての「標」、春先の土手に芽を出した棒状の「土筆」、そして水先案内の目印として水路の各所に立てられた「澪標」が、いずれも「ツクシ」の訓を有するということは、ツクシ、ひいては「筑紫」の語源を考えていく上での重要なヒントになるのではないだろうか。

「筑紫」に近く、筑紫野市大字原田《はるだ》には、式内社・筑紫神社が鎮座する。祭神は五十猛命《いたけるのみこと》といい、一説には白日別神《しらひわけ》とも伝えている。白日別とは、イザナギ・イザナミによる国生み神話で、筑紫国のことを白日別というとあることから、筑紫の神すなわち白日別神、としたものだろう。

筑紫神社

いずれにせよ、逸文記事にいう「荒ぶる神」の、後に格式化された姿である。

五十猛命は、『日本書紀』（神代紀）にその神格が具体的に示されている。スサノオノミコトの御子神と伝え、スサノオとともに新羅から樹木の種を持って筑紫に渡来し、大八洲国《おおやしまぐに》を青山になしたという功績の持ち主である。

いわば「木の神」「木をつかさどる神」という神格を有する渡来神なのだが、これは逸文記事に、筑紫の神の妨害で横死を遂げた旅人を葬る棺を造るために山の木を伐り出し、あやうく木が尽きようとしたという、あえて「木」との関わりを強調しようとする付会説話と関連しているようだ。

白日別の神格は不明だが、その「シラ」という訓みは新羅に関わると考えられ、この神名もまた、新羅からの渡来神であったことを証しているようだ。五十猛命の亦名《またのな》は白日別神、つまりは同一神だと考えてよい。

このように五十猛命＝白日別神＝木の神という神格、甕依姫が地境の祭祀を執り行ったという記述に引きつけて考えれば、五十猛命（白日別神）が新羅から渡来したという伝承も、がぜん真実味を帯びてくる。

あたかも朝鮮半島に多く見られ、村落の境界に立てられて神域標示、逐鬼などの呪術的性格を併せ持った「天下大将軍」「地下女将軍」の柱、いわゆるチャンスンとツクシとの関係を想起させて、実に暗示的である。

筑紫を澪標（ミヲツクシ）の用例から標（ツクシ）の義と解し、境界を標示するために立てられた棒状の杭・柱に由来するばかりでなく、筑紫君（の祖と伝える甕依姫）が執り行った祭祀——地境祭祀——の拠って来たるところ、つまり筑紫君の思想的背景を外来信仰——直接的には、新羅方面からの経由だと思われる——に求めようとする私見を、側面から補強するものである。

元来、荒ぶる神からの危害を避けるため、「境」を往来する者がその怒りに触れぬよう神を祀り鎮めるために、境となる地点に杖や矛を突き立て、あるいは甕を据えて祭祀を行ったという類の記事は、記紀に散見する古代祭祀の一形態であったようである。

例えば『常陸国風土記』には、箭括《やはず》の氏、麻多智《またち》という人物が新田開発のために葦原を開墾しようとしたところ、「夜刀《やと》の神」なる蛇形の神が群れを成して集まり妨害したので、大いに怒りを発し、山との境の堀に「標の杖」を突き立て、言挙げして神を追い払い、社を造り以後この神を祀ることになった、とある。

これは、民衆に危害をなす「荒ぶる神」の災厄から逃れるために、標（＝ツクシ）の杖で呪術的な境界（結界）を決定し、神の領域・人の領域を明確にして、神の「こちら側」への必要以上の干渉を避けようとした、いわば「専守防衛」に徹した消極的かつ素朴な地境祭祀のありようを示している。

一方、同じ杖でも『古事記』の神功皇后新羅追討説話では、船団を率いて半島に攻め寄せ、新羅を降伏させた神功皇后は、新羅支配の証しとして、新羅国王邸の門前に杖を突き立て、住吉大神の神霊を祀った、という逸話を残している。

この行為は、現実世界、すなわち国家としての異郷「新羅」を武力的に制圧した証しとするだけでなく、影踏みよろしく、「こちら側」の精神的象徴ともいうべき標（＝ツクシ）の杖を、相手方の領域に一歩踏み込んで突き立てることで、新羅の精神世界を「こちら側」に取り込み占有支配しようとする、さらに進んだ積極的な呪術行為だと考えられる。

『筑後国風土記』逸文に筑紫君の祖と伝える甕依姫が、筑前・筑後の国境「ツクシ」で交通妨害の「荒ぶる神」を祀り鎮めたという説話では、そのときに行われたはずの、具体的な祭祀の実態は明らかではない。しかし、「荒ぶる神」が筑紫神社の祭神として祀られた樹木神・五十猛命とされるからには、おそらくここでも『常陸国風土記』『古事記』の各説話のように、少なくとも「ツクシ」となるべき標の柱——それが事実、木製の「杖」であったかどうかは別にしても——を地に突き立てるなどの占有呪術が、正しく執り行われたに違いない。

これが、筑紫神社の起源であろう。

筑紫神社の起源

問題は、これらが単に「荒ぶる神」を祀り鎮めることで、通行を塞《さ》え妨げる神の災厄から逃れようとするがごとき、消極的な地境祭祀に終わらなかったと思われる点にある。

ここでは筑後の豪族が、筑前・筑後の境界から一歩踏み込んで、異郷となる筑前側の領域に進出した上で地境祭祀を行っている点が注目される。

これは『古事記』の神功皇后新羅征討説話に見られたのと同様、「こちら側」の精神的象徴とでもいうべき標（＝ツクシ）を、相手方の領域――「筑紫」周辺を核とする地点――に踏み込んで突き立て、祭祀を執り行うことで、筑前域を「こちら側」に取り込み占有支配しようとする、積極的な呪術行為だと考えられるからである。

つまり「筑紫」とは、筑後の八女地方を本拠とした筑紫君が、徐々に彼の地で勢力を拡大し、やがて北上して筑前との境界に進出、ここを境に対峙して一大勢力を有する他氏族と抗争の末、遂にこの「境」の地を占有支配するに及び、筑前側の勢力を屈服させるに至った証しとなる、重要な歴史的地名ではないか、と考えたいのである。

記紀などの記事に、しばしば「疆場《さかひ》（＝境）を定む」という言い方が見出せる。

これらはみな、神と人、氏族間、あるいは朝廷内の武力抗争などの際に、戦いに勝利した側が、その仕上げとしてなす行為らしいことは分かるのだが、具体的にどんなことをしたのかという点につき、いまだ実体は不明である。

だが、これを「地境祭祀」のことだと考えるなら、ことは簡単である。

彼らは武力で制圧した戦いの仕上げとして、相手方の領域に一歩足を踏み入れ、彼の地において地境祭祀を執り行うことで、物心両面にわたって、相手方を支配しようとしたのであろう。

そして彼らは――「ツクシ」を占有支配した彼らは――これを機に、一族の栄光の記念として、永く「ツクシ」の地に神を祀り、併せて自らを、両筑に跨る覇者にふさわしく――北部九州を席巻し「ツ、ク、シ」た大豪族――筑紫君と称するようになったのであろうと考える。

ツクシとはまさに、彼らが筑前域を占有支配したという一族の栄光の証しとして、長く記憶にとどめ置くべき地名だったのだろう。

さて、以上に示した「筑紫」の語源説が仮に正しいものとすれば、筑後地方を本拠とする筑紫君にとって、敵対する一方の勢力、すなわち占有支配を狙う筑前域の対抗勢力として考えられるのは、当然、例の阿曇氏、つまり奴国勢力でなければならない。

もともと国郡の境界線は、基本的には一つの国、一つの郡がそのままかつての在地豪族の勢力範囲をなぞっていることが多い。後代に至り、国家権力の名のもとに強制的な統廃合がなされた場合はその限りではないが、それでも子細に調べてみると、それぞれのまとまった勢力圏を、郷、郡、さらには国の単位としておおむね決していくものであろう。

筑前・筑後という分割もまた、拮抗《きつこう》していた阿曇・筑紫の二大勢力並立の名残にほかなるまい。おそらくこの両勢力が、雌雄を決すべく激突した時代があり、その結果、筑紫君が勝利を収め、北部九州に覇権を確立したという歴史的事実の反映が、先の「筑紫」起源説話であり、『魏志倭人伝』にいう――「倭国の大乱」の実相ではないだろうか。

であるならば、奴国王家＝阿曇氏という図式の対極として、邪馬台国王家＝筑紫君、という至極明快な図式が成り立つことになり、当然の帰結として、筑紫君の本拠地こそが邪馬台国の有力比定地、という結論が導き出されるのである。

第六章 「大乱」以後の倭国 倭国論Ⅲ

奴国東進

この検証はまだまだ続くが、ここで話題を転じ、「倭国の大乱」以降の奴国、そして倭国の、その後の展開について私見を述べてみたい。

「大乱」勃発のその日、優れた海運力で、経済的優位のもとに倭国を支配下に収めていた奴国体制は、遂に音を立てて崩壊する。

反乱軍の主力をなしたのは、かつては半島交易の利権を独占し、北部九州の主導的立場にありながら、海運力にまさる奴国に覇権を奪われ逼塞を余儀なくされていた渡来系集団・伊都国と、新興宗教「鬼道」を精神的紐帯として内陸諸国（ヒンターラント）を糾合した新興勢力・邪馬台国の、二大勢力であったと考えている。

『魏志倭人伝』によれば、邪馬台国を盟主とする後期倭国が成立した後も奴国は存在するから、これによって奴国勢力が根絶やしにされたわけではなかったが、王族を始め、倭国の指導的立場にあり、支配層を形成していた主力は、西（伊都国）と南（邪馬台国）からの挟撃に堪えきれず、故国を捨て、遠く東の海上へと逃れていったのではないだろうか。

彼らはもともと海人系氏族であり、各地の港湾都市と修好上の繋がりを有していた関係で、あるいは瀬戸内をへて中国・四国方面へ、あるいは日本海沿岸地域へと庇護を求めて散っていき、ここに奴国王家は、事実上滅亡してしまったものと思われる。

事実、福岡平野では、弥生時代中期後半ごろから、金隈《かねのくま》遺跡、伯玄社《はくげんしゃ》遺跡、須玖《すぐ》岡本遺跡など、奴国領域の中枢であった地域において甕棺墓の減少・廃絶が起こっており、集落においても中期末〜後期初頭にかけて、住居跡の減少ないしは断絶をみせる遺跡が多いという。

また、後期に入り、中細形C類、中広形に続く平型銅剣の出土が、愛媛や香川など瀬戸内海沿岸の四国北部へ、広形銅矛が対馬・西四国方面へと、最終段階の武器型祭器がいずれもかつて青銅器の最大供給地であった北部九州から、その周辺部へと分布の中心を移していることなども、「倭国の大乱」を契機とした奴国勢力の衰退—滅亡—移動（東進）の経緯を物語る、有力な傍証になるかもしれない。

奴国王家の末裔とした後代の宮廷氏族・阿曇氏が、記紀神話の時代には糟屋、志賀島といった北部九州を原郷としているらしいことは今まで述べ来たった通りである。

にもかかわらず、記紀を始め有史以降の記録では、阿曇氏はなぜか摂津・淡路方面の大阪湾沿岸に活躍の場を移していることなども、こうした展開を裏付ける一つの重要な事実であろう。

すでに何度も触れているように、阿曇氏が初めて記紀に登場するのは、神代を除けば、例の応神紀で大浜宿禰が「海人宰」に任ぜられた記事である。

一方、阿曇王権にあって「梶取」として隷属した隼人族は、といえば、履中即位前紀（履中記）に記載される住吉仲《すみのえのなかつ》皇子（『古事記』は墨江中王）の叛逆に関わった近習隼人「刺領布《さしひれ》」（『古事記』は曽婆訶里《そばかり》）の名が、人皇以後の初見となっている。

住吉仲皇子の叛逆とは、難波高津宮《なにわのたかつ》にあった去来穂別太子《いざほわけ》（後の履中天皇）の命で、婚儀を調えるために羽《は》田矢代宿禰《たのやしろ》の女《むすめ》・黒媛のもとに赴いた弟の住吉仲皇子が、太子の名を騙って黒媛を姦《かん》してしまったことから身の危険を感じ、機先を制して去来穂別を殺害しようとしたが、重臣の裏切りにあい、あえなく誅殺されてしまうという、皇位継承にまつわる内紛である。

去来穂別に唆《そそのか》され、直接に仲皇子殺害の手を下したのは、仲皇子の近習であった隼人・刺領布だが、隼人が「住吉」の地名を冠する皇子の配下に、しかも近習としてそば近くに仕えていたという事実は重要である。

おそらく「住吉」は仲皇子の居住地か出生地、すなわち勢力圏であると思われ、この当時、刺領布に象徴されるような有力隼人の居住地が、すでに『古事記』に「墨江の津を定めたまひき」（仁徳記）とある、摂津住吉方面に存したと考えられるからである。

また、直接に住吉を指向したものではないが、『日本書紀』の応神天皇二十二年三月条、同四十一年二月条に「大隅宮《おほすみのみや》」、安閑天皇二年九月に「難波大隅嶋《なにわのおほすみのしま》」という南九州所縁の地名が大阪湾岸に見られることにも注意を有する。

大隅嶋は現在では陸化しているが、もともと大阪湾に流れをそそぐ淀川水系の河口にあたるところで、古くはいくつかの島嶼部から成っており、そのうちの、一つの島であった。ここが応神天皇の都であった時期があり、瀬戸内海航路の拠点とするにうってつけのロケーションからいって、政治・文化の中心として、当時は大阪湾岸の重要な港津であったと思われる。

現在、「大隅」の地名が残り、かの地には応神天皇を祭神とする大隅神社が鎮座する。おそらく阿多地方と並び、南九州における隼人族の本拠であった大隅地方から、大挙、大阪湾岸に移住してきた、隼人の居住地に由来する地名であろうか。これもまた、航海民・隼人族の面目躍如といったところであり、先の住吉仲皇子の叛逆記事と併せ、隼人の本質がなんであったかを端的に物語るものであろう。

ちなみに応神天皇は日向泉長媛《ひむかのいづみのながひめ》（薩摩国出水郡）、次の仁徳天皇は日向髪長媛《ひむかのかみながひめ》（日向国諸県郡）をそれぞれ妃にするなど、系譜上、二代にわたって南九州の隼人族と関わりの深い婚姻関係を結んだことになっている。薩摩国出水郡、日向国諸県郡ともに、阿多隼人（薩摩半島阿多）、大隅隼人（大隅半島吉志《きし》）それぞれの本拠地に近接してはいるが、さりとてこの時期、畿内勢力の支配領域が南九州まで及んでいたとは考えられないから、わざわざ遠く離れた南九州から妃を召し入れたのではなく、これは例えば大隅嶋のごとき、おそらく大阪湾岸における隼人族の移植地であり、そこに居住した、新来の隼人集団との婚姻関係を示すものであろう。

一方の阿曇氏にしても、事情は同じである。

先の住吉仲皇子の叛逆事件では、「阿曇連浜子《はまこ》」（一説には、阿曇連黒友《くろとも》とも）なる人物が、淡路の海人数十人を率いて仲皇子側につき、叛逆に加担しようとしたことが知れ、叛逆が失敗に終わった後捕らえられたが、死罪を免れ墨刑に処せられるという、「阿曇目《あづみめ》」（＝海人が目尻に施した刺青）の起源説話で語られる。

この事件では阿曇・隼人ともに仲皇子側の有力な配下として重要な役割を果たしており、結果的に敗者となってしまったものの、いずれもが政権の中枢に参与する立場にあったことは確かである。

無論、記紀の歴史的記述がどこまで正しく事実関係を伝えているのか、いささか疑問なしとしないが、これら阿曇、隼人関係の記事が、応神・仁徳・履中と続く、大阪湾岸を拠点とした、いわゆる「河内王朝」の初期に相次いで見い出せるのは、遅くともこの時期（四世紀後半〜五世紀初めごろか）には、阿曇、隼人両氏族がこの王権と接触し、何らかの形で関係を結ぶに至ったことの表れではなかろうか。

阿曇、隼人ともに記紀に登場するのがほぼ同時期であるのは、偶然ではあるまい。

摂津・住吉方面への移住以前から、隼人族が阿曇氏の傘下に隷属していたという事実を踏まえ、「倭国の大乱」に敗れた阿曇集団が、瀬戸内海を東進して辿り着いた先、大阪湾岸に一大勢力を有していた「河内王朝」と合体（もしくは服属）することによって、それを契機に、阿曇氏を介し、航海民・隼人もまた、間接的に「河内王朝」に服属する結果になったのではないだろうか。

宇佐八幡と住吉大神

さて、摂津住吉方面と隼人族とを結びつける傍証は、他にもある。

住吉といえば住吉大神——表筒之男命《うはつつのを》・中筒之男命《なかつつのを》・底筒之男命《そこつつのを》の三柱の神を指し、白い髭を生やした老翁然とした風貌と住吉明神の名で広く知られている。いわゆる大阪住吉の住吉大社の祭神であり、船舶運搬の守護神であると同時に、禊祓《みそぎはらえ》の神、和歌の神としても著名である。

住吉大神、というからには、古くから「真澄《ますみ》よし住吉《すみのゑ》（墨江）」と歌われた大阪住吉のそれが、根生いの本家本元のような印象を受けてしまうが、必ずしもそうではないらしい。福岡市博多区住吉に鎮座する、住吉神社なども住吉大神の本貫地の有力候補の一つであるとされているが、なにぶんにも資料が少なく、はっきりとしたことは断言できない。

そもそも住吉大神とは、記紀によれば、亡き妻イザナミを恋い慕って黄泉の国に赴いたイザナギが、姿を見てはいけないという禁忌を破ったばかりに、黄泉津醜女《よもつしこめ》やイザナミに追いすがられ、命からがら黄泉の国から帰還したときに、「筑紫日向之橘小門之阿波岐原」という水辺で禊祓をして、その結果、海神・綿津見三神とともに出生したのだと言われている。

「筑紫日向」（日向は日に向かう処の謂）という九州、おそらく北部九州域を指向する場所が生誕の地と考えられることについては先に述べた通りだが、この点からいえば、この神は志賀島を拠点とした海人系氏族・阿曇氏の祖・綿津見神と並んで、九州方面に所縁の神のように思われる。

その鍵を握るのは、宇佐神宮である。

宇佐神宮

宇佐神宮というのは、実に謎の多い神社である。祭神は応神天皇、比売《ひめ》大神、神功皇后で、いわゆる主祭神・八幡大菩薩と目されているのは応神天皇であるが、記紀に散見する応神天皇の事跡は、九州方面に関していえば、神功皇后新羅征討説話の舞台となった北部九州の玄界灘沿岸地域に限られており、宇佐とは無縁である。それが、なぜ祭神の筆頭に挙げられているのだろうか。

また、毎年秋（現在は八月十日～十二日）に行われる「放《ほう》生会《じょうえ》」も、様々な問題を孕んだ、ある意味では奇祭である。

養老四年（七二〇）、大隅・日向地方の隼人征伐に際し、八幡大菩薩の加護によって無事、隼人の賊を鎮圧することができたが、あまりに多くの隼人を殺したためか、その祟りで病災が流行したので、隼人の霊を供養し鎮めるために、山野・河海に魚鳥を放ったことに始まるという。

宇佐地方と隼人との結びつきも唐突だが、その際に放生される隼人の霊の象徴は蜷貝《にな》（または蛤《はまぐり》）とされ、これまた勇猛果敢な

八幡古表神社

隼人のイメージとはおおよそかけ離れている。

しかしなんといっても、この放生会の特異性を決定付けているのは、一連の放生会神事の中で、原則的に三、四年に一度だけ奉納される、木偶《でく》人形を操って演じられた「傀儡舞《くぐつ》」神事である。

この神事は細男《くわしおの》舞・神相撲神事とも呼ばれるが、宇佐神宮の系列にある八幡古表《はちまんこひょう》神社（福岡県築上郡吉富町小犬丸）、および古要《こひょう》神社（大分県中津市伊藤田）で古くから演じられたものである。もともと宇佐神宮放生会の際に、ひと続きの神事として相前後しながら奉納されたものが、中世期に放生会が断絶してからは、八幡古表神社、古要神社それぞれの独立した神事となり、今日に至る。

両社は県境を流れる山国川を挟んで近接し、文字は異なるが、どちらも「こひょう」と訓む。それぞれの神事に用いられる小形の木偶人形を「小兵」と呼んだものが、神社名となったものか。

さて、神事のあらましを、八幡古表神社の場合を例にとり、紹介してみたい。

八幡古表神社の場合、神事は四年に一度の閏《うるう》の年（古要神社は三年に一度）、時期は八月の上旬、午後八時ごろから神社の境内にある神舞殿で行われる。

まず、第一部の細男舞に使われる「お舞人形」は、胴体が一本の木になったものに頭と両手が付き、衣装を身につけた華麗なもので、宮司の謡に合わせて矛や御幣をささげ、ゆるやかに舞う。

第二部は打って変わって、テンポの速い神相撲である。

この神事に使用される「相撲人形」は、大は一尺五寸、小は五寸ぐらいの大きさの、褌をつけた力士姿の傀儡で、これは両手と片足が動き、もう片方の足はそのまま延びて人形を支え持つ棒の役目を果たしている。すべての傀儡人形には神名が付けられており、「春日大神」「熱田大神」「祇園大神」「松尾大神」「磯良大神（阿曇磯良神）」など、全国の著名な神々のオンパレード、といった観がある。

神事は予めストーリーが決まっていて、東方、西方のそれぞれから力士姿の神々が登場して相撲をとるという、単純といえば実に単純なものだが、初めのうちは東西互角の勝負が続き、やがて西方が劣勢になるに及んで、最後に西方から住吉大神が現れ、次々に東方の神々を打ち負かしていく。

次に勝ち残っていた東方の神々が、一対一で住吉大神に挑みかかるのだが、これもすべて敗退する。

最後はこれならどうだといわんばかりに、東方最強の神

八幡古表神社の神相撲神事

古要神社の神相撲神事

・祇園大神を先頭に、東方のあらゆる神々が大挙して住吉大神に突っかかっていくのだが、これもまたすべて押し切られてしまう。

こうして住吉大神の勝利を締めくくりとし、二時間余に及ぶすべての神事は無時終了する、という次第である。

さて、この神事で中心的な役割を果たす住吉大神は全長わずか五寸、四十七体ある人形の中で最も小さく、また全身真っ黒な異形の神の風貌である。黒さゆえか「おんくろう神」とも称されているが、これは老翁とされることが多い「住吉大神」に対する一般のイメージとは些か異なる。

むしろ、住吉大神といいながら、この全身真っ黒な小兵、「おんくろう神」が、ここで慰霊されるはずの隼人族、かつて反乱を起こし、朝廷軍を悩まし続けた南方の蛮族とイメージされがちな、勇猛果敢な隼人の姿とまさに符合しているのはなぜであろうか。

なによりもまず、隼人の慰霊・鎮魂のために、なぜ傀儡人形を用いた相撲神事が催されるのかという問題、その神事で活躍をみせるのがなにゆえ住吉大神なのかという問題について、考えてみる必要があろう。

隼人と傀儡舞

傀儡（クグツ）とは、折口信夫説によれば、もともと海人の女たちが「クグ」（＝カヤツリグサの一種）という水辺の雑草を編んで籠にした、神聖な容器をいい、やがて各地を流浪し芸能の民となった彼ら海人族の一群が、その籠の中に、彼らが実演した神楽舞――例えば「磯良舞」等、かつて社前で、神人たちにより実際に演じられたもの――を見世物として演じさせた「人形」（ヒトカタ）を入れて持ち歩いたが、やがてその人形そのものを「クグツ」と呼ぶようになったのだという（折口信夫『折口信夫全集』第三巻、他）。

彼らは多く、海神系神社（とりわけ八幡系）に隷属し、各地で八幡信仰の縁起や奇瑞を唱導して回り、時にはそれを「傀儡」によって演じさせることで、八幡信仰の普及に努めた。

なぜ八幡信仰かというに、例の応神紀で、阿曇連の祖・大浜宿禰が「海人宰」に任ぜられたことが海人族が朝廷に仕えた嚆矢であるから、我らは応神天皇＝八幡大菩薩にお仕えするのだ、という彼らなりの矜持によるものらしい。

つまり「傀儡舞」神事とは、各地を流浪した傀儡の民、すなわち海人の人々によってもたらされたものである、という一つの証しである。

次にそれがなぜ「相撲」神事なのか、という点であるが、実は相撲神事と、ここで慰霊・鎮魂の対象となっている隼人族の間には、密接な繋がりが考えられる。

隼人が宮中で相撲をとる、いわゆる「隼人相撲」という神事は、同じく宮中で演じられた、国巣《くず》舞、久米《くめ》舞などと並び、朝廷へ服従した氏族の伝統儀礼だとされている。

もともと相撲神事は、農耕儀礼の一種として発生したもので、土地土地の精霊を代表する二人一組が勝負することによって、いずれの土地が祥瑞《しょうずい》に恵まれているか、神意を占うものであったという。その中でも南方系の海洋民族にあっては、土地に定住して農耕民化した彼らが、農耕に不可欠な水を土地の水神に乞い祈るための呪農神事として発達したものだともいう。

いずれにしても、その出自が南方系の海人族とされる隼人族であってみれば、隼人相撲とは、彼らが本来持っていた農耕儀礼に由来するものであったと考えてよい。

にもかかわらず、ここで演じられる神相撲神事は、討伐された隼人の慰霊のために行われる鎮魂儀礼としてのそれであり、こういった農耕儀礼的な要素は皆無である。

森浩一氏は、高句麗古墳の壁画に「相撲」をしている図柄を伴うものが数例あることや、皇極天皇元年七月の記事（皇極紀）に、来朝して間なしに従者と我が子を喪《うしな》ってしまった百済の大使・翹岐《ぎょうき》のために、健児《ちからびと》に命じ、その面前で相撲をとらせたという記事、そして、垂仁紀に当代の力自慢、当麻蹴速《たぎまのけはや》と野見宿禰《のみ》――ちなみに、野見宿禰の後裔は土師《はじ》氏であり、土師氏・当麻氏はいずれも山陵の造営や葬儀に関わる職掌に携わった氏族だとされている――が相撲で勝負を決したという記事から、相撲神事と葬送儀礼との関わりを示唆されている（『シンポジウム 日本の神話』第四巻）。

つまり「相撲」には、農耕儀礼としての神事とは別に、死者の慰霊・鎮魂をするための神事という一側面があったことが考えられるのである。

「相撲」の語源は「すまふ（＝争ふ）」の名詞形、「すまひ」に由来する。

格闘技としての相撲という面から考えるに、我が国古来の、海神系農耕儀礼としての「相撲」とは似て非なる、起源を異にした様々な格闘型の神事は、内陸部モンゴルのブフや朝鮮半島のシルムのごとき、アジアを中心に汎世界的に存在する。森浩一氏の示される、高句麗壁画古墳や百済大使の事例からいって、あるいは「相撲」の持つこういった葬送儀礼的側面は、これら大陸や朝鮮半島経由でもたらされた、異質の宗教観に基づくものかもしれない。

だとすれば、相撲神事の実演による隼人族の慰霊・鎮魂という側面も、たまたま彼らの保持していた相撲神事に、朝廷からの要請で付与された、新たな観念ということができる。

いずれにしても、隼人の慰霊・鎮魂のために、なぜ傀儡人形を用いた相撲神事が催されたのかという問題については、以上のような説明が可能である。

では、この神事で活躍をみせるのがなにゆえ住吉大神なのかという問題について考えてみよう。

先に、「ハヤヒト」の氏族名について、「(チ)ハヤヒト」――棹取りに速けむ人――の謂であると考え、「隼人」とは、操舵に巧みな海の神、すなわち「航海神」を祖に戴く「海人系氏族」の、一方の呼称ではないかと考えた。

また、『日本書紀』第九段の一書第四に、阿多の国津神「事勝国勝神《ことかつくにかつ》は、是伊弉諾尊《これいざなぎ》の子《みこ》なり。亦の名は塩土《しほつつ》老翁《のをぢ》」とあり、阿多の国津神、すなわち阿多隼人の祖神が塩土老翁＝シホツチの神、と明記されていることは見てきた通りである。

シホツチは「潮《しほ》つ霊《ち》」の義とされ、その先導神的な性質から、航路を教え導く神、すなわち航海神だとされている。これはまさに、操舵に巧みな舟人＝「ハヤヒト」の語義にぴったりである。

同時にまた、「塩土老翁」とも書かれ、ホヲリに知恵を授けてワタツミの宮に教え導いた神、カムヤマトイハレビコ(神武)に東方の楽土の存在を教え、いわゆる神武東遷のきっかけとなった神であり、年老いた経験と知識の豊富な翁神であった。

この点、航海守護の神として、有史以後、朝廷の崇敬篤く、白い髭を生やした老翁の姿で親しまれる住吉明神の姿と完全に一致している。

「ツツノヲ」の語義

さて、住吉大神は、「底筒之男命《そこつつのを》、中筒之男命《なかつつのを》、上筒之男命《うはつつのを》の三柱の神は墨江の三前の大神なり」(『古事記』)とされているが、この「ツツノヲ」の語義については従来から様々な説が示されてきた。

そのうちの主なものを列挙すると、

①ツツは「星《つつ》」である。『万葉集』に「夕星《ゆふづつ》」の使用例が三例。「筒之男」三神をカラスキ星（参）、すなわちオリオン座の中央にある三ツ星と見、古くから航海の目標とされたために、航海を掌る神として崇拝されたのではないか、とする。（倉野憲司）

②ツツは船舶の中央帆柱の下にある「筒《つつ》」、すなわち船霊《ふなだま》を納めた「筒」の謂。「筒之男」はその神格化である。（西宮一民）

③ツツは「豆酘《つつ》」の意。「豆酘」は対馬の南端、厳原町に属する地名で、「豆酘之男」、つまり「豆酘」を本貫とした海人族・阿曇氏が奉斎した神である。（田中卓）

④ツツは「之津《つつ》」。「筒之男」三神は、それを「上之津《うはつつ》」「中之津《なかつつ》」「底之津《そこつつ》」と三分割したもので、港津を掌る神を意味する。この神を奉斎するのが「津守連《つもり》」であることと照応する。（山田孝雄）

ほぼ、右の四説に集約されるが、いずれも説得力に乏しく、これといった決め手に欠ける。

①は、ここに「星」を持ってくるのはいささか唐突で、日本神話の神々、および日本神話そのものが、ほとんど星の存在に関心を示していない点、無理がある。

②で主張する船霊信仰、特に、船の中央帆柱の下にある筒に船霊を納めるという習俗が、はたしてどこまで古く遡れるか不明である。

③はそもそも阿曇氏が奉斎したのは綿津見神であり、事実誤認がある。対馬に多く綿津見神が祀られているのは確かだが、それと住吉大神とは明確に区別すべきである。

今日最有力視されているのは、④の「之津」説である。「上之津」「中之津」「底之津」三柱を併せて「津ノ男」＝津の神、そしてこの神を祀るのが津守連とは、まさにうってつけだからである。

だが、「津」とは一般に港や停泊地をいい、その地点（ポイント）としての津（港・停泊地）をあえて上・中・下というタテの系列に三分割した神格は、港を守る神という点では相応しいようにも思われるが、この場合、船舶の航海を守護する神という、遠く空間的な広がりを持つ神格との落差はいかんともしがたい。

ここではまず、ツツに充てられる「筒」という用字が、神名として、記紀の他の用例ではどのような意義を持っているのかを検証してみたい。

「筒」の用例は、管見に上った限りではわずかに二例、一つは『日本書紀』第十段の一書第四で、ヒコホホデミを海神宮へと教え導いた、例の「塩筒老翁《しほつつのおきな》」であり、今一つは『古事記』のイザナギ・イザナミの「国土創世神話」の直後、イザナギが、我が妻イザナミの死の原因となったカグツチを、手にした十拳剣で斬った際に、ほとばしった血が「湯《ゆ》津《つ》石村《いはむら》」に付着して生まれた「石筒《いはつつ》之《の》男《を》神」（『日本書紀』では磐筒男《いはつつのを》神・磐筒女《いはつつのめ》神）である。

「塩筒老翁」は、『日本書紀』の本文によれば「塩土《つち》老翁」とあり、また「塩椎《つち》神」（『古事記』）ともある。この神名の由来は、すでに何度も触れているように「潮之霊《つち》」であり、ホヲリ（ヒコホホデミ）に海神宮への道筋を説き、カムヤマトイハレビコ（神武）に東征先を教示した（『日本書紀』神武天皇即位前紀）その神格そのままに、海路を掌る神霊の謂である。

一方、「石筒之男神」については、名義不詳とするもの、雷神とするもの、ツツを先の「星《つつ》」の連想から「粒」の古語とし、磐が裂けて粒になり飛び散るさまを形容したもの等、様々であるが、カグツチの頸を斬った血が磐にほとばしり着いて石筒之男神とともに誕生した、石拆《いはさく》神、根拆《ねさく》神と併せた三神は、その名義から、いずれも岩石に関わりの深い神霊であろうと考えられるから、「塩筒」同様に、「石筒」すなわち「石之霊《つち》」の転であると考えられる。

「チ」がある種の神霊を意味する語であることは、ミズチ・イカヅチ・ヲロチ・ククノチ・ノヅチ等、記紀に多く登場する霊格の存在により明らかである（本書五五頁参照）。

また、「ツチ」と「ツツ」が音韻上、容易に転訛し得ることは、ここで問題としている「底筒《つつ》」「中筒《つつ》」「上筒《つつ》」が、『日本書紀』の第五段一書第十には「底土《そこつち》」「赤土《あかつち》」「磐土《いはつち》」と表記されている例が見えることからも証せられる。

数少ない用例であるが、この二例の示すところによれば、「筒《つつ》」はいずれも「之霊《つち》」の転と解することができるといってよい。

では、「筒」を「之霊」の義に解したとすれば、当然そこから派生することになる、「底之霊《そこつち》」「中之霊《なかつち》」「上《うは》之霊《つち》」という特異な名義の意味するところは何か、という次の問題が生じてくるわけだが、これに関しては、『古事記』の次の記事が参考となる。

　其の猿田毘古《さるだびこ》神、阿邪訶《あざか》に坐《ま》す時、漁為《いざりし》て、比良夫貝《ひらぶがひ》にその手を咋《く》ひ合《あは》さえて、海潮《うしほ》に沈み溺れたまひき。故、其の底に沈み居《ゐ》たまひし時の名を、底度久御魂《そこどくみたま》と謂ひ、其の海水《うしほ》の都夫多都《つぶたつ》時の名を、都夫多都《つぶたつ》御魂《みたま》と謂ひ、其の阿和佐久《あはさく》時の名を、阿和佐久御魂《あはさくみたま》と謂ふ。

ここに登場する猿田毘古神は『皇太神宮御鎮座伝記』に「宇遅土公《うぢのつちぎみ》人遠祖神」とあり、また『倭姫命世記』にも「猿田彦神裔宇治土公祖大田命」とあって、伊勢の豪族・宇治土公が斎き祀った祖先神であったと考えられている。

宇治土公は、伊勢・志摩地方の海部（磯部）を管掌した海人系氏族であったから、猿田毘古神は伊勢方面の海人族が奉斎する海神であったと思われるが、この記事で、猿田毘古神が比良夫貝に手を挟まれて溺れたという逸話は、「海神宮訪問神話」で、ホデリが海神宮から帰還したホヲリ（ヒコホホデミ）に、塩満珠・塩乾珠の呪力で散々に懲らしめられ、「其の溺れし時の種種の態」を以て皇孫の守護人として仕えることになった、という起源説話とモチーフを同じくする。

武田祐吉氏によれば、これは、水中に神を迎える海人族の降神儀礼の説話化であり、その際に演じられた様々な所作を、第三者的に見て、「水に溺れる」という演劇的な解釈がなされたものだという（武田祐吉「古事記説話群の研究」）。

つまり、これら水中で溺れる所作は、水中に神を迎える海人族の降神儀礼のさまであるらしいのだが、この逸話で猿田毘古神が溺れた際に示現した神は、

底度久御魂（＝底どく御魂）………海底から湧き上がる泡の神格化
都夫多都御魂（＝粒立つ御魂）……海中につぶつぶと揺らめき上がる泡の神格化
阿和佐久御魂（＝泡咲く御魂）……海上で咲き弾ける泡の神格化

の、三柱の神となっている点が注目される。

これが「筒」を「之霊」の義に解した場合の、「底之霊《そこつち》」「中之霊《なかつち》」「上之霊《うはつち》」という、住吉大神の三分割と全く同じ構造をなしていることに気付く。

この三柱の神は、海底からつぶつぶと湧き上がり、海面に浮かびはじける気泡に神の姿を見い出した海人たちの、神話的想像力によるものではないだろうか。

住吉大神（＝筒之男三神）は、例の「橘小門」でイザナギの禊祓によって化生したのだが、『日本書紀』はまた、別条（神功皇后摂政前紀）で、次のようにも言っている。

日向国《ひむかのくに》の橘《たちばなの》小門の水底《みなそこ》に所居て、水葉も稚《わか》やかに出で居る神、名は表筒男《うはつつのを》・中筒男《なかつつのを》・底筒男《そこつつのを》の神有《ま》す。

これなどはまさに、流れに揺らめく海藻（水葉）とともに、水底からゆらゆらと気泡が立ち昇るさまの形容であると思われる。

海底から立ち昇った泡の姿は、海上にあっては航路に白く尾を引く波の飛沫や気泡となって弾け飛ぶ。波しぶきが船の航行に従って生じるものであることは、現代の我々であれば誰でも知っているが、逆に、水面に立つ波しぶきこそが、海の底の神霊が示現した証しであり、船体を押し上げ、波を起こして船を目的地まで運んでくれる神威の発動と見なした、因果逆転の発想をここに見ることは、筋違いであろうか。

さて猿田毘古神は、その名義から、サルダは琉球語のサダルがサルダに転じた語で「先導」の義、とする説もあるぐらいで、その先導神的性格は顕著である。

『日本書紀』の「天孫降臨神話」一書第一には、アメノウズメの「皇孫何処《すめみまいづこ》に到りまさむぞや」という問いかけに、「天神の子は、当に筑紫《つくし》の日向《ひむか》の高千穂の槵触峯《くじふるたけ》に到りますべし」と答え、ニニギの降臨先を教示する役を担っているが、「筒之男三神（＝住吉大神）」もまた、熊襲征討を企図する仲哀天皇に対して、「西の方に国有り。金銀を本《はじめ》と為《し》て、目の炎輝《かがや》く種種《くさぐさ》の珍しき宝、多《さは》に其の国に有り。吾今其の国を帰《よ》せ賜はむ」と神託を下し、何よりもまず、新羅を討つべし、と仲哀天皇の「進むべき道」を説いている。

しかるに猿田毘古神は、これからまさに天降ろうとするニニギに対し、上は高天原を、下は葦原中国《あしはらのなかつくに》を照らしつつ「天《あめ》の八衢《やちまた》」で出迎え、様子を窺いにきたアメノウズメの前に立ちはだかった姿から、後世、道辻にあって悪鬼の侵入を遮る神「塞神《さへのかみ》」として、また天孫降臨の際にニニギを道案内をしたということから、道の神、旅人の神とされるようになり、道祖神と同一視されるようにもなったが、本来は、神功皇后新羅征討説話において船に鎮座し、自ら先頭に立って朝廷軍を率い、玄界灘を押し渡ったという航海神・住吉大神（＝筒之男三神）同様、海人族の間で信奉された航海神であり、航海のための先導神であったと言えるだろう。

ことのついでにいえば、後世の船霊信仰において、船霊を住吉大神、あるいは猿田毘古神と混用するようになったのも、かかる航海神としての共通性から、無理からぬところであろう。

かくして猿田毘古神と住吉大神（＝筒之男三神）の共通点、および類似点をここに示してきたわけであるが、航海神・先導神としての性格、さらには猿田毘古神の示現の形態ともいえる「底度久御魂」「都夫多都御魂」「阿和佐久御魂」が、「底之霊」「中之霊」「上之霊」という、筒之男三神の示現のあり方と結びつくのであれば、「筒之男」とはまさに、「(底・中・上) 之霊男《つち》」であり得たわけである。

以上を踏まえつつ、いよいよその住吉大神と隼人の関係である。

『日本書紀』に、阿多隼人の祖神が塩土老翁＝シホツチの神、と明記されていることは見てきた通りである。

シホツチは、

①「潮《しほ》つ霊《ち》」の義といわれ、その先導神的な性質から、航路を教え導く神、すなわち航海神であり、これは操舵に巧みな舟人＝「ハヤヒト」の語義にぴったりであること

②塩土老翁とも書かれ、年老いた経験と知識豊富な翁神であったことなど、航海守護の神として、有史以後、朝廷の崇敬篤く、白い髭を生やした老翁の姿で親しまれる住吉大神の姿と完全に一致している点について指摘しておいた。

さらに付け加えるなら、

③塩土老翁（＝塩椎神）、住吉大神ともに、「海神宮訪問神話」「神功皇后新羅征討説話」という具合に、ど

ちらも活躍の場が北部九州だと考えられること

④「塩土老翁（＝塩椎神）」の語義が「（潮《しほ》）之霊《つち》」であると考えられるのと同様、「住吉大神（＝筒之男三神）」もまた、「（底・中・上）之霊《つち》」の謂であり、あたかも綿津見神から（底・中・上）綿津見神へと三分割したごとく、シヲツチ＝「（潮）之霊」を三分割したものが、「（底・中・上）之霊《つち》」ではないかと考えられること

この点については、イザナギが「筑紫日向之橘小門之阿波岐原」で禊祓をした際に、海神・綿津見神と住吉大神とは並立して出生していることから、綿津見三神・筒之男三神という数合わせのため、一方を他方に揃える意味で、いずれかを強いて三分割せざるを得なかったのではないかとも思われる。ただし、綿津見三神、筒之男三神どちらに合わせたのか、という先後関係は不明である。

もちろん、当初からいずれもが三分割されていた可能性も充分にあるのだが、三柱神それぞれの役割は不分明、かつ抽象的で、あえて三神に分割させる意味に乏しい点、「単なる数合わせ」の線も捨てがたい。あるいは「三」にこだわり、三分割することそれ自体に特別な意味があるのかもしれない。

さて、いささか突飛な結びつきと思われるかもしれないが、以上の検証から得られた結論として、この住吉大神は九州出身の神、その中でも、南九州に本拠を持つ隼人族が奉祀した祖神ではないかと考えられる、ということなのである。

元来、「塩椎」神の末裔を自認していた隼人の一派が、「倭国の大乱」後、阿曇氏の東進に従って、北部九州から摂津・住吉方面に移動した後、その新たな移植地の名を冠して「住吉」神を称するようになったのではないだろうか。

有史以後は措いて、神話世界における綿津見神と住吉大神の関係は、同じ海神の範疇とはいえ、イザナギの

禊祓の際に神統譜上よそよそしく触れられる程度で、むしろ綿津見神との二人三脚ぶりを示すのは、塩椎神である。

ところが現実はどうかといえば、今日、対馬・壱岐を始め北部九州を中心に、綿津見神と並立して祀られているのは住吉大神であり、これは、記紀を始め、中世以後の八幡宮縁起等における「神功皇后新羅征討説話」のごとき、阿曇磯良神（綿津見神）と住吉大神の関係をそのままなぞった形で揺るぎなく展開している。それればかりか、日向神話であれほど重要な役割を果たした塩椎神だというのに、この神を祀る小社はごくわずかで、今日、地方祭祀の中にすっかり埋没してしまっているのは、実に不思議なことだと言わねばならない。

これは、塩椎神の信仰が衰退し消滅してしまったのではなく、塩椎神が一段と昇華した形で、後代、こぞって塩椎神から住吉大神へと神名変更がなされた結果だと考えてみてはどうか。

地方の小社が、自らの権威づけのために、記紀の神統譜をそのままなぞって、中央神・宮廷神へと自ら新たな系譜を求めていくのはごく自然なことである。

ましてや、かつては綿津見神に従属し、その露払い的な立場に甘んじていた「塩椎神」改め、今や国家的守護神に昇格し、綿津見神とは形勢逆転をなし得た住吉大神である。

塩椎神にしてみれば、これによって航海神としての本質が変わるわけではないし、自分たちこそ航海神の本家本元だという矜持こそあれ、「住吉」という、新しくところを得た神名を名乗ることで、朝廷からの篤い崇敬、すなわち国家的祭祀を得ることができるのだから、何ほどのことがあろう。

例えば福岡市博多区の住吉神社（筑前一之宮）の鎮座地は、かつて大きく湾入していた博多湾に臨む那珂川河口の岬にあったと言われている。住吉三神を祀り、大阪の住吉大社、下関の住吉神社と並んで「日本三大住吉」とも言われている。

住吉神社

現在は陸化しているが、かつては入江であった博多湾を挟んで志賀島と相対し、この両社が互いに関連しあって並立していたことを窺わせる。

戦後の区画整理により今や完全に都市化されて、白砂青松の続く海岸であった昔のよすがなど偲ぶべくもないが、この神社などは、かつて隼人の祖神・塩椎神を祀った古社であり、周辺に隼人族の一大居留地があった可能性の高い、第一候補である。

実はこの住吉大神が、天照大御神、戸隠大神と並び、「相撲三神」の一つに数えられていることも特に注意しておきたい。当社縁起によれば、神功皇后が新羅征伐から凱旋した折、無事の帰還を祝ってこの社で相撲と流鏑馬《やぶさめ》を奉納したのがその起源だという。

つい先ごろの新しいものではあるが、境内に、両手を前に突き出してあたりを睥睨《へいげい》する、いかめしい「古代力士像」が建立されているのが目を引く。

住吉大神と相撲の直接の結びつき、となればいささか意外だが、この神の正体がもともと隼人の祀る祖神・塩椎神であるとすれば、まさに隼人相撲→相撲神事との関連が想起され、塩椎神・住吉大神同神説に立つ当方としては、実に願ったりかなったり、といえよう。

先に、海の中道の基部に所在する「奈多」という地名について、南九州の「阿多」に起源を求め、阿多隼人の移植地の可能性を指摘しておいたが、奈多と隣接する糟屋郡新宮町には、新宮という地名の起こりともなった新宮神社（後に上府《かみのふ》・下府《しものふ》の新宮神社二社に分離）が鎮座する。貝原益軒の『筑前国続風土記』（貝原益軒）によれば、この地に新しく住吉神社を勧請し、磯崎神社と称してこれを新宮大明神と呼んだとあり、この神社がやがて海岸部から移転して、「新宮神社」を称するようになった、新宮の名はこれにより起こった、という。目の前に住吉大神を祀った社があれば、その由来を手っ取り早く摂津・住吉大神の勧請と見なすのは、近世的な庶民感覚では、ことさら異とするにはあたるまい。

他方、磯崎神社文書によれば、磯崎神社の縁起は、熊野速玉大社の神体を当地の漁民が海中から引き揚げたので新宮大明神と呼んで祀ったとあり、ここには住吉大神の名は見られない。おそらく磯崎神社改め「新宮神社」という名に引かれて、権威ある熊野新宮（＝熊野速玉大社）との関わりを後付けしたものと考えてよい。ここには更に熊野豫樟日《くまのくすひ》命、熊野速玉之男《はやたまのお》神など、熊野系の祭神がとってつけたように祀ってあるが、これも同じ「後付け」によるものであろう。

住吉神社境内に立つ古代力士像

さて現在、住吉三神を祀るのは下府・新宮神社の方であるが、この住吉三神は、本来は、塩椎神を祀った隼人の居住拠点の一つであったものが、後に記紀の神統譜をなぞって住吉大神へと転じた好例だと見なすこともできる。

脱線ついでに付け加えておくと、先の奈多地区には、記紀にいう火明《ほのあかり》命、火酢芹《ほのすせり》命らを祀る志式《ししき》神社が鎮座する。火明命は、『日本書紀』の「海神宮訪問神話」（本文）では「彦火火出見《ひこほほでみ》尊（皇孫）」と並び、ニニギの子、つまりホホデミの兄弟神とされている。火酢芹命＝火闌降《ほのすそり》命に至っては、同じくホホデミの兄弟神であり、吾田君小橋《あたのきみをばし》等、つまり阿多隼人の祖ともいわれる。

新宮・奈多地方の海岸部には、その他にも綿津見神を祀る小社も併せて点在しており、この地域がどうやら阿曇、隼人ら海人系氏族の混在する、一大居住地であったことが窺われよう。

さて、いささか話が逸れてしまったようだ。

ここで再び「神相撲神事」の件に戻るが、以上のように、隼人族がもと奉祀した祖神・塩椎神の進化・発展した姿が住吉大神であるという前提に立てば、この神相撲神事が終始、住吉大神の大活躍を賛美する点に主眼が置かれるのは当然である。

とりもなおさず、この神事のおおもとである放生会自体が、討伐された隼人の慰霊・鎮魂のために行われているということ、具体的にはこの細男舞・神相撲神事が、住吉大神の絶対的神威の発動を、傀儡舞という海人族特有の相撲神事——葬送儀礼——を通じ、演じてみせることが、討伐された隼人への鎮魂となり、慰霊となるということなどを総合すると、隼人の祖神・塩椎神＝住吉大神という考え方は、決して無稽なものではないと言い得る。

しかるに、住吉大神を奉斎する氏族の問題については、従来から「津守《つもり》連」ということになっているが、記紀のイザナギ禊祓神話には、

底筒之男命、中筒之男命、上筒之男命の三柱の神は墨江の三前の大神なり。

（『古事記』）


其の底筒男命、中筒男命、上筒男命は、是即ち住吉大神なり。

（『日本書紀』第五段一書第六）

と記すばかりで、具体的な奉斎氏族名を明らかにしていない。
同じ条の一方で、綿津見神について、

此の三柱の綿津見神は、阿曇連等の祖神と以《も》ち伊都久《いつく》神なり。（『古事記』）

底津少童命《わたつみ》、中津少童命、表津少童命は、是阿曇連等が所祭《いつきまつ》る神なり。（『日本書紀』第五段一書第六）

とあるのと対照的である。

住吉大神のそれが明示されていないのは、すでにこの神を斎《いつ》くもの（＝津守氏）の存在を自明のこととして含んでいたから、という考え方もあるが、果たしていかがなものか。

津守氏について、『新撰姓氏録』は尾張宿禰と同祖、火明命の後とする。火明命とは、先ほど触れたように、皇孫ホホデミの兄弟神であり、同時にまた「火闌降命（阿多隼人の祖）」の兄弟神、という取扱いをしているが、この系譜から考えるに、あるいは隼人族と津守氏には何らかの形で親縁関係があったのかもしれない。あるいはまた津守氏それ自体が、摂津・住吉の地に移植した隼人族の中で、宮廷神化を遂げた「筒之男命」の奉斎に携わり、比較的早い時期に宮廷氏族化した、一部の「エリート」集団であったものか。「津守」という姓氏自体、いわゆる地名を負った在地的・伝統的氏族のものではなく、すぐれて職能的である。『古事記』に「墨江《すみのえ》の津を定めたまひき」（仁徳記）とある、「住吉津」の設置を機に、この港津に塩椎神改め、住吉大神が祀られるようになる。そして、その対外的重要性が増すにしたがって、この神の奉斎をもっぱらにする職業的氏族が配置されるようになる。それが「津」を「守」る氏族であり、あえて津守氏と名付けられた所以であろう。

余滴――航海神と「速さ」

塩椎神＝住吉大神＝隼人の祖神説の傍証として、もう一点補足しておきたい。それは、「速さ」に関わる共通点である。

神功皇后新羅征討説話で、住吉大神の神託を疑った仲哀天皇は、

是の夜に、天皇、忽に《たちまち》病《みやまひ》発《おこ》りて崩《かむあが》りましぬ。（『日本書紀』神功皇后摂政前紀一書）

天皇、忽に痛身《なや》みたまふこと有りて、明日に崩りましぬ。（『日本書紀』仲哀紀本文）

故、幾久《ここだく》もあらずて、御琴の音聞えざりき。即ち火を挙げて見れば、既に崩りましぬ。（『古事記』）

と、突然崩御してしまうわけだが、これは仲哀帝に神罰を下した住吉大神の別名、「速狭騰（ハヤサアガリ）」（＝アガリは、カンアガリ、つまり崩御すること。『日本書紀』神功皇后摂政前紀）に呼応している。神威の発動の速やかさを象徴した即興的・託宣的名辞であろう。

一方、海神宮訪問神話で塩土老翁（＝塩椎神）が、

時に一《ひとり》の長老《おきな》有りて、忽然《たちまち》にして至る。自ら塩土老翁と称《なの》る。（『日本書紀』第十段一書第一）

とあるのも同時に、この神の示現の速さを物語っている。

航海神と「速さ」の関わりは、興味深いテーマである。航海神ということではないが、次に列挙する記事も大いに参考となるだろう。

此の御世《みよ》に、免寸河の西に一つの高樹有りき。其の樹の影、旦日《あさひ》に当たれば、淡道《あはぢ》島に逮《およ》び、夕日に当たれば、高安山を越えき。故《かれ》、是の樹を切りて船を作りしに、甚捷《いとはや》く行く船なりき。時に其の船を号《なづ》けて枯《から》野《の》と謂ひき。

（『古事記』仁徳記）

冬十月に、伊豆国に科《ふれおほ》せて、船を造らしむ。長さ十丈《とつゑ》。船既に成りぬ。試《こころみ》に海に浮く。便《すなは》ち軽《かろ》く泛《うか》びて疾《と》く行くこと馳《はし》るが如し。故、其の船を名づけて枯野と曰ふ。

（『日本書紀』応神紀）

難波《なにわ》の高津《たかつ》の宮の天皇《すめらみこと》の御世、楠《くすのき》、井《ゐ》の上に生《お》ひたりき。朝日には淡路《あはぢ》嶋を蔭《かく》し、夕日には大倭嶋根《やまとしまね》を蔭《かく》しき。仍《すなは》ち、其の楠を伐《き》りて船を造るに、其の迅《はや》きこと飛ぶが如く、一檝《ひとかぢ》に七浪《ななみ》を去《ゆ》き越えき。仍《よ》りて速鳥《はやとり》と号《なづ》く。

（『播磨国風土記』逸文）

出典が異なるとはいえ、もともと同一の記事が錯綜している可能性があり、複数の用例とは決しがたいきらいはあるが、いずれにしても、当時、船舶にとって何が必要とされたか、したがってその船を守護すべき航海神に、何が第一に要求されたかが窺えて興味深い。

すなわち船足の「速さ」である。

もちろん、航路の安全は前提であり、それを踏まえた上での、特段の付加価値が、船足の「速さ」であることは言うまでもない。なればこそ、重ねて言うが、「棹《さを》執《と》りに速けむ人」、つまり操舵に巧みな舟人こそが、「ハヤヒト」でなければならない所以である。

余滴——神武東征説話

以上、本章では「倭国の大乱」での主導権争いに敗れた奴国勢力の東進、という隠された歴史を想定した上で、塩椎神・住吉大神同神説を展開してきたわけであるが、そもそも「奴国の東進」という仮説を、別の観点から証明できるような資料が、どこかに残されていないものだろうか。

その問題を解く鍵となるのは、「神武東征」説話ではないかと考えている。

現在、記紀にいう「神武東征」を、そのまま歴史的事実と考える人はほとんどいないと思われるが、一方、日向神話の舞台となっている（と見なされてきた）南九州が、神話の語る通りに皇室発祥の地であるならば、その勢力が大挙、畿内に移動して後の大和政権を打ち立てたという歴史的過程の説明が矛盾なくなされねばならないことになる。

南九州・日向や薩摩の地にも有史以前の遺跡、とりわけ西都原《さいとばる》古墳群に代表されるような古墳文化（四世紀～七世紀前半ごろだとされる）が隆盛した時期があり、由緒ある古社、記紀に所縁の古跡や地名がかの地に集中して見い出せる以上、皇室発祥の地たるになんら遜色はない。むしろ、その実体を疑うなど、不敬極まりない。とは、今どきさすがに言われないにせよ、「学問」とは別の意味において、この問題はまだまだデリケートな部分を含んでいる。

神話のふるさと、として長年の間に定着した観光名所のイメージも、決して侮れない。

しかし、それとこれとは話が別である。

むしろ、それゆえにこそ、なにがしかのイデオロギー史観に囚われない、曇りのない目で古代日本の実相を解明しなければならないという、いわば使命感にも似た思いでここまで論を展開してきたし、その気持ちは一貫して変わらないことを、改めて申し述べておく。

さて、「神武東征」は、出航地こそ明示しないが、南九州のおそらく「日向」あたりから船出をして東に向かったことになっている。その経路は、記紀でほとんど異同はない。

ただし、途中「速吸之門《はやすいなと》（速吸門）」という海路の難所を通過する記載には変わりないものの、『古事記』ではそれを「吉備之高嶋宮《きびのたかしまのみや》」を出て河内国の「白肩津《しらかたのつ》」に至る間のこととしているのに対し、『日本書紀』では「日向」を船出して最初の寄港地、宇佐の「一柱騰宮《あしひとつあがりのみや》」に至る途上での出来事になっている。したがって「速吸之門（速吸門）」は、前者では明石海峡、後者では豊予海峡が、それぞれ比定されるなど、一部で混乱をきたしている。

また、記紀間の相違ではないのだが、「日向」を出航して豊前の宇佐に立ち寄り、そしてそのまま瀬戸内海を東に向かうと思いきや、どういうわけか関門海峡を西下し、わざわざ遠賀川河口にあったと思しき「筑紫之岡田宮《おかだのみや》（崗水門《おかのみなと》）」にいったん立ち寄ってから、再び東上するという二度手間をかけている。

このあたりの「矛盾」をどのように考えたらよいだろうか。

なにせ、いにしえの時代の神話的記録だから、このような、記憶違いによる齟齬《そご》も致し方ないのでは、と考える向きもあろうが、これは決してそうではあるまい。

結論から言えば、「神武東征」という歴史的事実はなかったと考えている。そのモチーフになったのは、おそらく「倭国の大乱」後の、「奴国東進」という歴史的事件である。

この「東征」の道筋は、もともとは邪馬台国等、倭国の新興勢力の追撃を振り切った敗残の奴国勢力（＝阿曇氏）が、博多湾頭を脱し、筑紫国「岡田宮（崗水門）」―安芸《あき》国「埃宮《えのみや》（多祁理宮《たけりのみや》）」―吉備国「高嶋宮《たかしまのみや》」と、安息の地を求めて東上を続け、あるいは周辺の中小諸豪族を統合しつつ、最終的に大阪湾岸にところを得るまでの、彷徨の「伝説」を、そのままなぞったコースなのではあるまいか。

おそらく阿曇氏は、いわゆる「河内王朝」との融和、もしくは対立抗争（いずれか不明）をへて、その傘下に属することになったと思われるが、その際、彼らが有していた数々の神話伝承――「海神宮訪問神話」を始め、この「東進」伝承、あるいは「（神功皇后）新羅征討説話」などを貢上することによって、物心両面にわたって「河内王朝」に服属していったのではないだろうか。

もちろんそのときには、かつて阿曇氏に服属していた隼人族もセットになって、間接的に「河内王朝」に服属する結果になったに違いない。これこそが後に、南九州の国津神にして、隼人族の祖神に過ぎなかった地方神・シオツチが、阿曇氏の軛《くびき》から離れ、政権直属の国家的航海神・住吉大神へと変貌を遂げていく第一歩となったのである。

さて、この「奴国東進」伝承を、阿曇氏ゆかりの地・博多湾頭ではなく南九州「日向」からの船出に改変するために、わざわざ「日向」から「宇佐」経由、という東回りの経路を新たに付け加えたのだが、そのために、いったん関門海峡を西に逆行し、わざわざ遠賀川河口の「筑紫之岡田宮」に立ち寄るという、地理的矛盾を犯してしまった。

いやいやこれは矛盾などではない、本来ならば、改変ついでに、いっそのこと、岡田宮に立ち寄り云々の記事を抹消するなど容易であったものを、それをあえてそのままにしておいたのは、一見矛盾するようでいて、その矛盾ゆえにこそ、神武東征が否定しようのない歴史的事実だったことの証明である、などと、穿った見方のようで、実はただの思い込みに過ぎなかったりする。

「筑紫之岡田宮」が、九州と瀬戸内海、畿内の三点を結ぶどの地点にあったのか、記紀神話の編纂当時、おそらく畿内の編纂者にとって、さしたる問題ではなかった。

遠賀川の河口（崗水門）は関門海峡の西、という正確な地理的俯瞰は、現代の我々なればこそであり、七、八世紀の、しかも畿内から（ほとんど）出たことのないインテリたちの地理観・歴史観を、現代の視点で云々するのは危険である。

要は、もともと博多湾岸から畿内へ、というコースの起点を南九州の日向地方にもってくるための作為であったかもしれないが、そのあたりの厳密さは、遠く離れた畿内では当初、さして要求されもしなかったろうし、また記紀の編纂時に至っては、この作為がすでに神武東征の、そんなこともあるだろう的「歴史的事実」として独り歩きしていたのではないか、と思われる節もある。

作為の当事者が「作為」「虚偽」のうしろめたさを意識しているうちはまだいいが、その記憶がやがて薄れ、世代交代し、それが「既成事実」として後代に認定されてしまった後では、その「捏造」過程を明らかにするのは極めて困難な作業となる。新たな継承者自体が、その「歴史的事実」を寸毫《すんごう》も疑おうとしないからだ。

昨今の「歴史認識」を巡る某国との外交摩擦など、まさにそれであろうが、それはさておき……。

蛇足ついでに付け加えるなら、「速吸之門（速吸門）」のエピソードなども、「潮の流れの速い海峡」にさしかかったものの、現地の豪族の導きを得て無事通過することができた、という、典型的な服属説話であるが、そこに登場するのは、倭国造《やまとのくにのみやつこ》（倭直《やまとのあたい》）の祖・椎根津彦《しいねつひこ》である。

彼らの本貫地からいって、もともとは畿内に近い、明石海峡での出来事として語られるべきなのに、「宇佐」航路に挿入されることで、豊予海峡という場違いな地点に彼らの祖神を登場させるはめになってしまった、ともいえる。

何度も繰り返していうが、神話とは極めて政治的なものである。時の王権が、服属した氏族から彼らの持っていた神話伝承を奪う、盗む、という一方的な考え方は恐らく正しくない。

彼ら服属した諸豪族も、自らの保持する「神話」を王権の神話体系に組み入れてもらうことによって、王権との系譜上の繫がりを得るばかりか、王権の一翼を担う有力豪族の一つとして、彼らの抱える小宇宙としての支配領域に、彼らもまた「王者」として君臨できるのである。いわば持ちつ持たれつの関係にあることを忘れてはならない。

余滴――奴国東進と高地性集落

ここで、もう一つ。

近年注目されている「高地性集落」とは、弥生時代中期後半ごろから瀬戸内海沿岸、大阪湾沿岸部を中心に出現するようになった、特徴的な弥生集落群の総称である。それは、従来の、水稲耕作に適した低湿地ではなく、生活に不便な山頂や、平野部を睥睨《へいげい》する尾根の上に築かれるなど、極めて防御的で、軍事的性格の強い集落だとされているが、これが弥生後期前半になると、分布の中心は近畿以東に移っていくという。

これを、当時、畿内から九州地方まで統一国家をなしていた「倭国勢力」（＝邪馬台国畿内説）内での、広域の動乱、すなわち時期的に適合する「倭国の大乱」（二世紀中ごろ）の実相だと見なしたり、逆に九州辺にあった「倭国勢力」（＝邪馬台国九州説）が勢力を拡大し、遂に国家統一を目指して畿内方面に進出していった過程の反映、一例として「神武東征」（＝邪馬台国東遷説）のごときものと見なしたりなど、両説の間で「我田引水」的に援用されるという、すこぶる不安定な立ち位置を余儀なくされている。

つまり、使い勝手がよいようでいて、その実、どちらの説にも不都合な矛盾を孕んでいるからである。

すなわち、

①弥生時代中期後半ごろに起きたとされる「倭国の大乱」を、北部九州および畿内という、広域にまたがる動乱と見る限りは畿内説に都合がよいが、大局的に見て、弥生時代中期後半の出現期から後期前半にかけてゆっくりと瀬戸内海を東上していき、大阪湾からやがて畿内へと到達するなど、あたかも西からの勢力の移動に伴って分布が拡大しているように見受けられ、畿内勢力＝邪馬台国の登場→西下という「倭国の大乱」のイメージと相反する。

②西からの勢力の移動という想定を、九州にあった「邪馬台国」勢力の東遷と見るには都合がよいが、この、広域に及ぶ「高地性集落」の出現する弥生時代中期後半ごろは、まさに「倭国の大乱」の時期にあたり、「倭国の大乱」を「東遷」以前の、北部九州内における小規模な動乱に収斂しようとする九州説にとって、時期的に適合しない。

さてどうしますか、という話になるのだが、実は右の矛盾点に関して、私見によれば次のような解釈が可能である。

「倭国の大乱」で邪馬台国勢力に敗れ、内陸航路を東に逃れた奴国とはいえ、彼らの有する優れた航海術・海運力は、九州以東の沿岸地域にとっては大きな脅威であった。

奴国の大陸航路からの撤退＝敗走＝東進経路は、すなわち事実上、九州以東の沿岸地域に点在する小国家群にとって、西からの新興勢力の移動であり、侵略であった。「高地性集落」はその、端的な反応である。

海洋民族・阿曇氏にとってみれば、これら沿岸地域の小国家群を次々と制圧していくことなど、赤子の手を捻るごときものであったろう、といいつつ、ようやく摂津方面にところを得た新生・阿曇氏と隼人族が、歴史の表舞台に復帰するのは、いわゆる「河内王朝」の時代まで待たねばならない。その間およそ二百年。大陸航路の制海権を喪失し、大陸への出口を閉ざされて東に新天地を求めざるを得ないという、海洋国家・奴国にとっては致命的ともいえる大きな代償を払ってのことである。

この間、どのような抗争と融和が図られてここに至ったのか、文献に徴する限り不明としなければならない。「奴国東進」——こちらの方が客観的に見て、『魏志倭人伝』にいう「倭国の大乱」とは比べものにならないほどの大規模な、かつ未曾有の動乱であったわけだが、「邪馬台国」側の視点に沿った魏使の報告になかったからか、たまたま『魏志倭人伝』に記録されなかっただけで、奴国の東進と高地性集落の出現に代表されるような、列島内における地域間の争乱は、国家統一の過程においては、大小とりまぜて数限りなく頻発していたはずである。

第七章

ミヌマからミナカタへ

倭国論Ⅳ

宗像君登場

閑話休題。阿曇氏および隼人の問題からいったん離れて、ここでは阿曇氏と並び、北部九州の有力海人系氏族とされる、宗像氏の問題について考えてみたい。

彼らは宗像市、福津市（旧宗像郡福間町・同津屋崎町）一帯を拠点とする在地の有力豪族である。

宗像氏が本拠とした旧宗像郡は、古くから神郡として特別な保護下に置かれていた。

『日本書紀』（第六段本文）には、

「其の十握剣《とつかのつるぎ》は、是れ素戔嗚尊《すさのを》の物なり。故、この三《みはしら》の女神は、悉《ふつく》に是れ爾《いまし》が児《こ》なり」とのたまひて、便《すなは》ち素戔嗚尊に授《さづ》けたまふ。此れ則ち、筑紫《つくし》の胸肩君《むなかたのきみ》等《ら》が祭《いつきまつ》る神、是なり。

とあって、その中心に据えられる、タギリヒメ、タギツヒメ、イチキシマヒメのいわゆる宗像三女神は、ア

宗像大社

マテラスとスサノヲの誓約《うけい》神話でアマテラス（もしくはスサノヲ）が十握剣（もしくは玉）を嚙み砕いた息吹の中から化生したという、由緒正しい血統を誇る神々でありながら、記紀はもとより、人皇以後の歴史の中でも、祟り神としての側面を覗かせつつも、これといってめぼしい活躍の場は与えられていない。

この三女神は航海を守護する神として、沖津宮（タギリ＝タゴリヒメ）、中津宮（タギツヒメ）、辺津宮（イチキシマヒメ）それぞれに分祀され、古代全期を通じて宗像君により維持されてきたという。これが、今日の宗像大社である。

ただ、三女神の配置については、すでに記紀編纂当時から混乱が見られるなど、各所の祭神名が錯綜《さくそう》しており、別の言い方をすれば、この時期この神の鎮座地はここ、というほど神格に大きな差異は認められなくなっていたようである（表3）。

彼ら宗像大宮司家は、やがて中世には武装化を遂げて、北九州屈指の国人層を形成し有力土豪へと成長していくが、それでも後漢王朝から金印を拝受した奴国王家の末裔・阿曇氏、時の政権への反乱伝承を持つ筑紫君という、北部九州屈指の両雄に比較して、なんとも影の薄さは覆うべくもない。

ひとくちでは表現しがたいが、地に足がついていないというか、土着性が稀薄というか、印象としては「根生い」の部分のひ弱さであり、端的に言えば縄文・弥生期における古層文化の貧弱さである。

古層文化の貧弱さという指摘に対し、あるいは反論もあろうかと思われるが、糸島、福岡など北部九州の玄界灘沿岸地域にみられる弥生文化の先進性に比較しての、相対的な貧弱さであり、これは宗像という地域性を語る上で無視できない特徴のひとつであろう。

■表3 「宗像三女神」鎮座地の異同

出典	沖津宮（沖ノ島）	中津宮（宗像市大島）	辺津宮（宗像市田島）
古事記	多紀理《たきり》毘賣命（亦名 奥津嶋《おきつしま》比賣命）	市寸島《いちきしま》比賣命（亦名 狭依《さより》毘賣命）	多岐都《たぎつ》比賣命（田寸津《たぎつ》比賣命）
日本書紀（六段本文）	［鎮座地不明］市杵嶋《いちきしま》姫・湍津《たぎつ》姫・田心《たごり》姫		
日本書紀（六段一書第一）	［鎮座地不明］瀛津嶋《おきつしま》姫・湍津《たぎつ》姫・田心《たごり》姫		
日本書紀（六段一書第二）	市杵嶋《いちきしま》姫	田心《たごり》姫	湍津《たぎつ》姫
日本書紀（六段一書第三）	［鎮座地不明］瀛津嶋《おきつしま》姫（亦名 市杵嶋《いちきしま》姫）・湍津《たぎつ》姫・田霧《たぎり》姫		
先代旧事本紀	田心《たごり》姫命（亦名 奥津嶋《おきつしま》姫命）（亦名 瀛津嶋《おきつしま》姫命）	市寸島《いちきしま》姫命（亦名 狭依《さより》姫命）（亦名 中津嶋《なかつしま》姫命）	湍津《たぎつ》姫命（亦名 多岐都《たぎつ》姫命）（亦名 邊津嶋《へつしま》姫命）
現行	田心《たごり》姫	湍津《たぎつ》姫	市杵嶋《いちきしま》姫

実際に宗像地区が独自の文化を形成し始めるのは、古墳時代後期に至ってからである。

彼ら宗像一族の奥津城《おくつき》と見なされているのは、北部の勝浦、奴山《ぬやま》から津屋崎方面の須多田《すだた》、宮地岳に至る南北八㎞に及ぶ丘陵上に密集した一大古墳群、すなわち津屋崎古墳群（新原《しんばる》・奴山古墳群）である。

そのうち、この古墳群の終末期を飾る主墳は、宮地嶽神社の鎮座する宮地岳の裏手の奥ノ院にあたる、通称「宮地嶽大塚古墳」（円墳）であり、七世紀末に築造された終末期古墳として

新原・奴山古墳群

は、全長二二mという、我が国最大級の石室を有する。

　この古墳は、金銅製の壺鐙《つぼあぶみ》、鞍橋覆輪《くらぼねふくりん》金具、頭椎大刀《かぶつちのたち》など、国宝に指定された多量の遺物の出土で知られ、特に須恵、青銅、玻《は》璃《り》製舎利瓶からなる三重の蔵骨器を出土しているが、これは我が国における火葬納骨の例としては初期のものに属する。具体的な被葬者は不明であるが、時期的に宗像一族の最有力者として記録に現れる宗像君徳善《とくぜん》の墓とする説が、今のところ最有力視されている。

　宗像一族、とりわけ宗像君徳善が歴史に名をとどめることになったのは、ひとえにその女《むすめ》・尼子娘《あまこのいらつめ》のおかげであった。

　尼子娘は天武天皇妃となり、後に高市皇子を産んだ女性であるが、この高市皇子は、天武天皇（大海人皇子）の長子として生まれ、壬申の乱の際に活躍した勇将でありながら、出身が卑母（皇族ではない、地方豪族出身の娘を母に持つ）ということで、実質上、皇位継承権を草壁《くさかべ》皇子に譲った悲運の皇子であった。

　それはさておき、宮地嶽大塚古墳出土の蔵骨器が示すように、また徳善・尼子という名から推測できるように、おそらくこの父子は熱心な仏教信者でもあったようである。代々三女神を斎祀した宗像大社の祭祀者という事実から意外な印象を受けるが、宗像氏は神職でありながら、熱心な仏教徒でもあったらしい。

沖ノ島祭祀の変遷

さて、宗像氏を語る上で欠かせない今一つは、沖ノ島の祭祀である。

沖ノ島は現在、三女神の一、タゴリヒメを祀る沖津宮の鎮座地で、宗像市神湊から北西に五五㎞、玄界灘の中央部に位置する、東西約一㎞、南北〇・五㎞という、小さな孤島である。

現在、島内で確認されている二十三カ所の祭祀遺跡から、新羅系の金製指輪やペルシャのカットグラス碗、金銅製馬具類、三角縁神獣鏡など六十面近い鏡、奈良三彩など、約十二万点に及ぶ遺物が出土しており、その遺物の豊富さや多様性から、「海の正倉院」とも言われている。

このうち宗像大社神宝館に収蔵されている約八万点は、すべて国宝指定を受けており、この遺跡の歴史的重要性が窺われるが、さらに平成二十九年（二〇一七）、津屋崎古墳群（新原・奴山古墳群）を含め、「『神宿る島』宗像・沖ノ島と関連遺産群」として、国内で二十一番目のユネスコ世界遺産に登録されたのは、記憶に新しい。

さて、沖ノ島の祭祀遺跡群について、これらは対外交渉の成就や航海の安全を願って、朝廷による国家祭祀が執り行われた証しとされている。

問題はこの、半ば常識化されている「国家祭祀」という位置付けである。

沖ノ島の祭祀遺跡群から出土する遺物の年代幅は、昭和二十九年（一九五四）から同四十六年まで、三次に及ぶ発掘調査の結果、四世紀後半から九世紀末にかけての、約五百年に及ぶとされた。

祭祀遺跡の形態にも時代とともに変遷していく特徴がみられ、成立時期と併せ、おおむね次の四形態に分類されている。

具体的には、
①巨岩の上で行われた岩上祭祀（四世紀後半〜五世紀）
②巨岩の岩陰で行われた岩陰祭祀（五世紀後半〜七世紀）
③半岩陰・半露天祭祀（七世紀後半〜八世紀前半）
④巨岩から離れた平坦地での露天祭祀（八世紀〜九世紀）
へと、順次、変遷を見せているという。

沖ノ島での祭祀が廃絶してしまうのはほぼ九世紀末であるが、これは寛平六年（八九四）、菅原道真の建議によって遣唐使が廃止されたことが大きく関係しているようだ。

沖ノ島は、対外航路の安全を祈願するための祭祀施設であり、大陸や半島との通交途絶は、沖ノ島祭祀の存亡に関わる重大事件であった。まさにこれは沖ノ島における「国家祭祀」途絶の主因であると言え、この点に関し、異論を差し挟む余地はない。

だが、これはあくまでも「国家祭祀」が行われた下限を示すのみであって、遡ること五百年、四世紀後半に始まるという沖ノ島の祭祀が、当初からすでに「国家祭祀」として揺るぎなく実行され、以後連綿と続いて九世紀に至ったのだ、という「事実」を裏付けるものではない。

ところが、このあたりの検証は極めて曖昧で、この九世紀における「国家祭祀」の廃絶を遡及させて、あたかも四世紀後半から、すでに大和政権の力が北部九州域に及んでおり云々、と根拠のない祭祀の連続性をあげつらう論調が後を絶たない。

その背後には、沖ノ島の祭祀遺物のうち、とりわけ質の高さが注目される大陸・半島系の金属類は、奉献された年代が七世紀以前、つまり①②期に集中しているのだが、こうした四世紀から七世紀に至る、国際性豊かな祭祀遺物の豪華さを以て、これだけの祭祀は「地方」の一氏族の手に余るもので、それをなし得るのは当時の国家権力＝大和政権以外にはあり得ない、という暗黙の「思い上がり」があるのではないか。

これは前期古墳（初期前方後円墳）が発見された途端に、大和政権の勢力がこの地方にまで及んでいた証しである云々と、何が何でも中央集権的な解釈でまとめ上げないと気が済まない、一部の論説と同工異曲である。

一方で、③④期以降（七世紀後半〜九世紀）に奉納された遺物群は、五号遺跡のように、金銅製龍頭、唐三彩長頸瓶など、我が国では他に出土例のない大陸製のものもあるが、一般的に律令制下における、同時代の祭祀遺跡との類似性・汎用性が指摘されている。

「国家祭祀」を強調したいのであれば、むしろこちらの方で――もちろんこの時期の遺物も歴史的に重要な価値は認められるが――何にせよ①②期と③④期との間には、祭祀の形態や質・量ともに大きな断絶があるという事実は重要である。

沖ノ島の祭祀遺跡の連続性に疑義が呈され、中途で一時的に祭祀が断絶している可能性が強いとすれば、この時期、祭祀の担い手、もしくは祭祀のあり方に大きな変動があった、と考えるのが自然だからである。

③④期に相当する七世紀後半から九世紀という時代に、いったい何があったのか。

天武天皇元年（六七二）の壬申の乱は、天智帝の子・大友皇子と、弟・大海人《おおあま》皇子とが皇位継承を巡って争った内乱で、勝利した大海人皇子は後に即位して天武天皇となった。

大海人皇子の片腕となって大友軍と戦い、大活躍したのがその長子・高市皇子で、先にも述べたように、長子でありながら母親が地方豪族・宗像君徳善の女《むすめ》・尼子娘であったことから、皇位継承争いからはすでに脱落していたが、その後、持統天皇四年（六九〇）、持統政権下では太政大臣に任じられるなど、単に武勇に優れていたばかりでなく、政治力・人望ともに兼ね備えていた人物だったように思われる。

高市皇子の母方にあたる宗像君が、歴史の表舞台に登場するのは、まさにこの時期である。

つまり宗像三女神が国家祭祀の神に昇格したきっかけは、ひとえに高市皇子の功績、それは同時に高市皇子を産んだ尼子娘・宗像君徳善父子の「功績」でもあり、その宗家である宗像一族の存在が、俄然、朝廷内で重きをなした結果だと言えはしまいか。

七世紀後半というターニングポイントは、それまで海人系氏族・宗像氏の手によって支えられてきた沖ノ島の地方祭祀——地方祭祀、という言い方は適切ではないが、便宜上、ここでは国家祭祀の対義語として使用する——が、勇躍、朝廷の手に委ねられることで、国家的規模の祭祀へと一段、「昇格」を遂げた、大きな転換期だったと考えてみたい。沖ノ島祭祀における七世紀以降の変容を、このように理解してみた。

宗像三女神と水沼君

さて、以上のように考えてみると、①②期に相当する、四世紀後半から七世紀に及ぶ時期は、朝廷によらず、宗像氏が直接沖ノ島祭祀に関与した時期ということになるのだが、この時期は、古墳時代後期、福津市東域の丘陵地に勝浦、新原・奴山、須多田古墳群が築かれ、終末期の宮地嶽古墳の築造に至る五世紀代〜七世紀の時期にやや先行する。

先に宗像地区の古層文化の貧弱さ、という点について触れておいた。

宗像三女神といえば、宗像君の奉ずる神と相場が決まっているようだが、この三女神を奉じた氏族として今一つ、筑後地方の旧三潴《みずま》郡を本拠とした水沼《みぬま》君の存在を忘れてはならない。

『日本書紀』（第六段一書第三）には、

即ち日神の生《あ》れませる（タゴリ・タギツ・イチキシマ）三《みはしら》の女神《ひめかみ》を以ては、葦原中国の宇佐嶋《うさのしま》に降《あまくだ》り居《ま》さしむ。今、海の北の道の中に在《ま》す。号《なづ》けて道主貴《ちぬしのむち》と曰《まう》す。此筑紫《つくし》の水沼君等《みぬまのきみら》の祭《いつきまつ》る神、是なり。

とある。

宇佐嶋とは今の豊後・宇佐地方のことなのかどうか、そうであれば、別伝とはいえ、なぜ宇佐が三女神の降臨地とされているのか等、まだよく分かっていない。また、宗像氏の場合もそうであるが、ここでも「祭《いつきまつ》る神」といい、阿曇氏における綿津見神のように、「祖神《おやがみ》ともちいつく」とは言っていない点など、問題は多い。

これらの問題についてはひとまず措くとして、その三女神を奉じたという水沼君であるが、ミヌマとは元来その姓氏に示す通り、水沼、すなわち筑後川東岸に広がる沼沢地帯の呼称で、ミヌマ転じて「三潴（ミヅマ）」に変化を遂げたもののごとく、彼らはこの湿地帯を拠点とした氏族であるがゆえに、自ら水沼君を称したもの、というのがおおよその通説である。

折口信夫氏は、「ミヌマ」とは「水女《みぬめ》」であり、水辺で神のミソギを介添えする巫女を出す家柄の謂であり、三潴という地名の成立以前に神名としての「ミヌメ」「ミヌマ」があったとする。つまり、氏族名としての「ミヌマ（水女）」が先行し、地名化したということなのだろうが、記紀を始め「出雲国造神賀詞」以下、氏が列挙する事例は広汎に及び、とてもこちらの理解の及ぶところではない。また、典拠としては疑問とすべきものも多々含まれていると思われ、一般論としてはともかく、ここでいう「水沼君」の場合に、そのままあてはまるのかどうか疑問である。ここでは、筑後川東岸の沼沢地帯＝「水沼（三潴）」説という従来の立場で進めて

御塚古墳

権現塚古墳

いきたい。

　筑後川の中流域から河口にかけて広がる湿地帯の中心部、久留米市大善寺にある御塚《おんつか》古墳（帆立貝式前方後円墳、七〇m）・権現塚《ごんげんづか》古墳（円墳、五五m）は、五世紀後半から六世紀前半に編年され、被葬者はいずれも水沼君一族であろうとされている。この近辺には四十数基の古墳が点在する古墳群を伴っていたというが、後年の圃場《ほじょう》整備で消滅してしまった。おそらく水沼君一族の奥津城だったのであろう。

　なお、先に紹介した幕末期、久留米藩の国学者・矢野一貞の『筑後将士軍談（筑後国史）』には、両古墳の墳丘には石人が立っていたという記録がある。筑紫君が主導したと考えられる石人・石馬文化の一端を担っていたわけである。

　さて、水沼君、水間君、水沼県主等の異同はあるが、『日本書紀』（景行天皇十八年七月）に「水沼県主猿《みぬまのあがたぬしさる》大海《おほみ》」（後述）の名が見え、また、身沙村主青《むさのすぐりあお》が呉から持ち帰った二羽の鵝《おおがり》という珍鳥を、筑紫の「水間《みずま》君」

の犬（別本によれば筑紫嶺県主泥麻呂《ちくしのみねのあがたぬしねまろ》の犬）が嚙み殺してしまったという記述（雄略天皇十年九月）などが散見し、特に後者の記事からは、朝鮮半島を経由せずに筑後川の河口から有明海をへて、直接大陸（呉）へと向かう航路が想定され、航海神・三女神を奉斎した水沼君は、その航路を管掌する海人系氏族であったと考えてよい。

「宗像三女神」という通称が定着しているために、それを水沼君が斎き祀るという記事には、なんとなく違和感を覚えてしまうが、要は、タギリ（＝タゴリ）ヒメ、タギツヒメ、イチキシマヒメ三柱の神であり、その名称からいっても、特に宗像という特定地域と結びつけられているわけではない。

それはさておき、宗像君と水沼君。

筑前と筑後に隔てられた有力氏族の間に、三女神を介した結びつきが存したということになるが、彼らの関係についてはよく分かっていない点が多い。

『日本書紀』（景行紀）によれば、景行天皇の妃・襲武媛《そのたけひめ》が産んだ国乳別《くにちわけ》皇子・国背別《くにそわけ》皇子・豊戸別《とよとわけ》皇子のうち、「其の兄《いろえ》国乳別皇子は、是水沼別《これみぬまわけ》の始祖なり」とあるが、「水沼別」は、水沼君・水間君という君姓豪族や水沼県主のごとき、在地豪族とは別系統であるとも言われ、系譜上の繋がりは薄いと思われる。

一説には、水沼君一族は筑後一宮として著名な高良《こうら》大社に祀られる、「高良玉垂命《こうらたまたれ》」との関連が言われているところである。

高良玉垂命の謎

久留米市のほぼ中央部、耳納《みのう》山系が市街地に向かって張り出した高良山は、高牟礼《たかむれ》山とも呼ばれ、古くから

高良大社

霊山として知られていた。標高三一二m、祭祀施設とも朝鮮式山城とも言われ、「神籠石《こうごいし》」という名称の由来ともなった「高良山神籠石」が山腹を囲繞《いにょう》している。

『肥前国風土記』には、景行天皇が九州巡行の折、筑紫国御井《みい》郡の高羅《こうら》山（高良山）に行宮《あんぐう》（仮宮）を建て、国見をされたという記事がある。

高良大社の祭神は三座。正殿に高良玉垂命を、左殿に八幡大神、右殿に住吉大神をそれぞれ祀る。今日では「厄除け・延命長寿・福徳円満はじめ、交通安全、生活全般をお守りくださる神様」として信仰を集める、筑後地方の古社である。創建は仁徳朝とも、履中朝とも言われるが、不明。『高良玉垂宮神秘書（高良記）』という、戦国期にまとめられた縁起の類はあるが、自家の権益を主張するために縁起に手を加えたふうが窺われ、あまり参考にはならない。

この高良玉垂命は、記紀神話には登場しないにもかかわらず、『延喜式神名帳』には「筑後国三井郡　高良玉垂命神社」と記載されて名神大社に列していた。また、『筑後国神名帳』（高良大社所蔵）によると、「正一位　高良玉垂命神　式内社　高良玉垂命神社　名神大」ともある。

朝廷の崇敬篤く、古代から中世にかけて、筑後から肥前東部一円に大きな信仰圏を持っていた、ローカル色豊かな地元の有力神である。

この神の正体がまた、よく分かっていない。
久留米市大善寺に鎮座する大善寺《だいぜんじ》玉垂《たまたれ》宮は、高良大社と同じく玉垂命を祀っているが、社伝によると、水沼氏が自らの始祖「玉垂神」をこの宮に祀ったのが最初だともいい、また、この社は高良大社の元宮（つまり、もともとはこちらの方が本家筋だという主張）ともされており、高良山に分祀された（＝進出した）ものが、かの地で「高良玉垂命」と称したのだともいう。

大善寺玉垂宮

この「大善寺玉垂宮」に関して、先の『筑後国神名帳』には、三潴郡五十三前の一つとして、「玉垂媛《たまたれひめ》神」の名が見え、これが本来の「大善寺玉垂宮」の祭神、玉垂命のことではないかともいう。地元では玉垂神は女神であるという口碑が伝えられているというが、真偽のほどは定かではない。

水沼君の祖神が姫神であるという伝承が仮に正しければ、彼らが斎き祀った（宗像）三女神との関連性を想起させ、極めて興味深い。

いったいに、筑後川沿岸・流域という地域性から考えるに、玉垂命（玉垂媛神）とはもともと水神、とりわけ水上交通を守護する神、あるいは水難災害等の厄除け神としての面があったと考えるのが自然であろうが、今日、筑後の水神信仰といえば、何はさておいても久留米水天宮《すいてんぐう》である。

水天宮は尼御前《あまごぜ》大明神とも呼ばれ、様々な異説はあるが、例えば壇ノ浦で敗れた安徳天皇を始め平家一門が、筑後に遁《のが》れ高良山に立て籠ったが、再度の戦いに敗れてことごとく筑後川に身を投じ、水神と化して人々に祟った、後に「尼御前」がこの地を訪れ、その跡を弔うために小祠を建てたことに由来するという。「尼御前」は、壇ノ浦で安徳帝とともに入水した二位尼《にいのあま》とも、按察使局《あぜちのつぼね》千代ともいうが、所詮は茫々たる伝説の範疇に過ぎない。

筑後の水天宮信仰そのものは比較的新しく、私見によれば、もともと筑後川流域の水神信仰に由来する玉垂神信仰が、中世期、平家の落人伝説を題材に教義を教え広めた、浄土宗大本山・善導寺の唱導によって、筑後地方一円に急速に発展し、結果、枝分かれしたものであろう。

つまり、現在の玉垂信仰に水神的要素が見られないのは、筑後一の宮として、古来の神祇信仰の担い手という王道を歩んでいくためには、玉垂神はなによりも八幡輔弼《ほひつ》の功神として政権と結びつくことが必要なのであり、民間、とりわけ下層の一般庶民の間に広がりつつあった浄土信仰、その教えに唱導され肥大化してしまった水神的側面を切り捨てざるを得なかったからではないか、と考える。

大善寺玉垂宮から筑後川沿いにさらに南下した、河口近くの大川市酒見《さけみ》に鎮座する風浪宮《ふうろう》は、綿津見三神を主神とし、併せて神功皇后（息長足姫命《おきながたらしひめ》）、住吉大神、高良玉垂命を祀る。

初代神主を阿曇磯良丸とし、代々阿曇一族が神主を務めると伝えるが、これとて、筑後川流域における玉垂神信仰の圧倒的優位性の中で、この綿津見三神、および阿曇磯良の存在は突出しており、異質な感は否めない。

風浪宮の綿津見信仰が、どの時期まで遡れるのかは不明である。

先に述べたように、玉垂神信仰の原初的なあり方が、筑後川流域に威を振るった水神信仰にあるものとすれば、高良大社、大善寺玉垂宮同様、ここも玉垂命を主神とすべきものを、何らかの事情で――例えば水沼君の、有明海を介した対外航路への進出等によって、ローカル神・玉垂命の神格を水神から海神に「格上げ」す

風浪宮の拝殿と阿曇磯良像

る必要が生じた、神名が綿津見神に習合させられたのは、玉垂命の本義が失われ、海神であれば綿津見神という、世間一般のイメージが定着してしまった後代のこと、と考えてみるのはいかがであろうか。

以上、記紀や風土記等の官撰資料によらない神祇研究の難しさを痛感させられるが、それほどに、この「玉垂命」の正体は、謎に包まれているといえよう。

「宗像」の語義

隔《かっ》靴《か》掻痒《そうよう》の感は否めないものの、水沼君の「祖神《おやがみ》ともちいつく」神についての曖昧さは措いて、話を先に進めていくことにする。

宗像君と水沼君が、ともに（宗像）三女神を奉祀する以上、両者の間に何らかの親縁関係が存したことは、ほぼ間違いあるまい。

再び宗像氏についてであるが、氏族名「宗像」は胸形、宗形、胸肩とも表記されている。

『新撰姓氏録』（河内神別神祇）は、宗像君（宗形君）の出自を大国主命六世の孫・吾《あ》田片隅《たのかたす》命の子孫としているが、『西海道風土記』逸文には、宗像朝臣等は天津神・大海《おおあまの》命の子孫である、という記述もある。『西海道風土記』という素性のはっきりしない逸文記事はともかく、「大国主命」の末裔、とする『新撰姓氏録』の記事は、一応注意されてよい。この件については後述する。

「宗像」という氏族名の由来について、従来から最有力視されているのは、海人系氏族である宗像氏族が、胸に鱗《うろこ》形の文身（入墨）を施していたので「胸形《むなかた》」と称するようになった、とする「文身」説である。だが、『魏志倭人伝』にいう、「倭の水人、好く沈没して魚蛤《ぎょこう》を捕え、文身して亦以て大魚水禽《すいきん》を厭《はら》う」との記事や、『日本書紀』（履中天皇元年四月条）の、阿曇連に関わる「阿曇目」の故事等、状況証拠をいかに積み重ねようと、宗像氏が実際に「胸に文身（入墨）を施していた」という「事実」は未確認であり、論拠としては弱い。阿曇氏が綿津見神を祀る海人系氏族であるということと、だから海人族・宗像氏も、という個別の仮定にそのまま繋がるわけではない。あくまでも阿曇氏云々は、阿曇氏の問題である。

ここでは「文身」説に対し、以前から根強く主張されてきた「水潟（ミナカタ）」説の当否について、私見を交え、再検討を加えてみたい。

結論からいえば、ここでいう「水潟（ミナカタ）」とは、潮の干満によって、遠浅の海に出現する入江の称である。

宗像という氏族名が、なにゆえにこの地勢に由来するのか、というに、それは筑後川中・下流域を本拠としていた「水沼（ミヌマ）」君の一部が北部九州域、宗像地方の干潟地帯に進出して、自らを「水沼（ミヌマ）」改め、「水潟（ミナカタ）」君と称したのではないかという、氏族名の類似性・親縁性である。

そもそも水沼君とは海人系氏族であるゆえに、「水」に関わりの深い氏族である。

ともに（宗像）三女神を祀る海人系氏族であった水沼君と宗像君は、もと同族、宗像君は、筑後の三潴地方を本拠とする宗家・水沼君から枝分かれした一支族ではないか、と考えている。

水沼一族が筑前域に進出して最初に移植した先が、旧宗像郡の西南部で現在の福津市全域、宮司浜から津屋崎、勝浦にかけての干潟地帯であったため、沼（ヌマ）から潟（カタ）へ、その一族を特に称して、新たに「水潟（ミナカタ）」氏と改姓したものと考えるのである。

江戸時代の塩田開発で埋め立てられるまでは、この「水潟（ミナカタ）」一帯は深い入り江となっており、現在の勝浦から白石浜をへて渡半島《わたり》へと繋がる海岸線は幅の狭い陸繋砂州となっていた。現在、福岡市東区の奈多から志賀島に続く「海の中道」という呼称は、もともとこの地域を指して使われていた、ともいう。

この干潟地帯の東部丘陵一帯には、北から勝浦、新原・奴山、生家《ゆくえ》、大石、須多田に、古墳時代後期を中心とする、五世紀～六世紀にかけての古墳群が広がっている。先にも述べたように、ここが宗像氏初期の奥津城である。

氏族の奥津城はある意味、地上に現出した、恒久的なモニュメント――記念碑である。

後々の世まで彼らの精神的支柱となり得るがゆえに、彼らの原郷であり故地、つまりその氏族の発祥地に近く設けられることが多い、と考える。阿曇氏にとっての立花山（阿波岐原）とその西麓の「香椎廟」然り、筑紫君にとっての「八女古墳群」（八女丘陵）然り、である。

宗像氏の奥津城が、現在の宗像大社（辺津宮）の鎮座する宗像市域（旧宗像市・宗像郡玄海町）側ではなく、「裏宗像」とでもいうべき津屋崎方面に集中していることから、水沼君の初期の入植地をここに想定したわけであるが、この地がまさに「水潟（ミナカタ）」と呼ぶにふさわしい地勢であることは、宗像＝水潟（ミナカタ）説をより補強するものと言えるだろう。

先にも述べたように、宗像＝水潟（ミナカタ）説は、決して新しいものではない。

以前から一部で根強く言われ続けていたにもかかわらず、それが大きく取り上げられることがなかったのは、水潟（ミナカタ）の地勢的根拠を宗像市域、特に釣川流域の神湊近辺にもってきたところに、そもそも無理があったからではないか。やはり、宗像の中心は現在、宗像大社の鎮座する釣川水系でなければならぬ、という「思い込み」が災いしたのであろう。

しかしそれは、先入観に過ぎない。

先に宗像地域の、縄文・弥生期における古層文化のひ弱さ、という点を指摘しておいた。

この地域が俄かに活況を呈するのは、沖ノ島祭祀の始まる四世紀後半から、福津市東域の丘陵地に古墳群が築かれ始める古墳時代後期、五世紀代に至ったころである。

無論、これ以前にも、注目すべき縄文・弥生遺跡、前期古墳などあちらこちらに散見するのだが、いかんせん単発的で、旧宗像郡域を統合するような大きな勢力の出現は、早くても福津市東域の丘陵地に古墳群が築かれ始める四世紀末〜五世紀初頭あたりまで待たなければならない。

現在の宗像地域は、大まかに言って、①釣川中流域の東郷・田熊地区（旧宗像市）を中心に、玄界灘沿岸の神湊（旧宗像郡玄海町）に至る釣川水系、②旧福間町一帯の西郷川水系、③旧津屋崎町、とりわけ玄界灘沿岸地域を中心とした福津市西北部の三地域に大別される。

宗像大社の存在が大きいだけに意外な印象を与えるが、その中でも①宗像大社（辺津宮）が鎮座するお膝元、釣川流域は、水田可耕地に乏しく、大規模な集落の形成が難しかったと見え、四世紀末ごろに築造された東郷高塚古墳（前方後円墳）などの例はあるが、この地域の在地勢力から抜け出して後の宗像君に成長したごとき著明な形跡は窺えない。神湊以南、釣川下流域に形成されていた、ここもまた「水潟（ミナカタ）」と呼ぶにふさわしい湿地帯の存在は認められるが、この近辺を根拠にした従来の説は、宗像氏発祥の比定地とするにしては、考古学的裏付けに乏しく、説得力不足なのは否みようもない。

従来の「水潟（ミナカタ）」説が今一つ説得力に欠けていたのは、実にこの点においてである。むしろ、③に言う、津屋崎から勝浦に至る、玄界灘に向かって開かれた沿岸地域、もう一つの「水潟（ミナカタ）」が古代宗像の中心領域であったと考えれば理解しやすい、と言える。

その意味でも、この「水潟（ミナカタ）」地区の最有力神・宮地嶽神社について触れないわけにはいくまい。

宮地嶽神社の起源

宮地嶽神社の創建は、社伝によれば神功皇后が、新羅征伐の前にこの地に滞在し、宮地岳の頂上に祭壇を設け、戦勝を祈願して渡航したのが始まりだと言われている。

福岡県福津市に所在し、主祭神は神功皇后、併せて皇后に随従した勝村《かつむら》大明神・勝頼《かつより》大明神を配祀する。この三神を称して「宮地嶽三柱大神《みやじだけみはしらおおかみ》」と呼ぶという。

現在の祭神三柱と宗像三女神との関連性は皆無である。

ただし、すでに触れておいたように、境内の「宮地嶽大塚古墳」が宗像一族――その中でもおそらく最高権力者――宗像君の墳墓であることはほぼ確実視されているので、この三柱神が、宗像氏の奉ずる宗像三女神と無関係に成立したとは思われない。

この神社は『延喜式神名帳』に記載がなく、創建時期は不明である。現在の社地は宮地岳の山腹に位置するが、古くは山上に神殿が設けられていたという。背後の宮地岳がなだらかな円錐形の、いわゆる「神奈備《かむなび》」型を呈していることからも、もともとは山そのものを神体とした古社ではなかったろうか。

神功皇后云々はともかく、勝村大明神・勝頼大明神とは耳慣れない名前である。いずれも神功皇后の陪従と伝えるものの、「勝村（カツムラ）」が付近の地名「勝浦（カツウラ・カツラとも）」の転であろうことは容易に想像できるが、一方の「勝頼」が分からない。その名称はいかにも中世期の武人風で、後世の命名である疑いは極めて濃い。

あるいは「勝村」という勇ましい神名に引かれて、大明神・勝村がいるなら勝頼公がいたっておかしくはあるまいという、中・近世の庶民的発想による、意外に単純な動機かもしれない。冗談ではなく、これは充分にありうることなのだ。

また、祭神自体に異説もあり、江戸時代の著作『筑前国続風土記付録』『筑前国続風土記拾遺』には、いずれも新羅征伐に功績のあったという「安《あ》（阿）部亟相《べのじょうしょう》（＝宮地嶽大明神）」「藤高麿《とうのたかまろ》（＝勝村大明神）」「藤《とうの》助麿《すけまろ》（＝勝頼大明神）」三座を祀る、とあり、また『宗像大菩薩御縁起』には宗像三女神と勝村大明神を祀る、ともある。

祭神に統一性はないものの、基本、三柱神（または三女神）を主体として祀るという基本的な構成は同じである。

それにしても不思議なのは、北部九州全域に多く見られる神功皇后新羅征討説話を敷衍《ふえん》しながらも、ここには例の住吉大神——阿曇磯良神の幇助、磯良舞、といったお決まりの説話パターンや祭神の配置がまったく見られないことである。

これは宮地嶽神社が、住吉大神——阿曇磯良神のセットで語られることが多い、北部九州域の阿曇系＝奴国系神話とは異質の海人系氏族によって祀られた、ということを意味するのではないか。

今日伝えられる宮地嶽神社の神功皇后、勝村大明神、勝頼大明神という三柱の祭神については、もと宗像系のタギリ（＝タゴリ）・タギツ・イチキシマ三女神そのもの、もしくはその祖型となった三柱神を祀る、いわば宗像大社の「元宮」であった可能性がある。

あくまでも印象に過ぎないが、宮地嶽神社の三柱神の絵図は、中央に神功皇后、手前の左右に勝村大明神、勝頼大明神の二神が控えるという構図になっているが、「何事にも打ち勝つ開運の神」という勝負強い勝村大明神・勝頼大明神という神名から連想される、いかめしい中世武人風のイメージにもかかわらず、鎧を着込み、矛を手に、あるいは弓矢を腰に差してはいるものの、撫で肩で髪の長い、どうみても女神三柱、としか思えない図柄であったことを思い出す。

しかし、その宮地嶽神社といえど、さすがに時代の波に抗うことはできなかったようである。

近世の地誌に宮地嶽神社の祭神とあった亦名、「藤高麿《とうのたかまろ》」「藤助麿《とうのすけまろ》」の所伝は、仲哀天皇の塵輪《じんりん》征伐という、記紀には見られない伝承をモチーフにした「石見神楽」の演目、「塵輪（人皇とも）」に登場する「安倍高丸《たかまる》」「安倍助丸《すけまる》」なる、仲哀天皇の従者の名と奇妙に似通っている。

その「塵輪」の話にいう。

……仲哀天皇の御代、新羅からより数万の軍兵が攻めてきて、日本を討ち取ろうとしたときに、仲哀帝自ら五万余の軍勢を従え、長門国豊浦ノ宮にあって異国の兇徒からの襲撃を塞いだ。このとき、「塵輪」という怪物が黒雲に乗って日本に襲来し、多くの人間を取り殺した。仲哀帝は、陪従の、安倍高丸・助丸に命じて門をかためさせ、「塵輪」が来たなら、すぐさま報告せよ、お前たちの手に負えるものではない、私が誅伏してやろうと言われた。そこで二人は弓剣を腰に携え、門の左右を守護していたところ、六日目に至り、「塵輪」が黒雲に乗って姿を現した。高丸は武内大臣（＝武内宿禰）に知らせ帝に報告したところ、帝は御弓を取り、矢をつがえて「塵輪」を射た。「塵輪」は頭を射られ、頭と身と二つになって空から落ちた……

神功皇后ではなくその夫君、仲哀天皇の武勲譚となっていたり、新羅を攻めたのではなく、新羅に攻められたりなどの違いはあるが、究極のところ、宮地嶽神社の高磨・助磨縁起と、神功皇后新羅征討説話を混ぜ合わせた焼き直しである。

こういうところにも、中世期以降における民間次元の神祇祭祀の複雑さ、一筋縄ではいかない神々の系譜を辿る上での煩雑さがあるのだが、これらの説話的展開は、後代付け加わった新しい要素であることは言うまでもない。

いかにも八幡信仰の影響ありありながら、それでも住吉大神――阿曇磯良神系の説話に取り込まれずに踏みとどまった、彼らなりの矜持が窺える。

彼らの「こだわり」に比べ、今日、宗像三女神が鎮座するお膝元、宗像大社はどうだろうか。

『日本書紀』(第六段一書第三)にあった、「葦原中国の宇佐嶋に降り居さしむ」という一見唐突な宇佐嶋への降臨伝承は、宇佐＝八幡信仰に取り込まれた後の、生き残りをかけた宗像大社の苦渋の選択なのかもしれない。

あるいは元宮・宮地嶽神社から釣川流域の現在地に「遷座」した後、名実ともに三女神の祭祀権を掌握するために、もともとは背後の神奈備・宮地岳への降臨伝承を持っていた宮地嶽神社に対抗し、その軛《くびき》から逃れようと、自ら進んで八幡信仰と手を結んだ結果なのか。

『西海道風土記』にはまた、「宗像の大神、天より降りまして、埼門《さきと》山に居まししし時」とあって、宇佐嶋伝承とは異なる「埼門山」への降臨伝承が語られている。

埼門山(崎戸山)は、鞍手郡鞍手町室木と宮若市龍徳に跨る六ヶ岳(三三九ｍ)の別称、またはそのうちの一峰のことだともいわれる。山麓には「六嶽神社」があり、無論のこと、タギリ(＝タゴリ)ヒメ、タギツヒメ、イチキシマヒメの三柱を祀っている。
このあたり一帯は、古くから宗像庄として宗像神社の社領地であったといわれ、実際、天正期までは宗像郡に属していた。宗像大社の東南方、ちょうど郡界に位置する後背地として、降臨の地に持ってくるには、最適のロケーションである。

これもまた、宮地嶽神社への対抗意識から、宮地岳の降臨伝承の向こうを張るべく、宗像大社側が創生した新たな降臨伝承なのではないだろうか。

宗像大社と宮地嶽神社は、昔から仲が悪いのだ、という。

無論、根拠のない俗説に過ぎないが、あるいはこうした意地と意地のぶつかり合い――いわゆる本家争い――が、実はそれぞれの神社の創建事情にあるとしたら、興味深い話ではある。

さて、一言付け加えておく。

宮地嶽神社は、明治期までは宗像大社の摂社であったという。

この、宮地嶽神社側にとっては屈辱ともいえる「負の歴史」は、神社の公式ＨＰ等、神社史の中では一切触れられていない。

一方、宮地嶽神社の初詣参拝者数は、約一三〇万人以上（平成二十九年）で、九州では、太宰府天満宮（同約二百万人）に次いで第二位、同三位の宗像大社の約六十五万人を大きく引き離している。

にもかかわらず、過去に宗像大社の摂社であったという、消すことのできない事実が、この宮地嶽神社の屈折した立ち位置を示している。

宮地嶽神社の祭神の一、実質的に主祭神ではなかったかと思われる勝村大明神の、その末裔を称する勝村氏は、実は筑紫君磐井の末裔であった、という言い伝えがある。あるいは宮地嶽大塚古墳の被葬者についても、宗像君ではなく磐井の末裔、という言い伝えもあるやに聞いているが、所詮、口碑の類であって、真偽のほどは不明である。

時代の流れに抗し得ず、宗像大社側に三女神の祭祀権を奪われてしまった宮地嶽神社にしてみれば、いや実は我が社の由緒は、宗像三女神を奉じた宗像某などよりももっと古く、なんと畏れ多くも、朝廷に反旗を翻したあの「筑紫君」一族なのだから、秘すべし秘すべし、という屈折した主張なのかもしれない。

ただ、ここに一縷《る》の期待を込めて。

この口碑が、彼らの祖族・初期宗像一族がもともと筑後地方からやってきたらしいという、遠い記憶の断片であるならば、実に好都合ではあるのだが。

余滴——宗像三女神とは

そもそも宗像三女神の「タギツ」「タギリ」という神名の由来は、今一つ明らかになっていない。

古語に見える「たぎつ」という動詞は、逆巻く水が激しく流れゆくさまを言ったものであるが、より具体的には、「湯がたぎる」という今日的な用法からも知れるように、（水が激しく波立って）泡立つ様子を表したものである。

これが、風波高い玄界灘の波濤の彼方、大陸への航路「海北道中」の安全を守護する海神、という神格のイメージとだぶってのことか、特に異論もなく、注意もされずに今日に至っているようだ。

しかし、「タギツ」の用例を古語に徴して子細に検討してみると、次のようになる。

〈「タギツ」の用例〉

芳野《よしの》川　多芸津《たぎつ》河内に　高殿を　高知りまして　『万葉集』巻第一・三八）
山川も　よりて仕ふる　神ながら　多芸津《たぎつ》河内に　船出せすかも　（『万葉集』巻第一・三九）
嘆きせば　人知りぬべみ　山川の　瀧情《たぎつこころ》を　塞《せか》へてあるかも　（『万葉集』巻第七・一三八三）
河の瀬の　激《たぎ》つを見れば　玉藻かも　散り乱れたる　川の常かも　（『万葉集』巻第九・一六八五）

〈類語「タギチ」（＝水が激しく流れること。また、その流れ）の用例〉

石《いは》走り　多芸千《たぎち》流るる　泊瀬《はつせ》河　絶ゆることなく　またも来てみむ　（『万葉集』巻第六・九九一）
武庫《むこ》河の　水脈《みを》を早みか　赤駒の　足掻《あが》く激《たぎち》に　濡れにけるかも　（『万葉集』巻第七・一一四一）

右から知れるように、厳密には海路や潮路ではなく、いずれも川の水の激しさを詠み込んだものに限定されている。

さらに、「六月晦大祓《みなづきのつごもりのおおはらえ》」祝詞の詞章には、

……高山短山《たかやまひきやま》の末より　さくなだりに落ち多支川《たぎつ》　速川の瀬に坐《ま》す　瀬織《せおり》つ姫といふ神……

とあって、やはり、水の神、川の神としての特徴は窺えても、大陸航路を守護する海の神、という宗像三女神の風貌は見えてこない。

この三女神が、宗像氏以前に、もともと筑後川下流域の低湿地を本拠とした、水沼君の奉ずるものであったとすれば、この「タギツヒメ」「タギリヒメ」という神名も、筑後川流域に発生した素朴な水神信仰――例えば、原初的な玉垂（媛《ひめ》）神のごとき――に起源を発するものと考えられる。

それが時代の要請に伴って、筑後川河口域の港湾部から西、大陸への航路を守護する海神としての役割をも果たすようになり、ついには筑紫君の玄界灘沿岸地域への進出に従って、津屋崎方面、やがては宗像方面へと神威を拡大し、大陸航路を守護する海の神、名実ともに宗像三女神へと「昇格」していった、と考えてよいのではあるまいか。

余滴――宗像三女神とタケミナカタ

『古事記』には、誓約神話で化生した三女神の一、タギリ（＝タゴリ）ヒメとオオクニヌシとの婚姻関係が語られ、タギリヒメは、阿遅鉏高日子根《あじすきたかひこね》神・高比売《たかひめ》（亦名、下光《したてる》比売）命の二柱神を産んでいる。

オオクニヌシの娶《めと》った姫神は、『古事記』の系譜で確認されるのは六柱、それぞれに神裔が語られていて、御子神とされるのは五柱神である。具体性には乏しいが、同じ条でオオクニヌシは「僕《あ》が子等《みこたち》百八十神」（『日本書紀』第八段一書第六には「其の子凡《みこすべ》て一百八十一神有《ま》す」）とも言っており、こうなってくるともう、何が何だか分からない。

同じオオクニヌシの御子神であるとされるタケミナカタ神は、コトシロヌシと並び、『古事記』の国譲り神話では大国主神の代理としてタケミカヅチと相対しながらも、先ほどの大国主命の神統譜にはその名が見えない。

ところが、『先代旧事本紀』（巻第四・地神本紀）では、記紀とは異なった系譜が語られる。

同書では「(大己貴神＝大国主命は）先に宗像奥都島に坐す神、田心姫《たごりひめ》命を娶り一男一女を生む」として「味鉏高彦根《あぢすきたかひこね》神」と「下照姫《したてるひめ》命」を、「次に邊都宮に坐す高津姫《たきつひめ》神を娶り一男一女を生む」として「都味歯八重《つみはやへ》事代主《ことしろぬし》神」と「高照光姫《たかてるひめ》大神命」と、それぞれの神名を記す。さらに「高志沼河姫《こしのぬなかはひめ》を娶り一男を生む。児建御《たけみ》名方《なかた》神」ともいう。

『古事記』には『先代旧事本紀』にいうタケミナカタの母神「沼河比売」の名が見え、大国主命の亦名、八《や》千矛《ちほこ》神に求婚されるという歌物語を展開するが、肝心の御子神についての記載は見られないし、『日本書紀』に至っては、その「沼河比売」すら登場せず、まして国譲り神話でタケミカヅチ・フツヌシと応対するのはコトシロヌシだけで、タケミナカタは完全に黙殺されている。このような状況のもと、ご都合主義と言われようと、当然ここで、系譜の錯綜・誤伝や作為、といった可能性が考えられてくるわけである。

今、『先代旧事本紀』の系譜を略載すると、図4のようになる。

宗像三女神のうち二柱までが大己貴神との婚姻関係を結んでいる、言い換えれば三女神のうちひとりイチキシマヒメのみが蚊帳の外であるのは、却って不自然な印象は否めない。

「稲羽八上姫」（八上比売）は、『古事記』の歌物語で、オオクニヌシの嫡妻・スセリビメの嫉妬を恐れ、我が子・木俣《きのまた》神（御井《みい》神）を木の股に挟んで帰ってしまうが、木俣神（御井神）自体はその後、記紀にはまったく登場しない。

アジスキタカヒコネ・コトシロヌシという、いずれも「国譲り神話」に一定の役割を担って登場する神々の母神が、タゴリヒメ・タギツヒメ（ただし『古事記』は「神屋楯《かむやたて》比売命」とある。不詳）と、明確に宗像一族の系譜で語られているのに対し、「国譲り神話」におけるもう一方の雄、タケミナカタだけはこの系譜から外れ、記紀での位置づけが不明瞭な「高志沼河姫」（沼河比売）の御子、という取り扱いを受けている。

図4　オオクニヌシの系譜（『先代旧事本紀』）

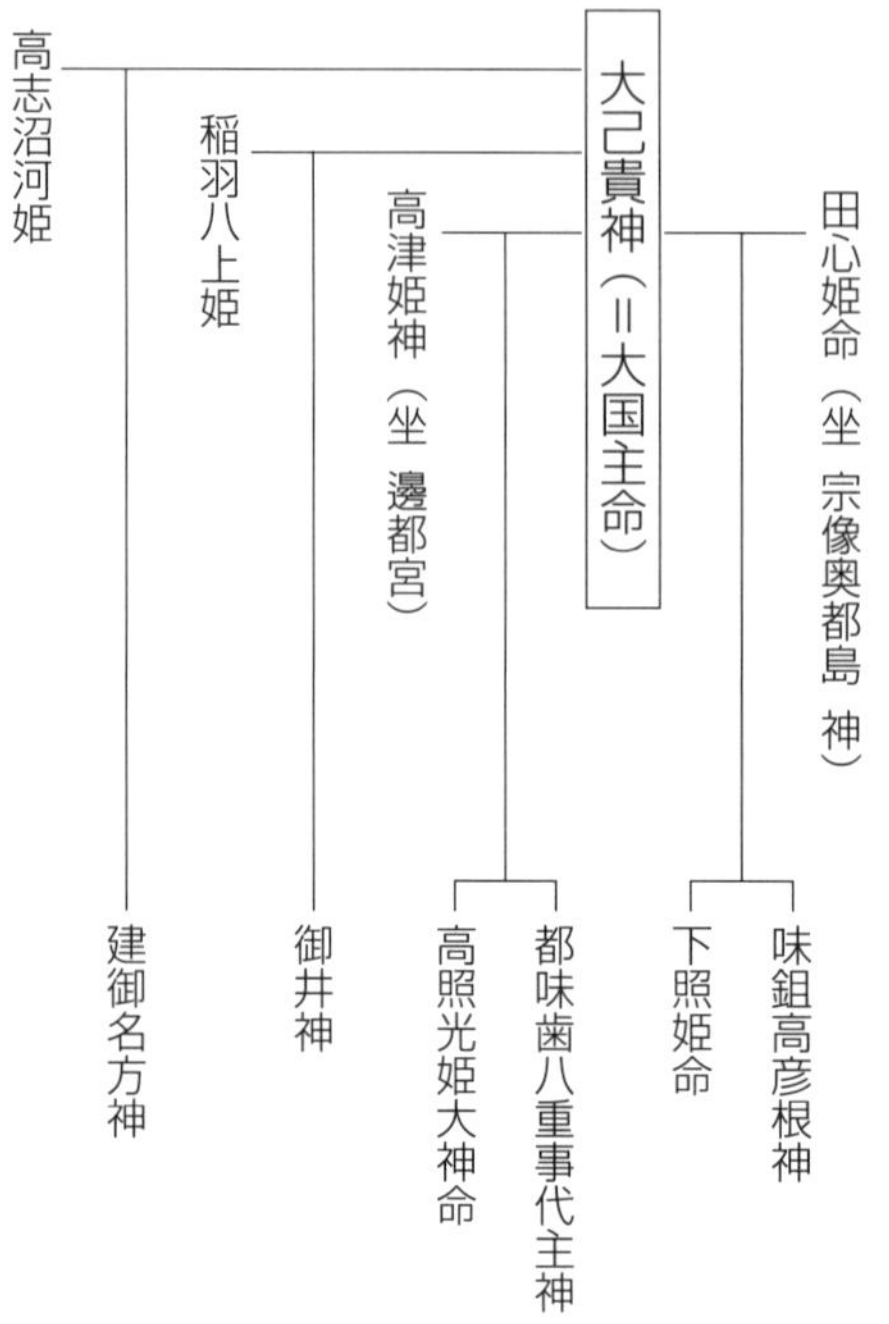

あるいは本来、アジスキタカヒコネ・コトシロヌシと並び、宗像系の神として語られていたものが、タケミカヅチとの抗争に敗れ、信濃の諏訪地方に逼塞してしまった敗残者・タケミナカタという、記紀で与えられた不名誉な役回りを嫌って、系譜から抹殺してしまったものか。

それを宗像氏所縁の系譜（例えばタゴリヒメ・タギツヒメ、または三女神第三の存在・イチキシマヒメの御子神、と見なすがごとき）の中に位置づけることによって、『古事記』ではその素性が明かされず、『日本書紀』に至ってはその存在すら抹消された、この神の真の風貌が、次第に明らかになってくる。

つまり、沼河比売の御子という系譜は、越後国頸城《くびき》郡の式内社に沼河比売を祀る奴奈川《ぬなかわ》神社があり、タケミナカタの鎮座する諏訪大社（信濃の諏訪地方）に地理的に近いこともあって、後世に至り両者の間になんらかの親縁関係が生じた結果、過去の神統譜に遡及して付会されたものだと考える。時期的には、記紀の編纂された八世紀前半から、『先代旧事本紀』が成立したと考えられる九世紀中ごろにかけての、比較的新しい時代であろう。

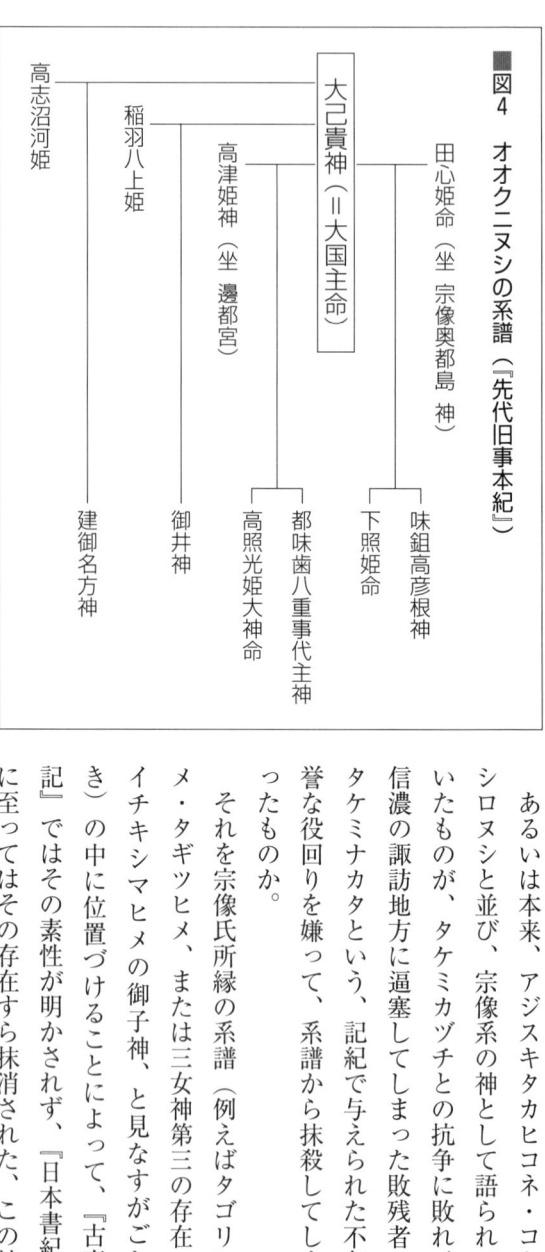

『先代旧事本紀』におけるこの系譜は、元来、宗像三女神に象徴される北部九州の宗像君と大己貴神（大国主命）、つまり山陰の出雲系氏族との間の緊密な親縁関係が成立していたことを示すものと思われる。

このようなことから、建御名方（タケミナカタ）の「ミナカタ」とは、その系譜の拠って来たるところ、すなわち「水潟（ミナカタ）」＝宗像の義であり、かくして山陰の出雲系氏族と宗像君との通婚という歴史的事実が、タケミナカタ神の誕生に結実した、と考えるのである。

「水潟（ミナカタ）」はミナカタでも、その神名を、タケミナカタの逃亡先、諏訪地方（諏訪湖）の地勢に求めるのは、いくら湖畔の低湿地に坐す神とはいえ、やはり無理がある。

そもそも、タケミナカタと宗像（ムナカタ）を結び付ける意見は以前から見られたが、それは多く、宗像からミナカタへの転、という考え方が前提となっていた。

そうではなくて、ミナカタは、もとからミナカタであり、その名は、かの祖族が「ミナカタ」氏を称していたことに由来し、それはここまで述べ来たったように、「宗像」の姓氏が「水潟（ミナカタ）」という地勢に由来する、という説を側面から証するものだ、といえないだろうか。

第八章

伊都国の成立と展開

伊都国論

伊都国王家の台頭

さて、あえて先延ばししてきたが、いよいよ次は、前記の仮説を承け、その水沼君がそもそもなぜ筑後からあえて筑前域の津屋崎方面に進出する必要があったのかという問題について、考えてみたい。

遠回りではあるが、ここで再び有史以前、「大乱」前後の倭国の状況を振り返ってみることにする。

先に述べたように、反乱軍の主力をなしたのは、かつては奴国とともに半島交易の利権を独占し、北部九州の主導的立場にありながら、後漢王朝から「漢委奴国王」として唯一認められた奴国に権益を奪われ、逼塞を余儀なくされていた伊都国と、新興宗教「鬼道」を精神的紐帯《ちゆうたい》として内陸諸国を糾合した新興勢力・邪馬台国の、二大勢力であったと考えている。

彼らが蜂起した最大の目的は、伊都国側にあっては、奴国に占有されていた大陸・半島交易の権益を奪還（あるいは独占）することにあり、邪馬台国以下、新興の内陸国家群にしてみれば、それまで玄界灘沿岸の海洋諸国（狗邪韓・対馬・一支・末盧・伊都・奴）によって寡占化されていた交易の自由化——という言い方が大げさならば、交易品を手に入れる上で障壁となっていた、玄界灘沿岸諸国中心の交易体制の解体――を目指したものであった。

その目的を遂行する上での「目の上のたん瘤」が、「漢委奴国王」・奴国の存在そのものであり、かくして利害の一致をみた両勢力によって「倭国の大乱」が引き起こされた、と考えた。

目的は異なるものの、奴国追放という共通の旗印を掲げた反乱軍の挟撃によって、奴国の王族を始め、倭国の指導的立場にあり、支配層を形成していた主力は故国を捨て、遠く東の海上へと逃れていった、という「倭国の大乱」の顚末についても、すでに述べた通りである。

かくして奴国王家は、事実上滅亡してしまった。

玄界灘方面はすでに伊都国によって封鎖されていたため、地理的に近い朝鮮半島や大陸方面に庇護を求めることもかなわず、彼ら綿津見神を報じる海人系集団は、瀬戸内をへて中国・四国、そして畿内方面、あるいは日本海沿岸地域の「倭種」の国々を頼って散っていった。

これが後々、大和政権による「日本」の統一、日本国成立の起因となっているのだから、歴史というものは実に面白い。もしあの時、阿曇一族が敗走した先が半島諸国や大陸方面だったら、その後の「日本」の歴史は――などと考えるのも一興かもしれない。

いささか小説風の展開になってしまったが、大筋ではおよそこんなものだと考えている。

さて、「大乱」後の、倭国内における勢力図はどのように変化したのだろうか。

『魏志倭人伝』によれば、邪馬台国に至る順路の途上に「奴国」の名が見え、しかも戸数二万余戸とある数値の信憑性はともかく、「大乱」後も奴国は存続したようである。

しかし、かつて「漢委奴国王」の国であった栄光の来歴は、『魏志倭人伝』のどこにも記されず、また対馬国から伊都国までは必ず書き添えられてきた、具体的な「国」の様子・ありさまも一切記されることなく、ただの一通過地点としての、ぞんざいな扱いである。「二万余戸」あった、という数値の信憑性はともかく、かくして玄界灘の制海権を失った奴国は、すでに以前の海洋国家・奴国とは似て非なる、倭の一国に過ぎない存在に「成り下がって」いたのであろう。

無力化した奴国の一方で、かつては奴国と並んで強大な海洋国家であった伊都国はというと、『魏志倭人伝』に、

世に王有るも、皆女王国に統属す。郡の使往来するに常に駐《とど》まる所なり。（略）女王国自《よ》り以北には、特に一大率《いちだいそつ》を置き、諸国を検察せしむ。諸国、之を畏れ憚《はばか》る。常に伊都国に治《ち》し、国中に於て刺史《しし》の如くに有り。王の遣使、京都《けいと》、帯方郡、諸韓国に詣り、及び郡の倭国に使するや、皆津に臨みて、伝送の文書・賜遺《しい》の物を捜露《そうろ》し、女王に詣るに差錯《ささく》あるを得ざらしむ。

とあって、前期倭国の交易拠点として、自らその利を独占していた奴国になり代わり、港湾部を持たない後背地（ヒンターラント）の内陸国家・邪馬台国の対外的な窓口として、重要な役割を果たすようになっていた。あえて「世に王有るも、皆女王国に統属す」と謳《うた》っているのは、交易拠点としての港湾部を必要としていた邪馬台国の直接支配下にあり、それはとりもなおさず、奴国に代わるものとして、伊都国の優れた海運力が特に必要とされたからであろう。

そもそも伊都国・伊都王家とは何かというに、『日本書紀』（仲哀天皇七年条）に怡土《いと》県主の祖と伝える五十《い》迹手《とて》は、『筑前国風土記』逸文にもその名が見え、それによると自らの出自を「高麗の国の意呂《おろ》山に、天より

降り来し日桙《ひぼこ》の苗裔《すゑ》」と称している。

日桙は「天日槍《あめのひぼこ》」ともいい、記紀には我が国に渡来した新羅国王の子と伝え、また『播磨国風土記』にも韓国から渡来した神として、天日槍命の名が見える。

怡土県主の祖と思しき伊都王家は、朝鮮半島南部の新羅方面から怡土・志摩地方に渡来した集団の長、という伝承を持つ氏族であったらしい。

今山遺跡遠望

ただ、伊都国王家が、各書にあるように、当初から渡来系氏族として定着し成長していった、生粋の外来集団であったかどうかは、定かではない。

初期の伊都国王家の性格を特徴づけるものとして特筆すべきは、今山遺跡（福岡市西区横浜）を中心とした磨製石斧《ませいせきふ》の交易経済圏の存在である。

玄武岩の産出地として知られる今山は、今津湾に面した瑞梅寺《ずいばいじ》川河口に位置する、標高八〇mの小丘である。

この遺跡は、山の南斜面中腹から麓一帯に、弥生時代前期から中期前半にかけて北部九州一円に流通した磨製太型蛤刃《ふとがたはまぐりば》石斧の未成品が大量に発見されていることから、原料から一貫した工程で、専門的に行われた石器製作所跡であると考えられている。

怡土平野を貫流する瑞梅寺川の水運の存在から考えて、少なくとも遺跡が廃絶する弥生中期末に至るまで、伊都国の経済的発展の基盤となったことは疑いない。伊都国王家は彼ら石器製作に従事した専門工人を支配下に収め、北部九州を主な交易圏として、その利潤を一手にしていたものと思われる。

しかし、今山の磨製石斧を主要な交易品として隆盛を誇った伊都国ではあったが、弥生中期以降、一大転機が訪れる。

時代はすでに、石器から金属器の社会に移行しつつあった。伊都国が「内向き」の繁栄を享受していた間隙をぬって、いち早く朝鮮半島－後漢王朝という、対外交易の航路を切り拓き、青銅器類の輸入経路を確保し得たのは、奴国であった。

しかも決定的であったのは、奴国が後漢の光武帝から「漢委奴国王」印を下賜され、一躍、倭国の盟主という「お墨付き」を得たことであった。これは明らかに、伊都国にとっては手痛い奴国の「抜け駆け」であった。

無論、目ざとい伊都国が、対外交易の重要性に気が付かなかったはずはあるまい。

ただ、弥生時代前期から中期に至る数百年、なまじ今山の磨製石斧を交易品に、「内向き」の交易圏の中心であり続けたことが、新しい時代の流れに乗り損ね、結果的に、奴国の後塵を拝する一因となってしまったのではないだろうか。

かくして、伊都国にとって、永い雌伏の時節が到来する。

だが伊都国としても、ただ手をこまねいて、奴国の繁栄を眺めていたわけではなかった。

糸島半島西部の可也山《かや》（三六五ｍ）は、新羅・百済と並ぶ半島南端の古名「伽耶《かや》」に由来し、その山麓の加《が》布羅《ぶら》、泉川の河口を挟んだ対岸の加布里《かふり》（加布里湾）という地名は、古代朝鮮語では「大きな村」という意味に解せるともいう。

また、可也山西部の引津《ひきつ》湾に面した漁港・岐志《きし》という地名は、新羅王朝の下級官吏「吉士《きし》」という称号と関連するとも言われるから、あるいは新羅系の渡来人（あるいは亡命者）が居住した地域ではなかったかとも考えられる。ちなみに後代の例ではあるが、「遣新羅使」（七世紀後半〜八世紀末）の停泊地となった引津亭《ひきつのとまり》の所在地も、このあたりだと推定されている。これら糸島半島西側の港湾部一帯は、おそらく半島方面からの渡来系集団の一大居住地であったと考えて、ほぼ間違いあるまい。

半島との往来に適した、これらの港津を初期の拠点とした彼らの足跡は、やがて糸島地区中央部の怡土平野に、石ヶ崎支石墓、志登《しと》支石墓、三雲加賀石支石墓など、いずれも朝鮮半島南部に起源を有する大型支石墓を伴う特殊な墳墓形式が進出し、弥生時代初期・前期を中心に展開していくことで知られる。

しかしながら、この墳墓形式は一時期を画しただけで、やがて北部九州域に一般的な甕棺墓形式に取って代わられ、中期後半、後期初頭の甕棺王墓（三雲《みくも》南《みなみ》小路《しょうじ》遺跡・井原鑓溝《いわらやりみぞ》遺跡等）に結実していくことになる。

可也山と志登支石墓

これは、渡来系氏族であった集団と、在地の倭人勢力（原伊都国王家？）とが通婚を重ねて同化し（というよりも、倭人勢力が渡来系氏族を吸収し、自ら変容することによって）、名実ともに伊都国王家へと成長していく過程でもあった。

彼ら伊都国王家は、渡来系集団との通婚や交易を通じて大陸・半島との関係性を強めながら、遅まきながらも、奴国に次ぐ先進的海洋国家としての地位を、かろうじて維持し続けてきたのであろう。

こうして奴国を中心とした前期倭国体制の確立期から、いわゆる「倭国の大乱」前後の、この体制が崩壊の兆しを見せ始めていたころへと繋がっていくのだが、この前後、「倭国の大乱」の直接的な影響は、少なくともここ伊都国においては、ほとんど見受けられない。

伊都国の中枢域、怡土平野に立地する三雲南小路遺跡は弥生中期後半、井原鑓溝遺跡は後期初頭に編年されているが、特に前者の場合、一般の集団甕棺墓群とは一定の区画で仕切られた「特定個人墓」、具体的には二基の甕棺墓が、周溝によって仕切られた墓域に埋葬されていることから、いわゆる「王墓」であったことが確認されている。

出土品も前漢鏡三十五面以上（南小路一号甕棺）、同二十二面以上（南小路二号甕棺）、その他に有柄式《ゆうへい》銅剣、銅戈《どうか》、銅矛、硝子製璧《へき》、金銅製四葉飾金具、管玉（以上、一号甕棺）、勾玉（一号・二号甕棺）、硝子製垂飾（二号甕棺）等、多数の舶載品を伴出している。

とりわけ一号甕棺は銅剣、銅矛などの武器と大型鏡・中型鏡を伴い男性的・男王的であるのに対し、二号甕棺はいっさい武器を副葬せず、小型鏡と装身具だけであり、加えて小型鏡の大半が丹塗りであったことから、祭祀をつかさどった巫女的存在――神性の象徴としての王と、その王に仕える巫女としての王妃のごとき――ではなかったかと推定される。

ただし南小路一号甕棺の出土品については、多くは江戸時代の文政五年（一八二二）にこの遺跡が発見された際、福岡藩の国学者・青柳種信によって、『柳園《りゅうえん》古器略考《こきりゃくこう》』という書物に書き残された記録に基づくものである。その後、出土品の多くは散逸してしまったが、昭和五十年（一九七五）の調査によって、一号甕棺の破片や副葬品の銅鏡の破片多数などが追加確認され、記録の正確さが実証された。なおその際に、新たに二号甕棺が発見されたことで、右に示したような「王墓」の実態が明らかになったのである。

一方、井原鑓溝遺跡は三雲南小路王墓の二、三代後の王墓として位置づけられるが、甕棺墓から後漢鏡（方《ほう》格《かく》規《き》矩《く》鏡）二十一面、巴《ともえ》型銅器三個、鉄剣、鉄刀類、大量の朱、鎧の一部と思しき板片が出土したとの記録がある。

南小路遺跡とは異なり、青銅製武器の類はいっさい出土せず、この遺跡が弥生時代後期に至り、青銅器から鉄器へと移行した後の王墓である点に、大きな特徴がある。

実はこの遺跡も、江戸時代の天明年間（一七八一〜八八）、怡土郡井原村の鑓溝というところから銅鏡を多数副葬した甕棺が発見されたという記録に基づくもので、その出土品の図が、やはり青柳種信の『柳園古器略考』に残されていたことによって、遺跡の存在が知られるようになった。このとき発見された出土品は現在伝えられていないが、種信が現地で聞き取り調査を行って、農民が保管していた鏡片などの拓本を残しておいたおかげで、その実態が明らかとなったものである。

弥生時代中期から後期に至るこれらの遺跡は、伊都国の支配層が邪馬台国以後、すなわち後期倭国の成立後も引き続き、祭政両面にわたって、揺るぎなくこの地に君臨していたという事実を物語ると言えよう。

これに対し、奴国の中枢域にあたる金隈遺跡、伯玄社遺跡、須玖岡本遺跡などにおいては、ほぼ同じ時期、弥生時代中期後半あたりから、甕棺墓の減少・廃絶とともに、箱式石棺墓、土壙墓、木棺墓へと移行を見せて、墓制の小規模化が起こっている。また、集落においても、中期末から後期初頭にかけて、住居跡の減少ないしは断絶をみせる遺跡が多いという事実を指摘しておいた。この事実が、「倭国の大乱」による、奴国王家の滅亡（あるいは衰退）によるものだとすると、一方の、伊都国の健在ぶりは意外である。

奴国に一歩、後れはとったものの、伊都国は弥生期舶載品の集中的な分布から、玄界灘航路を掌握した先進的海洋国家として、かつては奴国とともに対外交易の利権を占有していた一国であったことが明らかである。

当然のことながら奴国・伊都国は、彼らに頭を抑えられていた、邪馬台国を始めとする新興の内陸国家群にとっては許しがたい、何はさておいても打ち倒すべき共通の「敵」であったはずである。

にもかかわらず、「大乱」後、後期倭国（弥生後期以降、邪馬台国時代の倭国）の伊都国の繁栄ぶりは、明らかに国力衰退の一途を辿っていく奴国の状況とは対照的である。あたかも、奴国なき後の対外航路の制海権を一手に掌握したかのような躍進ぶり――というか、実際、その通りだったのではないかと思われる。

考えてみれば、玄界灘航路を掌握していた両雄、奴国・伊都国が共倒れしてしまえば、一番困るのは、後背地（ヒンターラント）を拠点とする、邪馬台国以下の新興国家群である。

そもそも彼らに、独自に半島交易の拠点となる港津や航路の開拓が可能であれば、このような事態には立ち至っていなかったに違いない。

したがってこれら内陸諸国は、最大の敵、奴国勢力を北部九州から放逐してしまった後も、今度は自分たちのために、半島交易を代行してくれる窓口を、とりあえずは確保しておく必要があった。それが、伊都国勢力の温存、ということなのではないだろうか。

伊都国にしてみれば、密かに思い描いていた、大陸・半島交易の権益を奴国から奪還するという、初期の目的が達せられるのであれば、かつて倭国の盟主であり、ともに半島交易を寡占化した盟友ともいえる奴国に反旗を翻すことなど、なにほどのことがあったろうか。

「倭国の大乱」後、こうして伊都国は奴国に代わり、内陸諸国の「期待」を一身に背負って、後期倭国における新たな半島交易・対外交渉の窓口という、重責を担うことになったのであろう。

ところが、これが後期倭国にとっては、後々大きな禍根を残すことになる。

何のことはない、その後の伊都国の行き方を見れば、それは明らかである。伊都国がおとなしく、後期倭国の対外的な玄関口という立場に甘んじて、あくまでも「職務」に忠実なふりをしてみせたのはほんのひと時で、内陸諸国の期待とは裏腹に、結局は伊都国もまた、旧来の玄界灘沿岸の海洋国家群を今度は自らの名のもとに糾合し、再編することで、再び対外航路・対外交易の独占・寡占化へと、かつての奴国と同じ道を歩み始めた、と考える。

何が伊都国をそうあらしめたのか。

あるいは、邪馬台国を盟主とする新しい集団が、大陸・半島交易による利益の分与、という直接的な利害を中心に結びついていたかつての前期倭国と違い、新興宗教「鬼道」を精神的紐帯として結びつくという、従来にない、極めて曖昧、かつ抽象的な国家のまとまりであり、宿命的に内包するその脆弱性に、いち早く気が付いたからかもしれない。それほど対外交易による「旨み」は、何物にも代えがたい、魅惑的なものであったとも言える。

「大乱」後の伊都国は、朝鮮半島や大陸に近く、良港を擁するという地の利を存分に生かし、外に向かっては対外交易の拠点としての矜持を示しつつ、また内にあっては後期倭国の盟主、「親魏倭王」たる邪馬台国に最大限の「敬意」を表してみせる謙虚さも織り交ぜながら、この二つを巧みに使い分け、実質的に「影」の盟主として、後期倭国を背後から操ってみせるという「離れ業」を演じてみせたのである。

就かず離れず――それは、かつて奴国滅亡の一部始終を目の当たりにした伊都国が、再び同じ轍《てつ》を踏まないようにと学んだ、「生活の知恵」なのかもしれない。

伊都国と鉄

かくして伊都国は、三雲南小路遺跡や井原鑓溝遺跡出土の大量の舶載鏡に見られたように、前漢鏡や後漢鏡を始めとする銅鏡や青銅製利器を積極的に輸入し、それらを例のごとく独占・分与する一方で、やがて自らも青銅器や鉄器の製作に転じていったものと思われる。なぜなら、青銅器・鉄器の鋳造は熟練を要する特殊技術であり、それをもたらしたのは半島からの渡来系技術者集団であったからだ。

伊都国の領域において、奴国（春日丘陵）に見られるような「青銅器鋳造センター」とでもいうべき遺構は未見であるが、三雲地区で弥生時代後期に属する広形銅戈、広形銅矛の鋳型が発見されており、怡土平野の中枢部にもこうした工人集団の集落が存在していたことを暗に示している。

だが、むしろ特徴的なのは、青銅器よりも鉄器である。

可也《かや》山という名称の由来とも考えられる、半島南端の「伽耶《かや》」は、三世紀ごろの半島情勢を記した『魏書』弁辰伝に、「国（弁辰＝伽耶）は鉄を出し、韓・濊《わい》・倭、皆従ひてこれを取る。諸々の売買には皆鉄を用い、中国の銭を用いるが如し」とあるように、鉄の産地として知られていた。

ここでいう「倭」が伊都国王家そのものを指しているのかどうかは定かではないが、三世紀という時あたかも「倭国の大乱」以後における航海大国・奴国の衰退期であり、それに代わる倭国勢力があるとすれば、邪馬台国はともかく直接には、旧奴国と並び優れた海運力を擁していた伊都国を措いて他には考えられまい。

伽耶との交易を通じて鉄資源を手に入れた伊都国が、鉄器製作に転じた時期はよく分からない。しかし、次のような可能性は指摘しておきたい。

高祖神社

例えば、怡土平野の東端、高祖山《たかす》（四一六m）の麓に、高祖神社という古社が鎮座する。現在は彦火火出見命、玉依比売命、息長足姫（=神功皇后）の三柱を祀っているが、『日本三代実録』元慶元年（八七七）条には、「筑前国正六位上高磯比売神《たかそひめ》に従五位下を授く」とあり、また近世までは「高磯比咩社《たかそひめ》」と呼ばれていたこともあって、もともとは「高磯比売」という女神単独を祀る古社であったと考えられる。

ここに見える高磯比売神とは、怡土県主の祖・五十迹手の、さらに遠祖とされる「天日槍」の妻神「比売許曾《ひめこそ》」と同一神だという説もあり、「タカソ」の語については、神社の棟札に「筑前怡土郡一宮託祖大菩薩《たくそ》」という表記があることから、これはこの地域の旧郷名「怡土郡託社《たくこそ》（杜）郷」に由来するものであろう、という。

これら「タカス」「タカソ」「タクコソ」「タクソ」は、いずれも相通ずるところがあり、共通の語義に由来する派生語ともいわれる。

『東大寺文書』には、大宝年間（七〇一～七〇四）、「今、高祖村在郡東北、大宝中、宅蘇氏居此」とあり、高祖村に「宅蘇《たくそ》」なる氏族が居住する旨の記録があるが、宅蘇氏は宅蘇吉士ともいい、吉士は先に述べたように、新羅王朝の官位を表す称号の一つであるから、元来は、新羅系下級官吏の流れを自称する渡来氏族であったように思われる。

奥野正男氏によれば、『古事記』（応神記）には、百済から招来された工人の名に「手人韓鍛《てひとからかぬち》、名は卓素《たくそ》」とあることや、中国の戦国時代末期、趙の卓《たく》氏が製鉄によって財をなした所伝（『史記』貨殖列伝）、朝鮮では新羅第四代の王で、同時に鍛冶匠王でもあった脱解王が「託《たく》村」で育ったという所伝などから、「タク」という語は渡来系製鉄集団に関わりの深いものであった、という（奥野正男『邪馬台国発掘』）。

氏によれば、この高祖山の北東山麓から北麓に、弥生時代末期から古墳時代にかけての製鉄遺跡が集中分布していて、特に北麓の今宿側には十二基の前方後円墳を始め、製鉄集団の墓地と思しき三百基を超える群集墳が存在するという。

製鉄遺跡は一般に、住居址や墳墓などの場合と異なり、年代を特定する伴出物に乏しいこともあって、正確な実年代を決めがたいという難点があるが、これらの中には、弥生式土器を伴出するものが数カ所あって、少なくとも一部には弥生時代にまで遡れるものも含まれるという。

日本列島における鉄器生産の開始時期は判然としないが、怡土平野東部に、こうした製鉄集団の存在が考えられるとすれば、「高磯比咩社」および「高祖神社」とは、いつのころからかは不分明ながら、彼ら渡来系工人集団の職能神であり、祖先神でもあったタクソの神を祀る社《やしろ》として出発したのが起源ではあるまいか。

ちなみに、怡土平野東南部の王丸地区には、新羅から渡来したとされる五十猛神を祀る白木神社が鎮座する。先にも触れたように、白木はおそらく、新羅の転であろうし、五十猛神はまたスサノオノミコトの御子神であり、スサノオとともに新羅から樹木の種を持って筑紫に渡来し、大八洲国を青山になしたという樹木神であった。いわば「木の神」「木をつかさどる神」という神格を有する渡来神なのだが、当然のことながら、製鉄・冶金のためには、燃料として多くの木材資源を消費する。そのせいか、樹木神・五十猛神を祀る神社は、多く製鉄遺跡や渡来系工人集団の居住地に近接して鎮座するという。

さて、こうして産み出され、あるいは半島から招来されたであろう伊都国の鉄。今度はこれが、後期倭国の面々にとって大きな脅威となりつつあった。

大陸交易の寡占化・独占化は、すでに前期倭国がそうであったように、持てる強国（供給側）と、持たざる弱小国（需要側）との富の不均衡を生み出す。後期倭国においても然り、三雲南小路遺跡や井原鑓溝遺跡に代表されるように、「倭国の大乱」以降、弥生時代中期後半以降の伊都国の繁栄ぶりが、その事実を如実に示している。

ところが、そもそも新興宗教「鬼道」による倭国の再編を唱え、現世の不平等・不利益を糾合して一躍歴史の表舞台に登場したのが後期倭国の盟主・邪馬台国ではなかったか。

このままでは、前期倭国時代と同じ轍を踏んでしまう。

必要なのは、伊都国に依存せざるを得ない糸島半島を経由する大陸航路でもなく、旧来の博多湾岸でもなく、第三の交易ルートであり後期倭国にふさわしい独自の交易手段を、我が手で新たに開拓することである。

糸島半島西部を拠点とする伊都国の海運力に拠らず、また、かつて奴国の支配下にあった博多湾沿岸地域――奴国（＝阿曇氏）は没落したとはいえ、かつて半島交易の拠点となった、いまだ綿津見神のうしはき坐す呪《のろ》わしい博多湾沿岸地域――でもなく、「我ら」独自の交易ルートを。

そしてそこには、阿曇氏の奉祀してきた綿津見系ではない、新たに組織された航海の守護神が必要なのではないか、と。

そこで担ぎ出されたのが、邪馬台国＝筑紫君の信のおける同族であり、筑後川下流域に勢力を有していた、水運に優れた海人系氏族・水沼君、そして彼らの奉ずる新たな神々ではなかったか、と考えている。

水沼君の筑前進出

彼ら筑紫君（水沼君）が大陸貿易の新たな拠点として選んだのは、糸島半島、博多湾頭からさらに東、現在の福津市津屋崎方面、渡半島東側の港湾地帯であった。

現在は沿岸漁業中心の小さな漁港となっているが、古くは海上交易と塩の積出港として大いに栄え、その賑わいぶりから「津屋崎千軒」とも称された商業港であったという。津屋崎漁港からさらに進んだ最奥部には、「津屋崎干潟」と呼ばれる干潟が広がっており、ここは国の天然記念物・絶滅危惧種に指定されるカブトガニの生息地としても知られている。

先に述べたように、この干潟地帯の東部丘陵一帯には、古墳時代後期を中心とする、五世紀～六世紀にかけての古墳群が広がっており、ここが宗像氏のもともとの奥津城であろうと考えられること、そして、この地域に鎮座する最有力神が、「宗像三女神」の原初形態《プロトタイプ》と思しき、「宮地嶽三柱大神」を祭神とする宮地嶽神社であることも、すでに述べた通りである。

ここでは改めて詳述しないが、こうして「水沼（ミヌマ）」君の一部が北部九州域、宗像地方の干潟地帯に進出して、自らを「水沼（ミヌマ）」改め、「水潟（ミナカタ）」君と称したのではないだろうか。本来、筑後（三潴地方）に本拠を有する水沼君が、「宗像三女神」を奉祀しているという事実を、このように考えてみたのである。

その「水潟（ミナカタ）」君であるならば、それがなにゆえ現在の宗像市域（現・宗像大社の鎮座地）に社地を移した（拠点を移した）のかという問題だが、砂礫の堆積によって、津屋崎地区の港湾部の陸化が進み、大陸航路の拠点としての機能が低下してしまったからなのか、国際情勢の変化、例えば直接には新羅との関係強化に伴って、半島東岸に位置する新羅との最短距離を結ぶ、「沖ノ島」を介した新たな「海北道中《うみのきたのなかつみち》」航路の開拓（おそらく沖ノ島祭祀の始まる四世紀後半以降）が必要とされ、やがてそちらの大陸航路が重要視されるようになったからか、あるいはその両方であろうと考えている。

津屋崎港

「宗像三女神」と一括されるが、水の激しい流れに由来する「タギリ（＝タゴリ）」「タギツ」二柱の神名に比し、ひとり「イチキシマヒメ」のみが、前二柱の語感と異なる異質な神名であることが、以前から気になっていた。

あくまでも印象に過ぎないが、「宗像三女神」が、綿津見大神、住吉大神ら海人系の神々がそうであるように、原初から三柱一体の神格であるならば、タギリ・タギツと並び、残る一つの神名も語感の共通・類似する一連の神名、もしくは綿津見三神、住吉三神の例のごとく、上・中・下の三分割名とするのがごく自然の発想である。

あえて、その秩序を破ってイチキシマヒメと命名されているのには、そうあらねばならない相応の事情があるからに違いない。

イチキシマヒメは今日、本社の辺津宮に祀られているが、そもそも「イチキシマ」は「斎島《いつきしま》」に由来し、「神の坐す神聖な島」の謂であろうから、これが本来、沖ノ島祭祀に深く関わる神名であろうとは、容易に想像がつく。

イチキシマヒメとは、もともとは三女神と総称されるにふさわしい、タギリ・タギツ系の神名であったものが、沖ノ島祭祀、すなわち斎島信仰の始まる四世紀後半以降、その必要に迫られて変更・付与された、新しい神名（神格）なのかもしれない。島全体を神域と見なした「イチキシマ」という物言い、つまり神の島と見なすには、絶海の孤島・沖ノ島こそがよりふさわしいと言い得るからである。

とはいえすでに前章で述べたように、現実には、沖ノ島（沖津宮）に坐す女神は、あるいはタギリ（＝タゴリ）ヒメといい、イチキシマヒメとも、あるいはオキツシマヒメとも言い、諸書定まるところがない。おそらくイチキシマヒメの鎮座地が、現在の辺津宮（宗像市田島）に固定化されたのは、その鎮座地・沖ノ島が対新羅航路の守護、という神威を喪失してしまった後代のことであろうが、このあたりの混乱が、宗像三女神の問題をより複雑化しているともいえる。しかし逆に言えば、この神域・聖域だからこそこの神という個性的な風貌を、後次的なイチキシマヒメ以外には発揮していないことが、根生いの神々としての弱さ、つまり宗像三女神の正体が他所から移植された外来神であることを暗に示しているようにも思われる。これが、原初の「宗像三女神」の神域には沖ノ島が含まれていなかった――「宗像三女神」の鎮座地は元来別の場所にあった――のではないかとも考える、一つの根拠である。

さらに一歩進めて、あるいはもともと三女神ではなく、本来的にタギリ・タギツの二神のみだった――例えば宮地嶽神社の祭神、勝村大明神・勝頼大明神という、兄弟神・姉妹神的に一対で語られる神のごとき――可能性もある。

その場合イチキシマヒメは、沖ノ島祭祀の開始、つまり現在地への遷座をきっかけに、新たに付け加えられた第三の神格、ということになるが、ここではその可能性を強く示唆しつつ、あくまでも（宗像）三女神という従来の前提で、以下の論を進めていきたい。

さて、話は元に戻る。

新たな大陸交易の窓口を開拓するために、邪馬台国王家＝筑紫君の意を体した水沼（ミヌマ）君の一部が、津屋崎方面の干潟地帯に進出した、とするならば、その時期は、後期倭国の再編時には、早くもそうした動きがあった、とも考えられる。

しかし、それが現実のものとして機能するには、今しばらくの時間を必要とした。

奴国の繁栄と没落。そして伊都国の台頭。それもやがては、ミヌマ改めミナカタ一族の進出と、北九州地方の海人系氏族の勢力図は大きく塗り替えられていく。

あくまでも門外漢の臆説、といわれれば返す言葉もないが、志賀島での金印発見に始まり、以下、須玖岡本、三雲、井原遺跡、そして津屋崎古墳群に至る、乏しいながらも、北部九州域における我が考古学上の管見を総合する限りにおいては、ここまで述べ来たった歴史絵巻も、あながち的外れではないように自負しているのだが、さて、いかがなものであろうか。

余滴——肥前と肥後

以前から気になっていたことのひとつ。

肥前と肥後、古代には「肥国」＝火国と呼ばれたひと続きの地域名が、前（みちのくち）・後（みちのしり）といいながら、なにゆえ国境を接していないのか、という素朴な疑問である。

有明海を中核とする肥前と肥後は、あたかも東北方から楔を打ち込むような格好で、唐突に「筑後」によって分断されている。

無論、肥前・肥後の両国は、地続きの隣国同士ではないにせよ、島原半島（肥前）と天草諸島（肥後）の部分で、狭い島原湾を介して互いに向かい合っているから、これをもって、まあ、境を接していると言えないこともないのだが。

ちなみに机上の辞書を紐解き、「旧国名一覧地図」をひととおり眺め渡してみても、「筑前・筑後」「豊前・豊後」「備前・備中・備後」「上総・下総」「上野・下野」「羽前・羽後」「陸前・陸中・陸後」……いずれも南北に、あるいは東西に長く連なりながら、一定のまとまった地域共同体を形作っている。無論、互いに「陸続き」の隣国として、である。

例外的に、越前と越中の間に「加賀」が割り込んだ例があるが、これは弘仁十四年（八二三）に越前から分離独立した比較的新しい国名で、もともと「越国」もまた、御多分に漏れず越前・越中・越後の三国に分割された陸続きの領域をなしていた。

こうしてみると、国名のあり方として肥前と肥後、そして両国を分断する筑後の不整合性は突出している。肥前と肥後の間に、あるいは筑後をも含めた三国の間に、文献には現れない、何か隠された歴史的葛藤があるのではないか。常々感じていたのは、そんな漠然とした思いであった。

待てよ。「肥前と肥後、そして両国を分断する筑後」と言ったが、そもそもその前提からして誤っているのではないか。

筑紫を二分割して、筑前と筑後。それはいい。

先に、筑前と筑後の国境は、阿曇氏の支配領域としての筑前、筑紫君の本貫地としての筑後という具合に、拮抗していた阿曇・筑紫の二大勢力並立の名残であろう、と断じておいた。

今少し正確に言うと、阿曇氏の支配領域に踏み込んでかの地を併合し、その結果、もともと筑紫君が領していた地域と併せ、筑紫君の支配下に収められた全域を総称して地域名「筑紫」が成立した、と考えたわけだが、ここでいう「筑紫」が、『筑後国風土記』逸文に、「筑紫の国は、本、筑前の国と合はせて、一つの国たりき。……因りて筑紫の国と曰ひき。後に両の国に分ちて、前と後と為す」とある、律令以後の行政区域「筑前」「筑後」を併せた領域と一致するとは限らない。

逸文記事は、あくまでも風土記で語られるところの「現在」、における「筑紫」の領域を前提に記述されているに過ぎないからである。

ここで注意しておきたいのは、「肥《ひの》君」の存在である。『日本書紀』によると、磐井は「火《ひのくに》、豊《とよのくに》、二つの国に掩《おそ》ひ拠《よ》りて、使修職《つかへまつ》らず」とあり、肥国・豊国両国に跨って反旗を翻したことになっている。

また、先に示した「筑紫」語源説では、荒ぶる神を「筑紫君・肥君等占へて、筑紫君等が祖、甕依姫を祝と為して祭らしめき」とあるように、筑紫君と肥君との間には、婚姻関係をも含めた密接な繋がりが想定される。おそらく、磐井の「反乱」に際しても、筑紫君とともに、反朝廷側と見なされていたものと思われる。

そもそも肥君の本貫地は、肥後国八代郡肥伊《ひい》郷（現熊本県八代郡氷川町）あたりではないかとされていて、「肥」という広域名を冠してはいるが、現実には肥後地方出身の豪族である。

『肥前国風土記』には、

肥前《ひのみちのくち》の国は、もと、肥後《ひのみちのしり》の国と合せて一つの国なりき。……因りて、火《ひの》国といふ。後、両国に分ちて、前《みちのくち》と後《みちのしり》とになせり。

とあって、あたかも「肥」という広域の地域名が先にあって、それを後代二分割したという記述になっているが、この点、かなり疑わしい。

しかるに『古事記』（神功記）に「筑紫末羅県《まつらのあがた》玉島里」、『日本書紀』（雄略紀）に「筑紫嶺県主《みねのあがたぬし》泥麻呂《ねまろ》」、また『先代旧事本紀』（国造本紀）には「筑紫米多《めたの》国造」とあり、これらはいずれも肥前国に属する松浦郡、三根郡、（三根郡）米多郷であるにもかかわらず、「肥」でも「肥前」でもなく、「筑紫」と表記されている。

ここで考えられるのは、「磐井の反乱」以前には、後の「肥前」に相当する地域は、あるいはかつての広域「筑紫」の一部だったのではないか、ということである。つまり、後に肥前に区画される地域は、もともと筑紫君の支配領域で、いわゆる「筑紫」とは、この「肥前」を含む、筑後川および有明海を挟んで東西に展開する広大な地域を包括していたのではないか、と考えるのである。

筑紫君とともに、反朝廷側と見なされていた肥君であるにもかかわらず、実は、「反乱」後の両者の行く末は、対照的である。

八世紀代の資料であるが、大宝二年（七〇二）に作成された「筑前国嶋郡川辺里戸籍」によると、筑前国嶋郡の郡大領として「肥君猪手《いて》」の名が見え、また、『日本霊異記』第三十五には、光仁天皇の御代（七七〇～七八一）、「肥前国松浦郡の人、火君《ひの》」の名が見える。

「反乱」以後、筑紫君の奥津城・八女古墳群（後述）が規模の縮小や群集墳化をみせ、北部九州域における求心力を急速に失っていく一方で、彼ら肥君一族は、かつては筑紫君の支配領域だったか、少なくともさして肥君の勢力が及んでいなかったはずの筑前・肥前方面に、勇躍、進出していったらしい形跡が窺われる。

記紀や風土記逸文記事による限り、「反乱」前後の、肥君の動向は不明である。

しかし、その後の展開から考えるに、肥君は「磐井の反乱」において、もともと磐井との共同作戦に消極的であったか、あるいは中途で離脱・離反したか、いずれにしても肥君のこのような動きが、大きく磐井敗北（つまり、大和政権側の勝利）の一因をなしたのではなかろうか。

肥君は「反乱」後（あるいは「反乱」のさなかに）、筑紫君の弱小化（または劣勢）に乗じて、「筑紫」西部＝後の「肥前」にあたる領域を占拠し筑紫君の背後を脅かすという、うまい立ち回りをみせたわけである。

つまり、「どさくさまぎれ」に、「筑紫」の一部を掠め盗っていったのではないか。

真相は「肥前と肥後、そして両国を分断する筑後」ではなく、「筑前と筑後、そこに割り込んできた肥前」と言った方が正しいのかもしれない。

今は、そのように考えている。

▼エピソード 2

幾歳月が流れた。

我が父祖が故郷を追われ、摂津・淡路に拠を移してから、すでに数百年。

河内の王・ホムダワケに仕えた初代から数えて十何代目かのイソラは、今や畿内勢力の中枢になくてはならぬ水軍の長《おさ》として、瀬戸内方面に隠然たる勢力を振るっていた。

聞けば、ミカヨリヒメ改め「ヒミコ」の呪力で我らを放逐した、倭の新興勢力「邪馬台」なる王国は、巫女王・トヨの代をへて、今ではおこがましくも、自らを支配者＝ツクシの君と名乗り、北部九州を我が物顔に跋扈しているという。不愉快極まる話ではないか。

このたび即位された我がオオドの王は、畿内の王たるに飽き足らず、葦原中つ国の統一を意図しておられるらしい。

さあ、機は熟した。

我は進言する。我をして、ツクシ制圧の先鋒たらしめ給え。

大将軍・物部麁鹿火《あらかひ》殿も、快く同意してくださった。

大連《おおむらじ》・大伴金村《かなむら》殿は、ツクシの王・磐井《いわい》めが新羅と通じ、密かに厭魅《えんみ》調伏《ちょうぶく》の咒《じゅ》をなしているという噂を耳にし、烈火のごとく怒っておられた。

もとはといえば、百済を焚きつけて、ツクシの支配下にある任那の四県を、磐井の隙を見て横から掠め盗るよう勧めた、金村殿が悪いのだが。

いや、我にとって、もはやそんなことはどうでもいいのだ。

――いつの日か、必ずやこの手で、父祖の地を奪回せん。

父祖の悲願を達成するときが、遂にやってきた。

＊

金村は腕組みをして、正面を見据えたまま、ピクリとも動かない。

麁鹿火は、傍らのイソラに、促すように頷いてみせた。

イソラは頰を紅潮させて、全軍に命を下した。

ツクシへ。いや、我が父祖の地へ。

……『古事記』はいう。

オオド（継体）のスメラミコトの御代、筑紫の君・磐井なる者が横暴で、無礼な振る舞いが多かったので、物部麁鹿火と大伴金村の両名を筑紫に派遣して討たせた、と。

▼エピソード 3

磐井は逃げた。

ひたすら東の山岳地帯を目指して馬を走らせた。従う陪臣《ばいしん》は、数えるばかりである。

後のことは我が児、葛子《くずこ》がなんとかやってくれるだろう。

それにしても、ヒの君の裏切りは、予想だにしなかった。

なぜ私が、こんな目に遭わなければならないのだ。私が何をしたというのだ。

新羅の手前、百済に肩入れする、あの——金村であったか、畿内のオオドの王に仕えるという奸物を、少々痛めつけてやろうと思ったまでで、畿内の王と覇を競うつもりは毛頭なかったのだが。

そもそも私は、戦《いくさ》は嫌いだ。

その私が、なぜ。——だが、まあよい。これも「天命」というものかもしれぬ。

トヨの国には、我らと同じ神を信奉する、渡来人の集団がいるという。今はそれを頼って逃げるしかない。

そのとき、磐井はまだ知らなかった。

遠く山の向こう、周防灘の沖には夥しい数の軍船が浮かんでいた。

シホツチ改め摂津・スミノエの大神を奉ずるハヤヒトたちの別働隊が、渡来人たちの拠点・トヨの地を攻略するために、続々と上陸を開始していた。

磐井は降り注ぐ眩しい午後の日差しに思わず顔を歪め、額に手をかざした。

視線の彼方には、青々とした峰の稜線が重なり合っている。

その一峰。

磐井は後世、自らが「威奴岳《いぬがたけ》の悪鬼」と怖れられ、猛覚魔卜仙《もうかくまぼくせん》なる修験者に調伏されるという、伝説上の魔物として語り伝えられるようになろうとは、いまだ知る由もなかった。

▼エピソード 4

戦後処理は終わった。

カスヤの屯倉《みやけ》をオオドの王に献上することで死罪を免れた葛子は、わずかにツクシ以南の旧領を安堵され、ツクシの君の名はかろうじて遺された。

だが、事実上、ワの国はここに滅亡した。

畿内軍の先鋒として活躍したイソラ一族には、ツクシ以北の地が与えられた。

意気揚々と、故郷に錦を飾った十何代目かのイソラは、我が故地をアヅミ郷と命名することで、末永く父祖の功績を顕彰することを願い出、快く大将軍に承認された。

直前になって磐井を見限ったヒの君は、ツクシを境に以西の地をまんまとせしめた。

国号は、日本《ひのもと》。

新しい時代が訪れようとしていた。

第九章

磐井の「反乱」の宗教史的意義

邪馬台国論Ⅱ

筑後地方における「鬼道」

先にも触れたが、筑紫君一族歴代の奥津城と思われるものが、八女市を中心とする筑後地方に集中分布している。八女古墳群と総称され、八女郡広川町一条から八女市東部に至る、東西十数㎞に長く拡がる八女丘陵上に、『筑後国風土記』逸文に磐井の墓と伝える岩戸山古墳、石人山古墳、神奈無田《じんなむた》古墳、乗場古墳など十数基の前方後円墳を始め、総数三百基に及ぶ大型円墳、群集墳が密集している。

これらの古墳群が築造されたのは、時期的には五世紀中頃から六世紀後半に及んでいるというが、筑紫君の繁栄ぶりが目立つのはこの時期ばかりで、その前後の実態が今一つ明らかではない。

したがって、筑紫君の起源にしても、先の「筑紫」という地名との関連から、筑紫地区をそもそもの本拠とし、当初から「筑紫」と名乗っていた豪族が、ずっと南下して筑後に定着した、つまり他地域からの外来勢力と考えるのが大方であった。それは一つには、従来、弥生期における八女地方の状況が、考古学的にはほとんど明らかになっていなかったことにもよる。

ところが近年、八女市西部の室岡《むろおか》遺跡群などで、弥生時代前期末から後期に及ぶ、甕棺墓・土壙墓・箱式石棺墓などの墳墓群や貯蔵穴等を伴う大規模な環濠集落の存在が、遅まきながら確認されるようになってきた。青銅器埋納遺跡としては、八女市吉田・野間遺跡で中広銅矛十二本、八女郡広川町・天神浦遺跡からは中広銅矛十八本が出土しているが、いまだ部分的、局地的な調査にとどまっている段階で、総合的な研究はむしろこれからといえよう。

全体に筑後方面の考古学的調査は立ち遅れており、吉野ヶ里遺跡や出雲荒神谷遺跡など、考古学史を塗り替えるような発見例は、多分に偶発的な要素に左右されることが多く、近い将来、これらに匹敵する遺構が、この八女方面でも必ずや発見されるものと予想される。

こうした事情で、八女地区の古代史を語る場合、現在我々が手にすることができる資料の中からということになれば、邪馬台国の時代から二〜三世紀ほど下った古墳時代、すなわち筑紫君が登場する時代にまで話を進めねばならない。

ここで取り上げるのは、六世紀前半（五二七年）の、いわゆる「磐井の反乱」である。

現在、反乱の原因について一応の定説となっているのは、「大和朝廷の朝鮮半島侵略のために、北部九州の小族長層、直接には兵士として駆り出される民衆に過重な負担がかかっていた。その不平不満が鬱積して、ついに彼らの怨嗟の声を代弁すべく国造磐井が時の政権に対して反旗を翻した」風の、戦後の一時期に一世を風靡した、ある種の史観に基づくもの、あるいはその系譜に連なる言説である。

それはそれとして、とりあえず敬意は表しておくが、ここは別の視点から、この問題について考察してみたいと思う。

六世紀のこの時点では、我が国の列島内に数多くの有力豪族が割拠しつつ興亡を繰り返していた時期で、日本はまだ、いわゆる統一国家としての体裁は成していなかったと考えている。

北部九州には、「倭国の大乱」以降、「漢委奴国王」であった奴国王家＝阿曇氏以来の「倭国」体制を継承し、「親魏倭王」＝邪馬台国家の流れを汲む、後の筑紫君一族を核とする豪族層を中心に一大勢力圏が存在し、引き続き半島との交易ルートを一手に掌握していた。

それは、畿内から列島西南部、さらには半島方面への進出を企図する畿内の新興勢力にとって、目障りな、看過しがたい障壁になっていたはずである。

その緊迫した状況の中、いわば列島内の覇権を巡って、大和政権と倭国（筑紫勢力）とが遂に対等な立場で武力衝突したものであり、したがって「磐井の反乱」はその実「反乱」などではなく、古代日本成立前夜の、まさに天下分け目の一大動乱であった、といえる。

すでに「日本」という統一国家が成立し、中央政権の傘下に組み込まれた後であれば、「地方」豪族・磐井の行為は体制を揺るがす下部組織――「中央」に対する「地方」――からの、最初の反逆、そして「内戦」「反乱」として、史上大いに特筆されるべき「快挙」なのかもしれない。

しかし、それは果たして正しい歴史観なのだろうか。

ここに資本家の労働者に対する搾取や収奪、それに反旗を翻した英雄的行為の図式を当てはめるのも結構だが、それは本来ならば、小説や演劇の世界にとどめ置くべきで、実はただの近代的幻想であり、為にする、ある種のプロパガンダに過ぎない。

振り返ってみると、今まで学校で（教科書で）受けてきた歴史教育では、知らず知らずのうちに、この種のすり替えが多かったことに後になって気付かされ、愕然とさせられることが多い。

例えば古墳。

仁徳天皇陵（大仙陵）に代表されるような、大規模な前方後円墳が築造された世紀は、一握りの「豪族」と呼ばれた支配層が突出した時代で、貧富の差が激しく、民衆は飢えや貧苦に喘《あえ》いでいたという。

それは、事実としてはそうなのだろう。

教科書には、古墳の築造といえば大抵、丸太のコロの上に巨石を載せた修羅を置き、みすぼらしいなりをした大勢の人々が、それを押したり引いたりしている、いかにも強制労働風の挿絵が付いていたものである。

そうか、この時代はたった一人の支配者の墓を築くために、多くの名もない民衆たちが無理やり土木工事なんかに駆り出されていたんだな、なんてひどい時代なんだ。

子供心に、誰でもそう思う。

そして、多くの子供たちの歴史学習は、ここで終わる。

なんてひどい時代なんだ（日本って、野蛮な国だったんだな。だから……）。

その記憶だけが、いつまでも澱《おり》となって、心の奥深いところに沈んでいく。

無論、事実としてそういった側面があったことも否定はできまい。

しかし、墓とはいえ（いや、むしろ墓だからこそ）、古墳の築造という一大イベントは、民衆にとって、支配者から押し付けられた単なる強制労働にとどまらなかった。

古墳はただの巨大な土饅頭ではない。

それは支配者の権力の象徴にとどまらず、普段は想像すらかなわなかった、幽冥の彼方に存在していた黄泉《よみ》の世界、あたかもイザナギが亡き妻イザナミを追って辿り着いた冥郷としての「奥津城」を地上的に再現した、祭祀の場として機能していた。

つまり民衆の側にも、古墳造りに参加することで、被葬者（旧支配者）を神に祀り上げ、進んで信仰の対象にしようとした積極的な一面もあった、と考えてほぼ間違いあるまい。その民衆の「無知蒙昧《むちもうまい》」ぶりと、そうあらしめた「権力」の謀略を、現代史の視点から批判するのはたやすい。

しかし歴史をなにがなんでも、権力者と民衆の対立の図式に収斂してしまおうとする史観では、決して人間の「こころ」や精神は見えてこないのである。

各地に築造された巨大古墳の背後には、支配者の強大な権力の誇示とともに、おそらく、かかる古墳文化を支えた古代の民衆の信仰的基盤があったことも、同時に忘れてはならないと思う。

さて、話は突然、振り出しに戻る。

すでに明らかにしているように、本書は「倭国の大乱」を新興宗教「鬼道」による宗教的動乱とし、一種の土着主義運動の結果と見る考え方に従っている。

だとすれば、「倭国の大乱」のきっかけとなった土着主義運動、卑弥呼が唱導した新興宗教「鬼道」の流れは、筑紫君の祖・甕依姫をへて磐井の代に至り、どのような展開を見せていったのか。現実問題として古墳時代の筑後地方に、新興宗教「鬼道」の痕跡を些かなりと見出すことはできないだろうか。

「磐井の反乱」についての再評価を中心に、この件につき、さらに検証を進めていきたい。

筑後地方最大にして筑紫君一族の奥津城と目される八女古墳群のうち、磐井の墓として『筑後国風土記』逸文に伝承される岩戸山古墳は、全長東西一三五m、古墳の東北隅には「別区」と称する一辺四三mの方形の区画が付属するという他に類を見ない特異な形態をしている。

また、直弧文や同心円文などの特殊な線刻を持つ横口式家形石棺を有する石人山古墳、彩色壁画古墳として知られる乗場古墳、弘化谷古墳など、筑後地方における古墳文化の独自性は、全国的に見ても多彩かつ特異であるが、なんといっても筑後地方の特殊性という点で特筆すべきは、石人・石馬の存在である。

石人・石馬

石人・石馬というのは、この地方を中心に産出する、阿蘇泥溶岩（凝灰岩）を用い、墳丘に立て並べる形象埴輪を模して造られた大型の石製品のことで、近辺では岩戸山古墳（八女市）を始め、石人山古墳（八女郡広川町）、石神山古墳（みやま市高田町）、稲荷山古墳（大牟田市）などが知られ、熊本県北半、佐賀県・大分県の一部にも及んでいる。あたかも『日本書紀』に、磐井が火（肥）・豊の両国を占領下に収め反旗を翻したと説く、そのままの分布領域である。

肥後地方の古代豪族・肥君の奥津城だとも言われている姫ノ城古墳（八代郡氷川町）から出土した十一体の例外はあるものの、肥・豊地域の古墳がほとんど一～二体の出土にとどまるのに対し、岩戸山古墳から出土した個体数の八十数体という多さは、いかにも突出している。これは、本来、石人・石馬の分布の中心が、筑後地方、さらにいえば筑紫君磐井という特定個人を最盛期として、筑紫君一族そのものと密接に関わるものであったことすら暗示させる。

一定のまとまった固有の文化、とりわけ石人・石馬のごとき葬制の呪具に顕著に表れる特殊性は、同時にその地域・集団の他界観、死生観の特殊性であり、その地域において他と峻別される独自の精神文化が存在したことを意味すると考えてよい。

筑後・肥後北部に特徴的な石人・石馬文化は、この地域が共通する世界観、それも従来のものとは明確に異なる、特殊な信仰体系に裏打ちされた、特異な世界観を共有していた証しとなるだろう。あたかも「筑紫」起源説を記載した先の逸文記事に、「時に、筑紫君・肥君等占へて、筑紫君等が祖、甕依姫を祝と為して祭らしめき」とあった、祭祀を介した両者の親縁性をそのままなぞっているようにも思える。

しかるに通説では、石人・石馬の起源は、墳丘に立て並べる形象埴輪をたまたま石製品に置き換えたに過ぎない、とされている。

この考え方の背景には、いまだに古墳（前方後円墳）文化こそは畿内に発生し、大和政権の勢力拡大とともに「中央」から「地方」に、あたかも低きに流れる水のごとく各地に伝えられたのだとする、抜きがたい畿内集権主義が根底にあるようだ。

弥生文化で劣勢に立つ「畿内型」研究者が、江戸のかたきを長崎で、と考えたわけでもあるまいが、古墳の話になると、俄かに鼻息が荒くなるのはどうしたことだろう。九州で発生期の前方後円墳が発見されると、ただちに畿内勢力の進出云々と、短絡的な「畿内型」研究者の談話を無批判に垂れ流すマスコミ報道は、残念ながら後を絶たない。

確かに筑後・肥後北部地域が阿蘇泥溶岩（凝灰岩）の分布地であり、加工しやすい石材が容易に手に入るという利点はあろう。しかし、岩戸山古墳を例にとると、ここでは形象埴輪と石人・石馬が、いずれか一方を主体とするでもなく、互いを侵犯することなく対等に共存していることからも、それぞれに課せられた役割にはおのずから区別があった、と見るべきである。

そもそも、石人・石馬の起源が、遠く中国大陸の古代陵墓に見られる石人・石獣の類と関連するのではないか、という説は、幕末、久留米藩の国学者・矢野一貞により（『筑後将士軍談』）、古くから主張されていた。

先ほども述べたように、今日の見解はこれに否定的であるが、ただその論拠が、千年一日のように、「加工しやすい石材が容易に手に入るから」などという子供騙しの理屈では、いまどき肝腎の「子供」ですら、騙しおおせるのは難しいだろう。

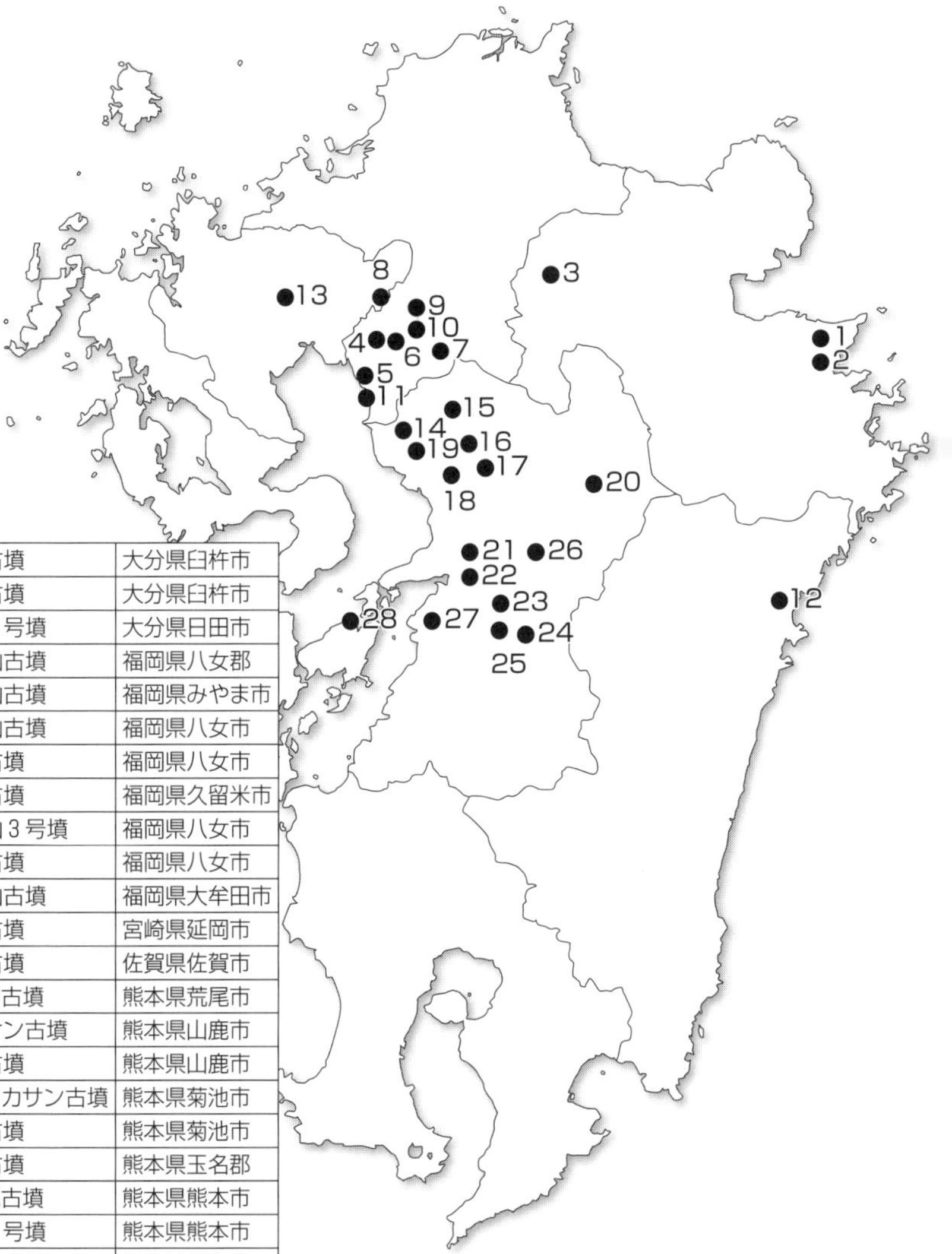

1	臼塚古墳	大分県臼杵市
2	下山古墳	大分県臼杵市
3	天満２号墳	大分県日田市
4	石人山古墳	福岡県八女郡
5	石神山古墳	福岡県みやま市
6	岩戸山古墳	福岡県八女市
7	乗場古墳	福岡県八女市
8	御塚古墳	福岡県久留米市
9	童男山３号墳	福岡県八女市
10	豊福古墳	福岡県八女市
11	弥平山古墳	福岡県大牟田市
12	野地古墳	宮崎県延岡市
13	西原古墳	佐賀県佐賀市
14	三ノ宮古墳	熊本県荒尾市
15	チブサン古墳	熊本県山鹿市
16	臼塚古墳	熊本県山鹿市
17	フタツカサン古墳	熊本県菊池市
18	高塚古墳	熊本県菊池市
19	清原古墳	熊本県玉名郡
20	富ノ尾古墳	熊本県熊本市
21	北原１号墳	熊本県熊本市
22	石之室古墳	熊本県熊本市
23	天堤古墳	熊本県八代郡
24	姫ノ城古墳	熊本県八代郡
25	中ノ城古墳	熊本県八代郡
26	今城大塚古墳	熊本県上益城郡
27	八代大塚古墳	熊本県八代市
28	竹の島古墳	熊本県天草市

■図５　おもな石人・石馬分布図

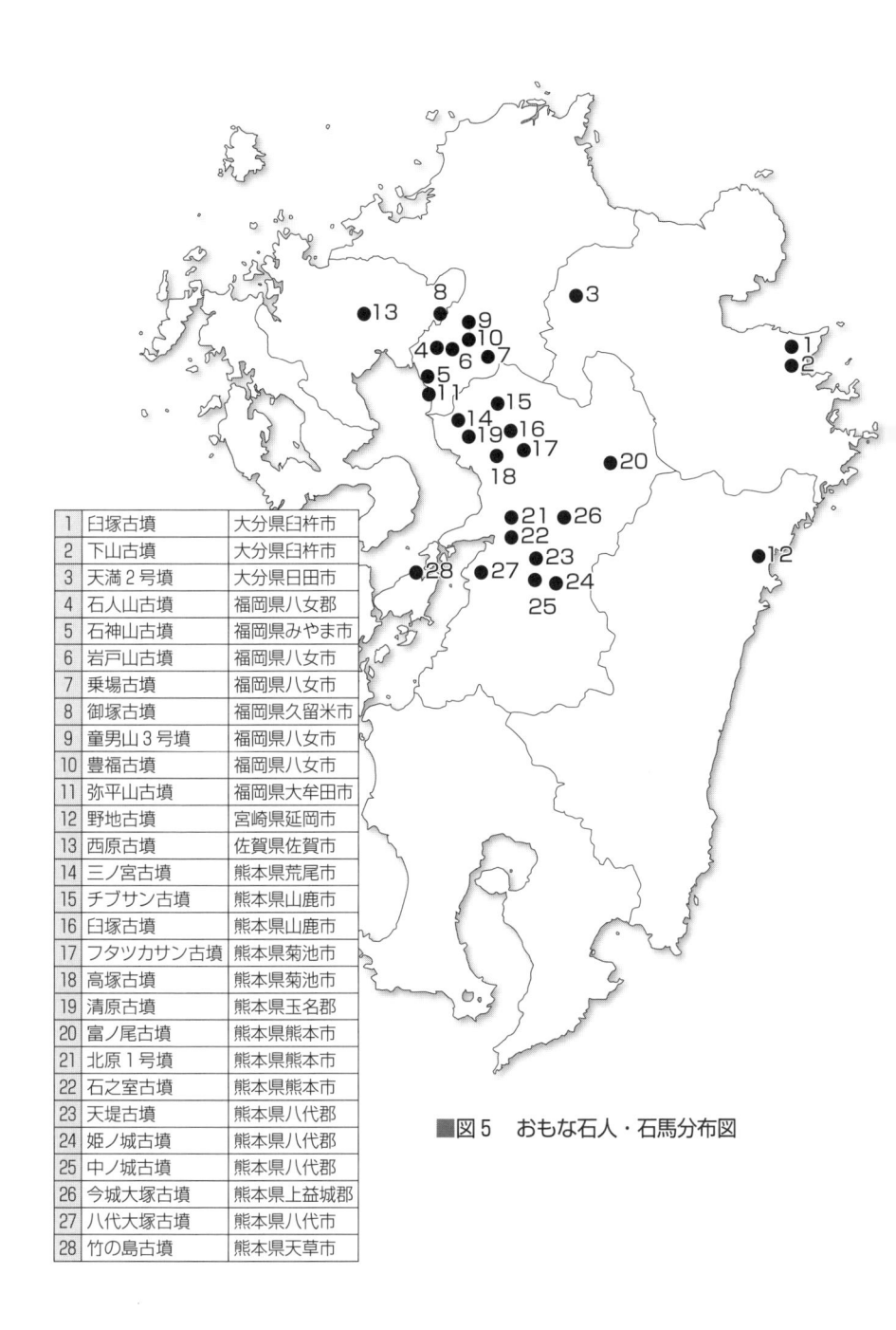

森浩一氏によれば、こうした彫刻の容易な石材は、香川、大阪、兵庫、福井、栃木などの各県で産出するという。にもかかわらず、これらの地方ではついぞ、石人・石馬を創出することがなかったという、厳然たる事実の説明になっていないからである。

また、こうも言う。

朝鮮半島では統一新羅の時代の王陵に石人・石獣を立てた例がみられるものの、これは八世紀中ごろ以降に流行したもので、五世紀前半期に編年される、我が国最古期の石人例・石人山古墳の築造期よりも遅く、半島経由で中国の石人・石獣文化が伝えられた可能性はない、と。

半島経由で中国の石人・石獣文化が伝えられた可能性はない——というのなら、では別の経路で、と次の可能性を探っていくのが学問の王道ではないか。どうしてそれが一足飛びに、石人・石馬は畿内の埴輪の模倣云々という結論に至ってしまうのか、理解に苦しむ。

まず、新羅の例はともかく、朝鮮半島西部の百済では、磐井と同時期の武寧王陵の羨道の中央部に凝灰岩製の石獣一体が、遮るように南面して置かれていたという事例が知られている。それにあえて触れないのはフェアではない。これは、先の石人山古墳で、武装した石人が一体、墓口に立ち塞がるように立てられたケースと軌を一にする。おそらく中国の古代陵墓に見られる石人・石獣と同じく、墓口の守衛的な性格を持つものだろう。

残念ながら、百済の石人・石獣について知り得るところは、今のところこの一例だけであるが、いや、一例あるがゆえに、今後の調査次第では、半島においても武寧王以前に遡る石人・石獣の古例が見出されないとも限らない。この点をまず、考慮すべきである。

そもそも、何が何でも異文化は朝鮮半島から我が国への伝播、という抜きがたい先入観から疑ってみる必要がありはしないか。

石人・石馬の分布が、半島からの影響が直接的な玄界灘沿岸部には見られず、筑後・肥後という有明海に面した九州西岸の、大陸に向かって開かれた平野部が中心となっていることからも、それは察せられる。畿内には、埴輪文化はあるが、石人・石馬文化はない。これは疑いようのない事実である。

筑後地方の石人・石馬文化が、畿内に先例がなく、朝鮮半島のそれよりも起源が古いのであれば、まずは半島を経由しない伝播経路、例えば有明海を経由した、中国の南北朝文化との直接的な関わりの方を、先に疑ってみる必要があるのではないか。それが筋、というものだろう。

玄界灘航路を交易ルートとしていた「漢委奴国王」中心の前期倭国に対し、「倭国の大乱」後、次の倭国を統率した、内陸部・筑後の新興勢力「邪馬台国」王家、そしてその後裔こそ筑紫君、とする本論の趣旨にかなうものである。

何はともあれ、九州の古墳文化は弥生時代のように大陸や半島からではなく、国家形成の過程で、ごく自然に大和政権からの強い影響下に成立した、その前提として、この時期（弥生終末期〜古墳時代初期。つまり「卑弥呼」の時代）には、西日本は畿内を中心に一応の国家統一がなされていた＝邪馬台国畿内説――と持っていきたいのだろうが、果たしていかがなものか。

我が国における初期の石人・石馬は、石人山古墳の例のように、本来、墓口の守衛的な性格から生まれたものであり、墓域内に悪鬼が侵入するのを防ぐための、辟邪《へきじゃ》の働きをなすものであった。これは、「道教」の基底をなす、鬼神信仰の反映である。

また、その石人山古墳の石人についてであるが、現在顔面は摩耗し、目鼻立ちも不分明になっているが、このようになった理由として、古くから病の平癒に効能があるとされ、手足や腰、肩などに病を持つ人々が、石人の同じところをなでるとそれが治ると信じられ、打ったりなでたりされてきたためであるという。人や動物などを模してそれに代わるべきものを作り、種々の呪術を行う道具として用いられた呪具、いわゆる形代《かたしろ》としての石人である。

東晋の人、葛洪《かっこう》（二八三〜三四三）の著で、道教の経典として知られる『抱朴子《ほうぼくし》』には、次のような逸話がある。

汝南《じょなん》の彭《ほう》氏の墓の近くに街道があり、墓の入口に一体の石人が立っていた。ある老婆が市場で餅を買い、その帰り道、あまりに暑かったので彭氏の墓の入口に立つ木の下で涼んでいた。買った餅を石人の頭の上に載せていたのだが、帰るときになって、その餅を忘れたまま立ち去ってしまった。たまたま通りかかった人がこれを怪しんで、ある人にその訳を尋ねてみると、この石人には病を治してくれる神がいる。病を治してくれたお礼に餅をお供えしているのだという。これが噂を呼び、頭痛のある者はこの石人の頭を撫で、腹痛の者は腹をさするなどしたところ、治らない病はなかった。やがて千里の遠くから、石人に病を治してもらうために人々が集まってくるようになった。鶏や豚、果てには羊までお供えするようになり、霊験あらたかな神として帳を飾り、管弦を奏して祀られるほど盛況となった（内篇・道意巻九）。

これは、もともと墓口守衛という本来の用途のために、墓の入口に置かれていたはずの石人が、ちょっとしたきっかけから本来の用途を離れ、頭痛や腹痛を治してくれる呪物として転用され、民間で大いに信仰を集めるに至ったプロセスを記したものである。

呪術とは常にこうしたものであって、既存の信仰を巧みに取り入れながらこれと一体化し、あるいはそれ自体成長しつつ、時代や地域の要請に即応した形で変転していくのである。埴輪には、残念ながらこういった転用は見られない。ここにもまた、従来にない、異質の宗教原理が働いていると見るほかはない。

そういった意味でも、ここは素直に、石人・石馬は中国大陸の古代陵墓に見られる石人・石獣の類と関連し、したがって大陸系の外来信仰、とりわけ民間信仰＝「道教」の流れを汲む「鬼道」の延長上に成立したと考えたい。

中国、あるいは半島の石人・石獣がそうであったように、やはり我が国の石人・石馬も墓口の守衛的な性格から生まれたものであろう。

それは、初期の石人・石馬が、短甲や武装した石人を一、二体、墓口を立ち塞ぐような位置に立てられた例から、他者を威圧する辟邪としての働きが期待されているものと思われるからである。

時代は降って、石人・石馬の墳丘樹立が絶えた後、肥後地方には、弓や楯などの武具とともに、両手足を広げた人物像を横穴古墳の外面に刻む例が現れる（山鹿市・鍋田横穴群、七世紀）。

阿蘇泥溶岩で造られた石人・石馬が、同じく阿蘇泥溶岩からなる横穴古墳の、壁面彫刻に置き換えられただけである。これもまた、石人・石馬が本来持つ、墓口の守衛という呪術的な性格が、石人・石馬消滅後も絶えることなく続いているものと考えるべきであろう。

左：岩戸山古墳出土の石人（八女市岩戸山歴史文化交流館蔵）
右：石人山古墳の武装石人

ここで思い併されるのは、岩戸山古墳にのみ見られる、

「扁平石人」と名付けられた特殊な石人群である。文字通り、人体を象った扁平な石材に人物の頭部を浮き彫りにし、その裏面を利用して、靫《ゆぎ》、あるいは楯などを彫り込んだものである。

石人といいながら、その人物表現は稚拙でむしろ付け足しのように思われ、中には人物の浮き彫りを省略してしまったものさえあるから、実際は背面の靫や楯の方に主眼が置かれているようである。この扁平石人も、明らかに手を左右に広げ遮る辟邪の形態を象っており、これもやはり、背面の武器の彫刻と併せて、墓口守衛の伝統を受け継ぐものであろう。

『筑後国風土記』逸文記事に、「石人と石盾と各々《おのおの》六十枚、交陣《あひつら》なり行《れつ》を成して四面《よも》に周匝《めぐ》れり」とあるのが、おそらくこの扁平石人を指していると思われるが、ここでは墓口守衛というよりも、広く墳丘全体を含めた、墓域全体の守護のために用いられているようである。

あたかも道教、陰陽道、真言密教や修験道等で知られる九字護身法「臨兵闘者皆陣列在前」(=武器を持って闘う者、列をなして前に在り。『抱朴子』は「臨兵闘者皆陣列前行」)のように、墳墓全体を一つの祭場とし、後世言うところの結界を張らんがため、のごとくである。

この点については改めて後述したい。

神仙思想と筑紫君

さて、蛇足ながら、そもそも筑紫君中興の祖・磐井の名にしてからが、永久不変の象徴である「磐」(=時をへて変わらないもの)と「井」(=汲めども尽きぬもの)という、縁起のいい好字の組み合わせからなっている点、注意したい。

これは国歌「君が代」の一節、「さざれ石の巌《いわお》となりて苔のむすまで」を例示するまでもなく、我が国の歌謡に汎用される共通観念である。

……延《は》ふ葛《くず》の　いや遠永く　万世《よろづよ》に　絶えじと思ひて……
（『万葉集』巻三・四二三）

はふ葛の　絶えず偲《しの》はむ　大君の　見しし野辺には　標結《しめゆ》ふべしも
（『万葉集』巻二十・四五〇九）

右はほんの一例を示したに過ぎないが、『日本書紀』に磐井の子と伝える筑紫君葛子の「葛」にしても、入り乱れはびこる葛の根や蔓の形状から、やはり古くから永遠なるものの象徴として見なされていた。

こうした観念は、『万葉集』を始め我が国の上代歌謡にいくらも見受けられる。これはもはや、偶然ではない。

我が名に永生の願いを込めた、磐井と葛子。この事実は、彼ら筑紫君一族の信仰の一端を窺う、一傍証になるのではなかろうか。

永遠の命への憧れ、これは決して我が国独自に発達したわけではない。神仙思想といい、秦（始皇帝）代の徐福伝説を例に引くまでもないが、元来は大陸から招来されたもので、究極的には山岳修行によって肉体と精神を鍛練しつつ、神仙丹を服用して不死の肉体を得るという、これもまた「道教」信仰の重要な柱なのである。

そもそも岩戸山古墳の、「生平《いけ》りし時、予めこの墓を造りき」という「寿陵」「寿冢《じゅちょう》」の発想自体、命永く永遠たれ、と願う「道教」的観念以外の何ものでもない。

ちなみに八女古墳群の最東部、八女市山内の童男山《どうなんざん》古墳は、我が国有数の巨石古墳であり、六世紀後半から末にかけて築造された、やはり筑紫君一族の墳墓だと考えられているが、一方で徐福の墓との伝承があり、地

童男山古墳（１号墳）

元には今もその命日を偲ぶ「童男山ふすべ」なる伝統行事が伝えられている。

事の真偽は大した問題ではない。それが牽強《けんきょう》附会《ふかい》であるにせよ、注目すべきは、かかる徐福伝説がごく自然に発想される、筑後地方の精神的風土であり、地域的特性である。これもまた筑紫君、ひいては筑後地方と「道教」信仰との深い関連性を示すものだと考えたい。

こうして筑後地方一円には、卑弥呼の「鬼道」から筑紫君の祖・甕依姫、筑紫君磐井の石人・石馬に至る、一貫した外来信仰＝「道教」の痕跡を辿ることができるのである。

以上の点からも、邪馬台国の所在地は、筑紫君一族の本拠地・筑後八女地方に求めるのが最も無理のない結論であると考えている。

さらに煩雑にわたるが、その蓋然性を補強すべく、新たな視点から改めて検証を続けていくことにする。

鬼門信仰と筑紫君

先にも述べたように、磐井の奥津城と伝えられる岩戸山古墳は古墳時代後期のものとしては九州最大級の前方後円墳で、主軸を東西にとり、後円部に「別区」と称する施設が付随するという、従来にない特異な形態を有している。

　この別区が、東西軸の、あえて秩序を破る形で東北方に張り出していることについて、かつては墳丘の置かれた台地の、地形上の制約によるものとされてきた。しかし、後の調査でこの古墳は既存の台地を削り取って整型したものではなく、標高五〇mの地山の上に、新たに一八mの土盛りをなし、大土木工事の末に築造されたことが確認されている。

　このように優れた築造技術を有する以上、別区のみ現地形の制約を受け、やむかたなく変則的な位置に設けられたとは考え難く、従って東北隅に張り出した別区の方位観には、何らかの意図があったと考えるべきである。

岩戸山古墳実測図（八女市岩戸山歴史文化交流館提供）

　東北隅という方角でまず想起されるのは、古代中国の民俗宗教「道教」の重要な一要素として知られる鬼門信仰である。鬼門は艮《うしとら》、すなわち東北隅に住む鬼神が出入りする門の意で、我が国の民間習俗に深く溶け込んで、今日においてもこの方角が根強くタブー視されていることは周知の通りである。大陸における鬼門信仰の起源は紀元前にまで遡るというが、我が国に伝来した時期は、今のところ判然としない。平安時代後半期の『大鏡』に、「うしとらのすみ」に逃げた鬼の逸話が見えるのが、鬼門信仰の流布を物語る数少ない初期の記事である。

しかし、これはあくまで平安期の貴族社会における流布の現状を記録したもので、民間の次元では、地理的には遙かに優位に立つ北部九州において、それより古い時代に、大陸・半島から渡来人の手で私的にもたらされていたであろうことは、充分に想定できる。

中野幡能氏によれば、『竈門《かまど》山宝満宮縁起』や『竈門山旧記』に天智天皇四年（六六五）、筑紫に都府楼を造営するとき、竈門山がその鬼門の方角にあたるので、鬼門払いのために勅使を山に遣わし、山上に八百万神を祀ったという記事が見え、これが今日の竈門神社（福岡県太宰府市）の起源と伝えられるが、ここに見える「竈門山」という名称は、大陸渡来の竈《かまど》神信仰と関わりがあるという。

中野氏は、この時代すでに北部九州に道教信仰が伝えられており、それゆえ、大宰府鎮護のために異国の外来神である竈神を鬼門除けとして祀ったのだとされる。

卑弥呼の「鬼道」「鬼神の道」そのものが、大陸からの外来信仰に由来することはほぼ明白で、早くに「道教」「鬼門信仰」「竈神信仰」等の括りで明確に意識されていたかどうかは措いても、かかる雑多な呪術が邪馬台国の時代以前に、すでに北部九州に流入していた可能性は極めて高いとみるのが自然である。

したがって、「道教」の構成要素の一つである鬼門信仰は、六世紀の筑紫君磐井の時代には、北部九州の先進地域にはよく知られた民間信仰の一つであったろう、とする立場で論を進めていきたい。

鬼門信仰は、本来東北隅に住む鬼神が出入りする方角ということで忌み畏れ、鬼門払いによって鬼神のもたらす災厄から逃れ、安息を得ようとする消極的なものであったが、後に転じて、ここに集う鬼神を我がために積極的に使役しようとする方向、例えば繁栄と幸福を願うばかりでなく、その実現の上で障害となるものを払い除き、呪いおとしめようとする邪悪な方向へと際限もなく進んでいった。けだし、人間の本性の行き着くところであろうか。

『続日本紀』には、八世紀以降、政権抗争に明け暮れた律令時代の政変の多くが、これらの呪術を駆使した厭魅調伏、いわゆる「左道」と称する呪術によるものであった、という事実を伝えている。これは、鬼神を駆使する呪術の裾野の広がりを思わせ、少なくとも体制内では違和感なく、日常的に見聞されていたという証しともなるだろう。

岩戸山古墳の別区から後円部を望む（石人石馬は模造品）

時代は下がるが、鎌倉時代の史書『吾妻鏡《あづまかがみ》』には、宝治元年（一二四七）、幕府の有力御家人であった三浦光村が、時の執権・北条時頼が政治の実権を一手に掌握すべく、征夷大将軍の藤原頼経を京都に送還してしまったのを恨みに思い、時頼追討の戦備を調える一方で、鎌倉の「鬼門」の方角に五大明王堂を建て、有験の祈禱師や陰陽師を招いて時頼調伏の法会を行ったという記載がある。
これなどはまさに、鬼門信仰が一面、厭魅調伏の手段にも活用された恰好の事例である。
実は、岩戸山古墳のある丘陵一帯は「人形原《にんぎょうばる》」と呼ばれるが、古くは「ヒトガタハラ」あるいは「ヒトカタ」と称されていたらしい。墳丘や周濠に立て並べられた石人の類を指して称したものらしいが、本来「ヒトカタ」とは、形代として祭祀に用いられる人形を指し、夏越《なごし》の祓《はらえ》などでは人の形に切り取った小さな紙製のものを、小型の舟に乗せて流し、半年間の罪や穢《けが》れを払い、無病息災を祈る行事に用いられるなどしたものであった。

『続日本紀』の伝える多くの厭魅調伏事件では、その際に、この人形（ヒトカタ）＝形代が、用途転じて呪詛すべき相手をかたどった代用品と見なされることが往々にしてあったという。

事実、平城京跡の発掘調査で発見されたものは、人間を模した扁平な木製人形の、両眼と胸の部分に釘が打ちつけられ、胸部には意味不明の呪文らしきものが残っていた。敵対する者をその人形のあり方そのままに、病苦または呪殺に追い込もうとする邪法である。こうした呪術は汎世界的に見られ、フレイザーはこれを「類感呪術」（『金枝篇』）と呼んでいる。

つまり、「かくありたし」という願望を、「かくある」という実在の形で仮構することで、その実現を企図したのである。よく知られる「丑の刻参り」で、呪う相手をかたどった藁人形に五寸釘を打ち付ける咒法《じゅほう》なども、その典型である。

岩戸山古墳の所在地を「人形（ヒトカタ）原」といい、しかも別区が鬼門（東北隅）の方角を向いて設置されているという事実。奇妙な符合である。

『筑後国風土記』逸文の記事が、この謎に対する一つの解答を与えてくれる。

逸文記事によれば、かつて別区の中心部には、解部《ときべ》（裁判官）と称する石人一体、その前にひれ伏す裸形の偸人《ぬすびと》（盗人）一体、そしてその傍らに臓物《ぞうもつ》（盗品）として石猪四頭が据えられていたという。また、他に石馬三頭、石殿三棟、石蔵二棟という記録も見えるが、現にこの古墳からは、逸文にある通り、武装石人、裸形石人（座像）、石猪、石馬等が発見されており、この記事の確かさを証している。

この設定は、「生けりしとき、猪を偸《ぬす》みき。仍《よ》りて罪を決められむとす」と割注に示すごとく、あたかも猪盗人の非を鳴らし断罪せんとする厳粛な裁判のドラマを描き出しているかのようでもあるが、「生けりしとき」という具体的、かつ写実的な記述から察すると、単なる伝承者の想像の産物ではなく、何かモチーフとなる現実の事件が存在したのではないか、と考えられる。

それにしても、この「猪四頭窃盗事件」程度の再現ドラマが、石人・石馬という恒久的な石造物を以て記念碑たらしめんとするほどの大事件であったとは、到底思えない。通説にいう、「裁判の様子を再現して民衆を威圧し、筑紫君の権勢を誇示する」にしては、余りに卑近で貧弱な日常的な事件に過ぎないと思えてしまうのは、心のすさみきった近代人の奢りなのであろうか。

私はこの「猪四頭窃盗事件」を、実際に起きたある歴史上の大事件を擬したものではないか、と密かに考えている。

任那四県割譲事件

実は、磐井自身に直接関わるだけでなく、別区の「猪四頭窃盗事件」の状況と奇妙な符合を見せる事件が、「反乱」に先立って起きているからである。

それは継体天皇六年（五一二）の、いわゆる「任那四県割譲事件」である。

『日本書紀』（継体紀）によれば、この年の十二月、百済は朝廷に対し、上哆唎《おこしたり》・下哆唎《あろしたり》・娑陀《さだ》・牟婁《むろ》ら、任那の四県の割譲を申し入れてきたという。百済とこの四県は互いに境を接し、遠く離れた日本の傘下にあるよりも何かと好都合だというのが、真意は知らず、表向きの理由であった。

朝廷内は賛否両論、容易に結論は出なかったが、結局、時の大連・大伴金村の独断によって百済の請いのままに四県を割譲してしまった。そのせいか、大伴金村は百済から賄賂を受けていたという、芳しくない風評を立てられることになる。

その後、翌七年（五一三）にはさらに任那の己汶《こもん》・滞沙《たさ》をも百済に割譲するなど、前のめりに親百済の姿勢を鮮明にしていく大和政権（大伴金村）に対し、新羅は反発の度を強めていく。

欽明天皇元年（五三九）、金村は磐井の「反乱」と相前後する、一連の半島経営の失政を大連・物部尾輿《もののべのおこし》に糾弾され遂に失脚してしまうのだが、このとき、尾輿が主張したのは、かつて金村が百済の請いのままに任那四県を割譲してしまったことが発端となり、我が国と新羅の関係が悪化してしまったこと、その後、筑紫君磐井が新羅と結んで反旗を翻すなど、半島情勢が極めて緊迫化してしまったこと、これらはみな、私利私欲に目が眩んで任那四県を割譲してしまった金村に全責任がある、という激しいものであった。

大和政権側にしてみれば、「任那四県割譲事件」は結果的に磐井の「反乱」を引き寄せ、それが我が国の国家統一に一役買ったわけだから、終わりよければすべてよし、とすべきなのだろうが、物部尾輿はあえてこれを政争の具として用い、半島情勢の悪化という危機感を煽り糾弾することで、政敵・大伴金村を政権の中枢から葬り去ろうとしたのである。

「任那四県割譲事件」は、この政変から遡ること三十年ほど前、一世代前の事件であるにもかかわらず、スキャンダルネタに利用されるほど、朝廷内でも大きな「事件」として永らく語られ続けてきたということなのだろう。

『日本書紀』によれば、「反乱」の原因の一つに、磐井が事前に新羅から賄賂を受けたことが挙げられている。また、『先代旧事本紀』にも、「反乱」に際し、「新羅海邊人《しらぎのうみべのひと》」が磐井の軍に加担していたことが記されており、任那四県の処置を巡って、朝廷（金村）と百済、磐井と新羅の二大勢力が互いに一触即発の状況下にあった可能性は、極めて高いというべきであろう。

　さて、ここでいう「任那」の位置づけについてであるが、これは先に、奴国（阿曇）王権下において、「倭」の有力な一国であった、狗邪韓国の後の姿だと考えている。

　狗邪韓国に限らないが、かつて倭の海域を中心に、陸続きではなく、強固な海上のネットワークで奴国と結びついていた、とりわけ対馬、一支、末蘆などの諸国は、「倭国の大乱」によって奴国の影響が弱まったのをきっかけに、新たな盟主「親魏倭王」=邪馬台国王家に対し、あからさまに敵対こそしないまでも、半独立的な、微妙な立場をとって倭国内にとどまっていたのではないか、と思われる。

　かつての奴国がそうであったように、「南北に市羅《してき》」することを生業《なりわい》とし、折あらば外に向かって飛び出していこうと機を窺う、本来が外向的な、彼ら海洋国家群である。彼らを結び付けていたのは大陸・半島との交易による利潤の寡占という、経済的な利害関係であり、それゆえにその結束は強固なものであった、と言える。

　一方、邪馬台国を中心とした後期倭国は、もともと内陸部を拠点とし、新興宗教「鬼道」という精神的紐帯によって結びついた、新興勢力であった。

　おそらく邪馬台国の王権は、その成り立ちからして、奴国のそれと比べ極めて脆弱で、彼ら海洋国家をしっかりと御していけるような、優れた独自の王権、具体的には大陸・半島との関係を従来通り維持していけるだけの水軍力・海運力を有してはいなかったものと思われる。

　したがって「倭国」の一部とはいいながら、任那はおそらくこの時期、後期倭国群の中でも微妙な立ち位置で、半島に触手を延ばしつつあった新興勢力・大和政権とも、倭国の盟主・筑紫王権とも等間隔に距離を置いて、半島交易の拠点として双方の緩やかな管理下にあった、半独立性を有する、倭人・韓人雑居のいわば自治区のようなものになっていたと考えている。

この任那を通じて大和政権は百済と通じ、一方で筑紫王権は新羅と結ぶなど、従来はそれぞれの立場を侵すことなく比較的自由な関係が続けられてきたが、やがて半島情勢の変化で百済・新羅の間が険悪になってくると、この均衡は脆くも崩れてしまった。

かつてはいずれにとっても半島交易の足場となる重要な地域であったのが、百済に肩入れする大和政権に一方的に占有支配され、任那は半ば強引な手段で、親百済派に塗り替えられてしまったのであろう。半島の交易拠点を奪われてしまった筑紫王権の、そして半島の統一を狙って任那への介入を強めつつあった新羅の怒りは、いかばかりであったろうか。

我が国において、新羅の意思の代弁者が磐井であるなら、「任那四県割譲事件」において磐井がとったであろう態度も、自ずと明らかになってくる。ただ、ここで焦点となるのは、『日本書紀』の記事にある通り、磐井が「反乱」という手段に訴えて、果たして武力蜂起に立ち上がったか否かである。

磐井が別区において意図したのは、まさにこの「任那四県割譲事件」の再現ではなかったろうか、と私は考えている。別区で示されているのは、猪四頭を盗んだ罪人を処断すべく引き出された罪人の前に立ちはだかる、一人の偉丈夫の姿であって、まさしく当時、磐井が置かれていた対外的な状況と奇妙なほど符合している。

すなわちこれは、次のように置き換えることができるだろう。

「側に石猪四頭あり、贓物と号《なづ》く」とある盗品・四頭の猪こそ、紛れもなく無断で「盗まれた」財産、任那四県に他ならない。

「前に一人あり、裸形にして地に伏せり。号けて偸人と曰ふ」とある盗人（罪人）は、新羅の意向を無視して、横から任那四県をかっさらい、百済に投げ渡してしまった大伴金村である。

「一人の石人あり、縦容として地に立てり。号けて解部《ときべ》と曰ふ」とは、この、天下の大罪人・大伴金村を我がもとに跪《ひざまず》かせ、我が手で断罪せんことを標榜した、磐井、そして新羅の意思そのものである、といえないだろうか。

そして、ここからが肝腎なのだが、これは「裁判の様子を再現して民衆を威圧し、筑紫君の権勢を誇示する」という、即物的な見せ物にとどまらず、一種の「厭魅調伏」として機能していたのではないかという仮説である。

後代の厭魅事件がそうであったように、ここでは石人を人形（ヒトカタ）＝形代として用い、「かくありたし」という願望を、「かくある」実在の形で仮構することによってその実効を企図した、いわば類感呪術だと考えられはしまいか。

別区が地形の制約を受けたわけでもなく、あえて東西軸の秩序を破る形で鬼門に張り出しているのも、こうした呪詛の働く方向として、東北隅が意識されていたからではないか。

このように見てくると、従来曖昧なまま投げ出されていた様々な事実関係が、おのずと明らかになってくる。

まず「反乱」の鎮圧に派遣された朝廷軍の将が、『古事記』では大伴金村、物部荒甲《あらかい》（＝麁鹿火）両名とされているのに対し、『日本書紀』では物部麁鹿火一人となっていることである。

「反乱」の原因となった当事者・大伴金村が派遣されるのは当然としても、なぜ物部氏の派遣までが要請されたのか。むしろ『日本書紀』の記載には金村の名は見えず、派遣から鎮圧までの功績いっさいは、物部麁鹿火の独り舞台である。

『日本書紀』には、麁鹿火派遣の理由について、「正に直《ただ》しく仁《めぐ》み勇みて兵事に通《かよ》へるは、今麁鹿火が右に出づるひと無し」という讃辞を呈し、いかにも麁鹿火が武勇に優れた人物であるかのように美化してはいるが、どうもこれは怪しい。

『日本書紀』の他の個所での麁鹿火は、ひとつには我が女《むすめ》・影媛を巡って、小泊瀬稚鷦鷯《おはつせのわかさざき》(武烈)と平群鮪《へぐりのしび》の間に熾烈な恋の鞘当てが起きたとき、うまく立ち回れば天皇家の外戚となり、絶大な権勢を手に入れられたものを、父親でありながらこの問題に首を突っ込んだ形跡はなく、むしろライバルの大伴金村に油揚げをさらわれた格好で終わっている。

また、「任那四県割譲事件」においても、金村の独断専行に追従する人物として描かれ、よりによって四県割譲の承諾を百済の使者に伝えるという憎まれ役を押し付けられてしまう。しかもその不利を我が妻に諭され、病と称することでかろうじてその任から逃れるという体たらくである。どうみても優柔不断な、凡庸な人物に過ぎない。

このように、『日本書紀』の描く麁鹿火像は、「反乱」関連の記事とそれ以前とでは、大きな隔たりがある。

しかるに継体天皇の命を受け、気負った麁鹿火が、自家の功績を滔々《とうとう》と述べるくだりがあるのだが、「在昔《むかし》、道臣《みちのおみ》より、爰《ここ》に室屋《むろや》に至るまでに、帝を助《まも》りて罰《う》つ」という部分は、明らかに物部氏ではなく大伴氏の系譜を語ったセリフなのである。

本来、帝の前で大見得を切ったのは当事者の金村であり、「反乱」鎮圧の中心人物が実は大伴金村であったのを、無理やり麁鹿火一人の事跡に改変した際の、編纂上の単純なミスであろうか。

後世「磐井の反乱」とされたものが、実は「任那四県割譲事件」に端を発した金村個人への「厭魅調伏」という、政権側にとってはおおよそ大義名分の見えない事件であり、金村にとって不名誉な事件であったことを歴史上、抹殺しようとする意思が働いたからだろうか。

当時、我が国は仏教公伝(五三八年)前夜であって、後年の崇仏抗争で蘇我氏と争い敗北するまでは、日本古来の神祇信仰の担い手として、物部氏が朝廷の宗教的権威を象徴していた。

物部麁鹿火の派遣は、こうした観点から捉え直す必要があろう。

つまり磐井の「反乱」は「反乱」といいつつ、その実態は大和政権と対立する異宗教、すなわち「道教」信仰の台頭に原因があった。

あろうことか、新羅と結び厭魅調伏の呪法をなすなど、呪詛の対象とされた時の権門・大伴金村としては断じて許しがたいことであった。その見逃しがたい「淫祀《いんし》邪教」集団・筑紫王権の制圧を目的として、当事者・大伴金村に加え、神祇側の代表者・物部氏の派遣が特に要請されたのではあるまいか。

このように、「淫祀邪教」の弾圧が表向きの理由であったかもしれないが、事実上、この事件は、大伴金村の個人的な報復であった、ともいえよう。

厭魅調伏の代償　磐井逃亡説

『筑後国風土記』逸文によれば、「反乱」鎮圧後、磐井を取り逃がしてしまった朝廷軍の兵士たちは、怒りのあまり磐井の寿墓に立て並べてあった石人の手を打ち折り、石馬の頭を打ち落とすなどの狼藉に及んだという。

ところが逸文は、続けて奇妙なことを書き記している。

「古老の伝へていへらく、上妻の県に多く篤《あつ》き疾《やまひ》あるは、蓋《けだ》しくは茲《これ》に由《よ》るか」というのであるが、石人・石馬を破壊したのは朝廷軍の兵士なのだから、その報いは当然、直接手を下した彼らに振り掛かってしかるべきである。

にもかかわらず、それが原因で八女地方に重い風土病が蔓延した、というのは不審である。むしろ、戦火に追われ被害者であるはずの筑後の民衆が、ここで二重の責め苦を受けるというのは、理不尽もはなはだしい。

だが、岩戸山古墳（別区）の石人・石馬を、厭魅調伏の祭祀施設とする視点に立てば、この疑問にも説明が可能となる。

本章で繰り返し述べているように、私は、磐井が別区で意図したところは、大伴金村に対する厭魅調伏であったと考えている。しかしこれは大和政権側の事前に察知するところとなり、物部・大伴連合軍の筑後侵攻を許したばかりか、一敗地にまみれてしまった。

記紀の記述は、細部は異なるものの、その後、磐井の敗死による「反乱」の終結を伝えている。「反乱」の顚末としては、これが通説になっている。

ところが『筑後国風土記』逸文によれば、戦いに敗れた磐井は独り戦線を離脱し、豊前の上膳県《かみつみけ》にある「南の山の峻《さか》しき嶺《みね》の曲《くま》」に行方をくらまして死んだとも、消息を絶ったともいう。

原文には「独自遁于豊前国上膳県、終于南山峻嶺之曲」（「于」は場所・対象を示す前置詞）とあり、「終」（訓は「終《みう》せき」）とある。生き永らえたのか、死んでしまったのか微妙な扱いである。

上膳は上毛とも書き、現在の福岡県築上郡から豊前市方面をさすとみられるが、その南部に聳える「峻しき嶺」といえば、求菩提《くぼて》山〜犬ヶ岳あたりの山岳地帯であろうか。

それにしても「独自《ひとり》、豊前の国上膳県に遁れて」とは、「民衆の声なき声を代弁すべく、立ち上がった郷土の英雄」であるはずの磐井にしては、あっけない「反乱」の幕切れである。

磐井自身、もともとは、大和政権との対決という、積極的な意思まで示すつもりはなかったのではなかろうか。『筑後国風土記』逸文には「俄《にはか》にして官軍《みいくさ》動発《おこ》りて」とあり、あたかも「寝耳に水」状態で、朝廷軍の一方的な急襲を受けてしまったかのごとくである。

『日本書紀』によれば「反乱」の主戦場は御井郡であって、磐井の本拠・八女地方とは目と鼻の先である。

乾坤一擲の勝負を挑むつもりがあれば、最初から本拠で「迎え撃つ」がごとき消極的な策はとらず、自ら進軍し、せめて関門海峡なり、豊予海峡なりを封鎖する、積極的な戦略は思いつかなかったのか。

「反乱」の結果、磐井が敗死したのか、逃亡したのか、現時点では不明とするほかはない。

磐井逃亡説は、郷土の英雄に対する、いわゆる「判官びいき」の感情がなした伝承、とも言われるが、それはそれとしても、なぜ逃亡先に本拠の八女地方ではなく豊前の山岳地帯を選ばなければならなかったのか。

中野幡能氏は、五世紀の初め、雄略天皇不予《ふよ》の際に、豊国から「豊国奇巫《とよくにのあやしきかんなぎ》」という呪術者が迎えられ、用明天皇の病気を治すために祈禱を行ったことが『新撰姓氏録』や『続日本後紀』に見えるということや、用明天皇二年（五八七）には、同じく用明天皇のために豊国から「豊国法師」が参内して治病の祈禱をしたという『日本書紀』の記載を引かれ、彼らはおそらく医術に優れた宗教者であり、単なる仏僧や巫《かんなぎ》とは違って、そのころ入ってきた仏教や道教の影響を受けた、新しい型の宗教者であろう、とされる（中野幡能『古代国東文化の謎』）。

大宝二年（七〇二）の正倉院文書「豊前国仲津郡丁里戸籍」によれば、豊前国仲津郡、上毛郡などのある里村には、新羅系の渡来氏族・秦氏《はた》（秦部）の構成比率が全体の九〇％以上を占めるなど、豊前地方は当時、まさに渡来系集団による独自の文化圏・宗教圏を築いていた。

この地方には古くから、かかる渡来系集団の一大勢力があり、早く彼らによって、この地に「道教」信仰が伝えられていたであろうことは想像に難くない。

『日本書紀』に「磐井、火・豊、二つの国に掩ひ拠りて」云々とあったのは、筑紫・肥・豊の地方がまとまってひとつの文化圏をなしていた証しにほかならず、磐井が豊前上膳県に逃亡したという伝承も、同じ信仰文化圏に属するものにとって、豊前地方南部の山岳地帯が、一種のアジールのごとき、いわば「聖域」と見なされていたからではないだろうか。「反乱」に敗れた磐井は、同じ「道教」信仰圏に属する豊前の渡来系集団の庇護を求めて、かの地への亡命を図った、というのが実は「反乱」の顚末ではなかったか、と考えるのである。

磐井の逃亡先、「南の山の峻しき嶺の曲」を、「南の山」という普通名詞にとるのではなく、新羅の霊山「南《ナム》山《サン》」に由来するのでは、という考え方もある。

新羅の「南山」は、後に新羅花郎道の拠点になる霊山であり、花郎道はまた「道教」的色彩の強い制度であると言われている。

磐井の逃亡した「南山」は、犬ヶ岳近辺に比定されているが、この付近の山岳は、英彦山、求菩提山を始め、全国的に知られた霊山の密集地帯であり、後代、九州修験文化の一大センターへと展開していくのである。

修験道に多くの「道教」的要素が混在しているのは周知の事実であって、修験道はまた、「道教」の日本的展開とも言われている。したがってこの「南山」は、北部九州における「道教」信仰の聖地のひとつとして、古くから信奉されていたのではないだろうか。

石人・石馬は、金村の意を体した大和政権の兵士たちによって、見るも無惨に破壊されてしまった。この、石人・石馬の破壊行為は、「士、怒泄《いかりや》まず」(『筑後国風土記』逸文)という腹立ち紛れの所業ではなく、実は、金村に向かってかけられた、磐井の呪詛を解き放つための意図的な破邪《はじゃ》行為ではなかったろうか。

つまり、厭魅調伏は失敗に終わったのである。他者に向けられた呪詛が成就することなく、未遂のままで終わったとき、「呪詛返し」として、その代償は呪詛をなした当人に、何倍にもなって跳ね返ってくる、という。

平安期の有名な陰陽師・安倍晴明のエピソードとして、式神(鬼神)を使役して蔵人少将の厭魅を企てたある陰陽師が、逆に安倍晴明の護身の法に敗れ、戻ってきた自らの式神に打たれて命を落としてしまう話が『宇治拾遺物語』に見える。

一方、肝腎の磐井は豊前に逃れ、彼の地の「南の山の峻しき嶺の曲」で姿を消す。後に残されたのは、戦乱に巻き込まれた哀れな筑後の民衆である。土地に縛り付けられ、逃亡すらままならぬ身、磐井に代わり、「呪詛返し」の直撃をもろに受けたのは、彼らであった。

事実のところは、『筑後国風土記』逸文の記載通り、「反乱」の後、幾許《いくばく》も経ずしてこの地方に風土病が蔓延したのかもしれない。もちろんその因果関係は知る由もないが、少なくとも八女地方の人々は、その因って来たるところを「厭魅未遂事件」に見い出し、古老の伝に託して密かに、ことの真相を語り伝えていったのだろうか。

さて、難を逃れ、独り豊前国上毛郡に辿り着いた磐井を待ち構えていたのは、いったい何であったか。それはおそらく、渡来人集団の冷酷なまなざしである。

ここで、大和政権に敵対した敗残者・磐井に肩入れしたところで、いったい何の得があろう。むしろ、今後のこともあり、磐井の一味として大和のいらざる疑惑を招いてしまうのは、何としても避けねばならない。彼らに残されているのはただ一つ、磐井を反逆者として「南の山の峻しき嶺の曲」に葬り去ることであった。かくして『求菩提山縁起』は語る。

「継体天皇の御代、威奴岳《いぬがたけ》の霊（鬼）が凶暴で害をなすので、求菩提の開山・猛覚魔卜仙《もうかくまぼくせん》という呪術者が、威奴岳の頂上に一つの甕を据え置き、配下の八鬼を駆ってその霊を甕の中に封じ込めた」と。

敗残者・磐井の、哀れな末路である。

この後、豊前の渡来人勢力は、天平期の盧遮那《るしゃな》大仏建立、宇佐信仰の中央進出を契機として、一気に大和政権の中枢と結びついていくのだが……。

以上はあくまでも私の勇み足であり、「荒唐無稽」な妄説に過ぎないのかもしれない。まして、これら「鬼門信仰」「厭魅調伏」「呪詛返し」などの、後世「道教」や密教の信仰を構成するものとして総称される諸要素は、今のところ奈良時代（八世紀）以前には遡り得ない、というのが通説である。

だがそれは、あまりにも中央集権的な、「畿内」至上主義ではあるまいか。

大陸から、あるいは半島を経由して伝えられる古代の外来文化は、一貫して北部九州を指向しており、朝廷以前に、しかも日本国家の統一時期が下れば下るほど、国家に統制される以前に、古くから北部九州域に伝えられていたという当然すぎる「仮説」に、そろそろ正面から目を見据えていく必要があるのではなかろうか。

それはさておき、磐井の「反乱」は反乱ではなかった、というのがとりあえずここに辿り得た結論である。北部九州の首長連合軍を率いて、怒濤のごとくに押し寄せる朝廷軍を向こうにまわし、一年半も戦線を維持した、気骨の地方豪族の姿はそこにはない。

あるのはただ外来文化を貪欲に摂取して、「道教」信仰にかぶれ、それが災いして遂に身を滅ぼすに至った、白面のインテリゲンチャの哀れな末路である。また神仙説に憧れた大陸の聖人君子よろしく、戦乱を避け、山岳に隠棲しようとした、非戦論者の姿である。

権力を絶対的「悪」と見なし、磐井を「権力のいわれなき搾取・収奪に義憤を発し、民衆とともに立ち上がって大和朝廷に無謀なたたかいを挑んだ悲劇の英雄」風のイメージでとらえ、裏を返せばいかにも素朴で単細胞、土蜘蛛やクマソと同列の粗野な「地方人」、といわんばかりの硬直した史観で、果たして「反乱」の実相をとらえることができるのか。

磐井の子・筑紫君葛子は、「反乱」の後、糟屋屯倉を大和政権に献上することによって、かろうじて罪の連座を免れることができた。彼らを震撼させたはずの「反乱」の代償としては、意外に軽微な措置であった。

阿曇氏反攻

糟屋屯倉は、かつて筑紫君以前、古代北部九州に雄飛した海人系氏族・阿曇氏＝奴国王家の本拠・糟屋郡阿曇郷・志珂郷を含む地域であると思われる。

すでに述べたように、「倭国の大乱」の後、大陸航路の制海権を失い、北部九州から逃れて瀬戸内海沿岸を東進、摂津・河内・淡路方面に拠点を移していたと思われる奴国王家の一派は、宮廷氏族・阿曇連として、このときすでに畿内勢力の傘下に属していたと考えている。

磐井追討軍にあって海上輸送・水先案内の主力をなしたのは、おそらく彼ら海人系氏族であって、今回の派兵は、阿曇氏にとって失地回復の最大の好機であったはずだ。

かくして「反乱」鎮圧の後、故地「糟屋屯倉」を筑紫君の手から奪還し、再び北部九州に返り咲いた阿曇氏により、後期倭国の邪馬台国以来、長らく筑後勢力の統制下にあった半島交易の拠点に、大きな楔が打ち込まれることになった。これは阿曇氏にとっても大和政権側にとっても、慶賀すべき決着であったろう。

「倭国の大乱」以来の、奴国王家と邪馬台国王家との確執は、ここに一応の終わりを告げた。それは同時に、我が国が統一国家としての第一歩を踏み出すに至った、記念すべき時代の転換期であったに違いない。

時に六世紀の前半期。

個人的には、この磐井の「反乱」あたりが正しい意味においての、大和政権による日本統一の時期、と考えているのだが、これはまだ一般論ではないらしい。

試しに考古学界・歴史学界ではよく知られた名著を紐解くと、いまだに「大和政権による日本の統一は三世紀半ば」などと書かれていたりして、唖然とすることがある。

さすがに、最近の小学校の教科書（六年生・社会）では、「四世紀から五世紀ごろ、大和朝廷が日本を統一しはじめる」という微妙な書き方になっていて、記述により慎重であろうとする編者の苦心が窺われはするのだが、それにしても百年から二百年に及ぼうとする年代幅に「しはじめる」というのは、いくらなんでも大ざっぱ過ぎやしないか、と思ってみたりする。

ことが我が国の成立時期という、国家の根幹に関わる問題だけに、何はさておいても早く決着をつけていただきたいものである。

余滴──人形原の魂呼ばひ

岩戸山古墳に関わって、松尾芭蕉の高弟・向井去来《むかいきょらい》の作とされる俳句が、ご当地の八女に伝わっている（野田成亮『日本九峰修行日記』による）。別区の片隅にその句碑が建立されたのは、昭和五十五年（一九八〇）の秋であった。

稲妻や　人形が原の　魂《たま》呼ばい（ママ）

元禄十二年（一六九九）九月末ごろ、去来が前年に郷里の長崎を訪ね、京都への帰途についた道すがら、この地に立ち寄ったときの作ではないかと推定されている。

岩戸山古墳が磐井の墓だと認識されるようになったのはずっと後のことだから、石人・石馬を「磐井の反乱」と結びつける発想は、この時期にはまだなかった。むしろ神功皇后の新羅征討説話にからんで、「ヒトカタ」と称して、敵方に軍勢を多く見せるため、丘の上に並べたものだ、という口碑が残っているくらいである。

野分の夜であろうか。

とどろく雷鳴と稲光。木々を揺るがし、咽《むせ》ぶような雨風のうねり。ときおり暗闇に浮かび上がる石人の、動かず陰惨な黒々とした影。

岩戸山古墳・別区に立つ去来句碑

まるで浮かばれぬ死者を、あの世から呼び返そうとするかのような鬼気迫る情景に、太古の「魂よばひ」の姿を感得した、詩人ならではの、優れた直感なのかもしれない。

筑紫君磐井像
（八女市岩戸山歴史文化交流館）

さて、近年、従来の調査では岩戸山古墳には存在しないとされていた埋葬施設（石室）が、実はいまだ後円部に残されているらしいことが、確実視されるようになってきた。

被葬者は、伝承通り磐井なのか。

磐井は果たして、死してなお永遠の魂を得るために、神仙説に殉じ、水銀漬けでぼろぼろになったか細い骨格の知識人だったのか。あるいは総身に無数の矢傷を受けた、六尺に余る体軀の持ち主だったのか。

今後の調査が待たれるところである。

第十章

「女猟師」伝承と日神祭祀

邪馬台国論Ⅲ

奥八女地方の「女猟師」伝承

本書では、「倭国の大乱」の原因を新興宗教「鬼道」による宗教動乱によるものとし、その観点から、卑弥呼に唱導された「鬼道」の痕跡を、筑紫君の祖・甕依姫の地境祭祀、筑紫君磐井による厭魅調伏説と、新解釈を交えながら展開してきたが、ここではさらに視点を変えて、筑後地方に今も残る、ある口碑伝承を紹介しておきたい。

その名を「おてる」という。

地元では親しみを込めて「おてるさん」と呼ぶが、近頃の若い女性にはまず考えられない、古風で穏やかな名前である。

矢部《やべ》川をずっと遡った水源に近く、日向神峡《ひゅうがみ》と呼ばれる、筑後では名の知れた景勝地がある。日向国から天照大神が飛来し、その風光を愛でて立ち寄られたところ、というので「日向神」と名付けられたというのだが、無論、そんな講釈はどうでもよい。

深山幽谷を呈した盆地のそこかしこに奇岩が林立し、古くから文人墨客が訪れた第一級の名所である。この小さな盆地に点在していた集落も、日向神ダムの竣工で今は湖底に沈み、桜や躑躅《つつじ》、石楠花《しゃくなげ》、楓など、四季折々の鮮やかな色彩を、静まり返った湖面に映すばかりである。

いつのころからか、この日向神地方に「おてる」という名の、女猟師の伝承が語られ始めた。

いささか古い話になるが、今から四十年ほど前の昭和五十五年（一九八〇）〜六年にかけて、旧八女郡黒木町東部から同郡矢部村にかけて、日向神地区を中心に民間伝承に関する聞き取り調査を行った際、「女漁師伝説」とでもいうべき、異例の口碑伝承を採集する機会があった。

左にその概略を示す。

昔、スガ（菅）岳に女の猟師が住んでいた。その名を「おてる」という。ある日、古敷岩屋《こしきいわや》（地名）に猟に出かけ、その帰り道に、日向神の川を渡ろうとしたとき、ふと見ると川面に角の生えた自分の顔が映っている。おてるは、殺生を生業《なりわい》とする我が身ゆえ、遂に畜生道に堕ちてしまったのだと思い、歎き悲しんで、淵に身を投げ、死んでしまった。以後、そのあたりを誰呼ぶともなく「おてる淵」と称するようになったが、いつのころからか、近づく者に祟りをなすので、決して行かないようにと、土地の人々は戒め合うようになった（旧八女郡黒木町八升蒔《はっしょうまき》）。

念のために断っておくが、この伝説自体は日向神一帯に汎く《あまね》伝えられており、八升蒔以外でも、月足《つきあし》、枝折《しおり》、横手《よこて》、北大淵《きたおおぶち》などの各集落で、ほぼ同趣旨のものを多く採集することができた。無論、「前足を両肩に担いだ鹿の角が水面に映り、それが自分の頭に角が生えたと錯覚した」という合理的解釈がなされたものや、この日射止めた鹿が千頭目の獲物であったという「千匹塚」の伝承に繋がっていきそうなものなど、細部に些少の差異は認められるものの、おもな筋立ては、ほぼ前掲した内容に言い尽くされている。ここではそのうち「物

スガ（菅）岳遠望

語」として最も纏まった一つを示したに過ぎない。いわば、ご当地では「人口に膾炙《かいしゃ》した」伝説なのだが、いまだ世に特異な伝説として喧伝されるに至らないのは、これといって起伏のない、物語性の乏しさゆえであろうか。しかし話中で語られる「女漁師」という存在は、管見に及ぶ限りでは国内では唯一無二であり、その意味で貴重な資料だと思われる。

さらに補足すれば、この伝説は、すでに文政五年（一八二二）、柳河藩士・笠間惟房《かさまこれふさ》の『上妻《こうづま》紀行』という地誌に、

祠（＝日向神社）前山若覆盆。曰菅嶽。頂有婦人以猟為業者塚云。

（日向神社の向かいにあって、伏せた盆のような山を菅岳《すがたけ》という。その頂上に、女人で猟を生業としていた者の墓があると言い伝えられている）

という形で紹介されており、この調査で初めて世に問うものではないが、「婦人以猟為業者」の名が「おてる」

であるということを始め、この伝説の全貌を明らかにすることができたのは、大きな収穫であったといえる。

さて、この伝説の特異性は、「女猟師」という存在態そのものにある。それはおそらく、かつて日本の山岳が多くは女人禁制という伝統に支えられてきたことと無縁ではあるまい。

一般に、女性の入山を忌み嫌う風習は古くからあり、それは山間住民の間で山の神が女神であると考えられていることが多い事実と関係しているようである。俗説によれば、山の聖域に女が足を踏み入れるのを、同性である山の神が嫉妬し、そのために山が荒れるからだ、とも説明されている。また、聖域ゆえに、赤不浄、すなわち女性の出産および月経を穢れたものだと考え、女の入山を忌避する風習なども、これと関連することと思われる。

狩猟・炭焼・木挽《こびき》など、山仕事にたずさわる人々は、平野部の農耕民とは異なり、山を生活の拠点とする非農耕民、いわゆる「山の民」なのであり、こうした生業に従事する以上、山の神が女神であるという前提に立てば、当然、これと対立する「女猟師」など、あってはならない道理である。全国各地から報告される狩猟伝承に、いまだ「女猟師」が皆無なのは、こうした事実から考えれば至極当たり前なのであろうが、むしろそれゆえにこそ、この地にのみ唯一、女猟師の伝説が残されているという事実は、いったい何を物語るのだろうか。

「おてる」と八女津媛　日神祭祀の担い手として

もちろん、一部の地域では山の神が男性神として語られたり、両性を具有する存在であったりと、一筋縄ではいかないのが民間伝承の「妙味」でもあるわけだが、実は、先の女猟師伝承にも、もともと猟師夫婦だったのがゆえあって別れたのだとか、「おてる」は猟師ではなく、泳ぎの達者な里人で、しかも自ら身を投げたのではなく溺れ死んだといい、「おてる」ほどの名人すら溺死してしまう危険な「おてる淵」には決して近付くなという教訓譚に変じていたりと、もっともらしく説明された異伝もある。これは「女猟師」の存在それ自体の矛盾をなんとか解決しようとする、後世の合理的解釈であって、伝説本来の姿ではあるまい。

　この伝説でまず目を引くのは、「おてる」という女猟師の名である。これを、実在した女猟師の実名と受け取るべきではない。結論からいえば、「おてる」が「お照」の謂であろうことは論を俟《ま》つまでもないだろう。照（テル）という語は、我が国の古典文学においては、不思議なことに巫女、もしくは巫女的女性（遊女、狂女）の名に多く冠せられる。謡曲『葵上《あおいのうえ》』の照日の巫、『花筐《はながたみ》』の照日の前、説経節『小栗判官』の照手姫などは、みなそうであるという。

　松前健氏によれば、対馬の日神信仰として知られる天童（天道）信仰について、天童は照日之菜という人物の娘が、日光に感じて孕《はら》み産んだとか、天童の母が朝日に向かって尿溺《にょうでき》し懐胎《かいたい》したとか伝えられることから、これら中世の語り物に見える一連の照日などの名は、朝日という名とともに、古代のヒルメと同じく日神に仕える巫女の名を示すものだという。ちなみにヒルメとは、日の妻《め》、すなわち日神の妻という意味だと考えられている（松前健『日本神話の新研究』）。

　こうしてみると、どうやら女猟師の「おてる」の名も、日神祭祀に深く関わるものであるといえそうである。「おてる」が住み、その墓があると伝えるスガ岳（菅岳）は、八女市黒木町の南部丘陵に聳える標高七二〇mの小山である。この山が周囲に隔絶して一際目立つのは、麓の日向神社から見上げると実に見事な鈍角円錐形、すなわち典型的な神奈備型を呈しているからである。

　もともと山裾自体の標高が高い上に、中腹まではなだらかな台地状をなしていて、頂上近くが名に示すごとく、まるで菅笠《すげがさ》のようにこんもりと膨らんだ地勢のため、見た目ほど登るには険しくない。

登り詰めた山頂部は空き地になっていて、数個の大岩が転がっている。

山頂一帯はテレビ局の中継所を建てるために切り開かれたとみえ、旧状をそのままとどめているとは言い難いが、それでも頂上には馬酔木《あせび》の大木が枝を広げていて、その根元には「大山津美命」を祀る石製の小祠があり、内部には矛らしきものを手にした、これまた掌に乗るぐらいの小さな石製の女神像が安置されていた。

オホヤマツミとは、山の神の正式名称である。

やはり、『上妻紀行』にいう「婦人以猟為業者」、つまり狩猟を生業とする女人の墓というのは後世の解釈であり、もともとスガ岳は、女神としての山神を祀る、この地方の聖域だったのだろう。

山頂からやや下がった九合目あたりには石碑があり、これが「おてる」の墓とも伝えられるものであるが、あるいはこれは各地の霊山に多く見られる、女性が山の神の祭場へ立ち入ることを禁じた、女人禁制の結界石かもしれない。これらはみな明らかに、このスガ岳を中心に、古く山神祭祀が行われていた名残である。

「おてる」の正体は名に示す日神であり、他面、山神でもあったのである。

この伝説との直接の関わりは不明だが、旧八女郡矢部村に伝承される木挽き歌には、

ヤーレー　いつもどんどと　山中おてる
雨は降りても　名はおてる

という一節がある。

この歌は山で木挽きに従事する人々が、斧をふるいながら愛唱した諧謔《かいぎやく》的な労働歌であるが、歌の印象からして、「おてる」が人名と解されていたらしいことはほぼ確実であり、ここでは女猟師というよりも、彼ら

の山仕事を統括しながらも温かく見守り続けた「山の神」としての女神の愛称であるように思われる。

そもそも、山神が多く女神であるとされた理由の第一は、その山神の祭祀に関わった者が、多くの場合、巫女であったという事実によるものらしい。

祀られるものと祀るものとがしばしば同一視されるのは、古代の信仰では珍しいことではない。

天照大神はいうまでもなく「女神」としてのそれであるが、古く遡れば、その前身は男神であったと思われる節がある。むしろ男神であったがゆえに、招き入れるためのヒルメ（＝日の妻）、つまりその祭祀者は、「神の妻」としての女＝巫女でなければならなかった。これらの発想はやがて祭政一致の観念と結びつき、もっぱら祭祀者に過ぎなかった巫女に、現実社会における神性の代行者としての政治的権力が付与されることもあった。

スガ岳山頂の山神祠

その結果、巫女の行為は神の意思と見なされるようになる。したがって皇祖神・天照大神の祭祀に携わった巫女は、ヒトであると同時に他面、神性を具現化したカミそのものにもなり得た。ここに神と巫女が同一視されていく、すなわち天照大神は女神であるとする記紀以降の通念が生じてしまったのである。

この「おてる」という名も、その名に示すように、スガ岳に籠って日神祭祀を事とした巫女たちの一般呼称であったと考えてよい。それが、山中にあって祭祀にたずさわったがゆえに、同時に山神としての扱いをも受けたのであろう。

『日本書紀』に次のような記事がある。


（景行天皇十八年七月）丁酉（七日）に、（景行天皇が）八女県《やめのあがた》に至る。則ち藤山《ふぢやま》を越えて、南《みなみのかた》粟岬《あはのさき》を望《おせ》りたまふ。詔して曰く、「其の山峰岫《みねくき》重畳《かさな》りて、且美麗《またうるは》しきこと甚《にへさ》なり。若《けだ》し神其の山に有《ま》しますか」とのたまふ。時に水沼県主猿大海《みぬまのあがたぬしさるのおほみ》、奏して言さく、「女神《ひめかみ》有します。名を八女津媛《やめつひめ》と曰す。常に山の中に居《ま》します」とまうす。故《かれ》八女国の名は、此に由《よ》りて起れり。


これは「八女」の地名起源説話として語られたものであるが、資料の性質上、景行天皇云々の事跡がどの程度、歴史的事実を反映したものかは不明としなければならない。

この記事では「八女」という地名が女神「八女津媛」の神名に由来するかのように説明されているが、実際は「峯岫重畳りて、且美麗しき」山（ヤマ）の地だからこそ、それが訛ってヤメ、すなわち「八女」と表記されるに至ったものと思われる。あえて表意的な「八女」となっているところに、山中にかつて「八女津媛」に象徴される女性祭祀者（巫女）＝女神が存在していたという風土的特性を踏まえた表記であろうことはおおよそ推察できる。

景行天皇を当地に出迎え、八女津媛の名を世に顕したのは水沼県主・猿大海だが、すでに触れたように、水沼県主（水沼君）とは、八女市・八女郡の西方に隣接し、筑後川下流域に位置する旧三潴郡一帯を基盤とした、古代豪族である。

彼もまた歴史上実在した人物かどうかは分からないが、この「猿大海」という名には、特に注意を要する。

それは、我が国の神祇信仰において、通常「猿」は日神の使いとして語られることが多いからである。

日神信仰として知られる日吉（山王）信仰にあっては、「猿」が神の使いと見なされていること（太閤秀吉の幼名を日吉丸といい、その出生に際して母大政所の口に日光が射し込んだなどという俗説は、まさにその残《ざん》滓《し》である）や、『日本書紀』（皇極天皇四年正月条）に、多くの「猿」が鳴き騒ぎ嘯《うそぶ》く声を聞いた「時人」が、「此は是、伊勢大神の使なり」と噂し合ったということ（伊勢大神が天照大神のことであり、この神が皇祖神にして日神であることは、いうまでもない）などによって、それは証される。

ここに、八女津媛はどうやら山中にあって日神祭祀を事とした巫女の、神格化であったことが推察される。日本全国、他には類を見ない女猟師「おてる」の存在も、こうした八女地方の風土的特性の延長線上に成立した、と考える方がごく自然ではないだろうか。

巫女が神と同一視され、畏敬された時代から徐々に信仰が廃れてゆくにつれて、その姿も、神の座から失墜し、零落した妖怪にも見まがう女猟師へと、変転流転していく。額に角を生やし川に身を投げたという悲劇的な顚末が、信仰の衰退をそのまま体現しているといえよう。

それはさておいて、スガ岳から目を転ずると、その北麓、八女市黒木町月足に日向神社が鎮座する。眼下に矢部川を見おろす小丘上にあり、祭神は三座で、天照大神・瓊々杵《ににぎ》尊・木花之開耶《このはなのさくや》姫、つまり日神であるアマテラスと、山神・オホヤマツミの女《むすめ》とされるコノハナノサクヤヒメ、その夫にして皇孫・ニニギが併せ祀られている。

こうした神統譜上の神名が付せられる以前は、正面（南）にスガ岳を望む位置にあることから考えて、元来は日神にして山神、アマテラスとコノハナノサクヤヒメの両神格を具有する「おてる」を祀った神奈備・スガ岳そのものを神体とし、それを振り仰ぐ里宮だったのではなかろうか。

神社の参道脇にはお誂《あつら》え向きに、見ザル、聞かザル、言わザルの三猿をかたどった石像が並んでいる。日向神社の社記によれば、この神域に住む猿の群れが、時として山嶺を伝い、矢部川を下って河口（有明海沿岸）の大牟田市・黒崎岬までお汐井を汲みに行くとも伝えるから、日神と猿の結びつきはここでも徹底している。無論、「日向神」の地名が、日向国から飛来した神々がこの地の風光を愛でてとどまったことに由来する、という伝承と併せ、後世の付会であり信ずるに足りないが、この日向神地区と矢部川河口（＝有明海）とを水運で結ぶ、何らかの歴史的な事実が反映されているのかもしれない。

日向神社

日向神社鳥居から南、スガ岳を望む

なお、蛇足を加えておくと、この地にいったん居を定めた神々は、さらに西に飛んでいき、磐井の墳墓・岩戸山古墳に降り立ったという、別の所伝もある。

今日、岩戸山古墳のくびれ部に、天照大御神を祀る大神宮が鎮座しているが、江戸時代に久留米藩の国学者・矢野一貞が著した『筑後将士軍談』の絵図には、現在地に社地は見られず、後円部頂に「伊勢祠」とあって、その旧跡が今も後円部頂に残されている。

岩戸山古墳・後円部の（伊勢）大神宮旧跡碑

日向神と岩戸山古墳をことさらに結び付けようとするこの伝承は、両者の間に信仰上、何らかの繋がりが存在したことを暗示しているようにも思える。

さて、日向神社のすぐ東側に日向神山（四五四ｍ）という岩山がある。日向神岩、黒っぽい外観から黒岩とも、また八女津媛山とも呼ばれている。

矢部川に面した北側の麓に「八女津媛山」の石碑が立っているが、どういう根拠に基づくものか、八女津媛山なる呼称はいつごろまで古く遡れるかは、寡聞にして知らない。

この山はダムで水没した日向神渓谷の西端、ちょうど谷の入口を遮るように、矢部川に面して岬状に突き出した岩山である。

日向神はおそらく日向見の転であって、全国各地に散在する国見山（岩）、鳥見山、魚見山などという地名同様に、一種の物見・展望台を意味するものではあるまいか。

事実、明和二年（一七六五）に刊行の『雲根志』（木内石亭）に、「上妻郡日向見山」の用字で紹介された記事があることが参考になる。この件は後述する。

ちなみにこの日向神山の東南方、直線距離で約四㎞のあたりに、八女津媛そのものを祀った八女津媛神社（八女市矢部村神窟《かみのいわや》）が鎮座するが、これはかつて修験の行場であった岩窟を、「常に山の中に居します」という『日本書紀』の記事に引かれて比定したものであると思われ、おそらくは伝説の八女津媛とは無縁である。

八女津媛神社

「おてる」の零落と修験道

さて、先に考察したように、「おてる」がスガ岳にあって日神祭祀をつかさどった巫女の通称だと考えてよいならば、それがなにゆえに山中をさまよう猟師の姿で語られ、あまつさえ頭に角を生やして自ら淵に身を投げるという悲劇的な最期を遂げねばならなかったのだろうか。

伝説では仏罰によって頭に角が生えた（生えたように見えた）ということになっているが、その抹香臭さはここでは問題ではない。要するに角を生やした女猟師の姿は、もはや人間世界から大きく逸脱して、まさに妖怪変化の類と微妙に重なり合うということなのだ。

柳田国男氏によれば、世上に妖怪と称される霊的存在は、もともと本拠を離れ系統を失った、昔の神々の姿であるという。かつては民衆から崇め畏れられた神も、その神への信仰が衰えると次第に零落していき、ついに神の座から失墜して妖怪化を遂げていくという（柳田国男「妖怪談義」）。

だとすれば「おてる」もまた、そうした女神のなれの果てなのではなかろうか。

女猟師「おてる」を妖怪と同一視するのはいささか気の毒な気がしないでもないが、少なくとも神が神として機能している時代なら、かの「おてる」もまた、今日のように角を生やしたおぞましい姿の女猟師へと流転していくことはなかったであろう。

では、かつては神とも崇め奉られたはずの「おてる」が零落せざるを得なかったのは、いったいいかなる理由によるものだろうか。

ある、きっかけ。

スガ岳の日神を、そしてその神の祭祀に関わった「八女津媛」を貶《おとし》め、スガ岳の日神信仰の衰退を招いてしまったものは、いったい何であったか。

中世期に盛んになった修験文化が、我が国古来の山岳信仰に楔を打ち込んでいった、その「破壊力」のすさまじさは、計り知れないものがある。

修験道とは、山中で難行苦行する行者によって各地に広められた民俗宗教で、護摩を焚き呪文を唱え、超人的な法力を発揮したとされる彼らは、修験者、あるいは山伏と呼ばれた。

山岳修行を事とする山伏は男性修験者の呼び名で、一方、「地獄絵図」などを用いて絵解きをし、各地で護符を配ったり、修験の教えを広めるために遊行した里の女性修験者・比丘尼《びくに》とは区別される。

彼ら山伏は、日本各地の山岳にこぞってなだれ込み、修験の名のもとに、巫女＝「おてる」たちを山から追放することで、山岳信仰の体系を塗り替え、かつては「おてる」たちに支配されていた霊山の祭祀権を、次々と我が手に掌握していったのである。

日本各地の霊山には、女人禁制のタブーを犯し、強いて登ろうとした女性たち――多くは比丘尼や巫女といった宗教者であった――が、神罰を受けて石に化せられたという伝説を伴っているものが少なくない。一例を挙げると、『和漢三才図会』には、若狭国小浜の止宇呂《とうろ》（TOHRO、これもテル（TERU）＝「照」の転か）の尼が、禁を犯して越中国立山に従者を連れて登り、神罰によって従者二人は杉木に、そして尼自身は額に角が生え、その身は石に化してしまったという伝説が記されている。

宮田登氏は、これらの伝説には、霊能高き巫女が女人禁制を犯して山神に挑戦し、石や樹木に化せられてしまうといったモチーフが共通して語られているとし、その理由を、

まず山に女神が祀られ、それと同一視される巫女が山神祭祀を行なっていたのに対し、男性の山岳修行を中心とする宗教者たちが、後からなだれ込んできたことになる。山岳を行場とする修験者たちが、しだいに霊山を独占するようになると、山における巫女たちの存在は急速に弱まり、女人禁制のスローガンのもとに山から追放される結果となったと見られる。

（宮田登『神の民俗誌』）

と、修験道との関わりで述べておられる。

中世以降、日本各地の山岳は、おおむね修験文化の洗礼を受けていた。それは今日知られている著名な霊山のみにとどまらなかったであろう。ここ日向神地区を中心とする筑後地方一円においても、事情は同じだったと思われる。

例えば、矢部村東部と大分県日田市の県境に跨る御前岳（一二〇九ｍ）は、阿蘇系山伏の主要な行場として古くから知られているし、八女市黒木町の津江神社は、同じく阿蘇山伏の入峯行事の起点とされている。しかも先の日向神山は、かかる御前岳と津江神社を結ぶ山岳ルートの、まさしく中間地点にあたり、その地理的環境からいって、回峯ルートの一所をなしていた可能性が強い。事実、典拠は不明だが、ここを修験の行場跡として明示する資料もある（中野幡能編『英彦山と九州の修験道』）。

日向神山（日向神岩）

然るに、日向神山が修験の行場であることを推測させる客観的事実が、他にないわけではない。ひとつには、「日向神山」という、その呼称自体にある。

その語義について、先に「日向見」の転ではないかとの私見を提示しておいたが、修験道において大切な呪術的要素の一つは、太陽の運行を知る、すなわち聖《ひじり》——日知《ひじ》り——たるべきことであり、その山岳修行の目的もまた、一つにはこうした技能を体験的に修得することにあった。南に聖地・スガ岳を間近く望む日向神山は、かような山岳修行の拠点として、まさに最適の地であったように思われる。

さらに日向神山と修験道との問題を考える上で特筆すべきなのは、鉱山採掘との意外な結び付きである。

修験文化と日神祭祀

修験道と鉱山採掘（とりわけ金山）との密接な関係については、多くの研究者の指摘するところである。井上鋭夫氏は、次のように述べている。

戦国大名が鉱山採掘を大規模に行なう以前においては、鉱山採掘は験者（または僧侶）の経営するところであった。（中略）つまり法印は、水源地を掌握し、太陽の運行を熟知し、（中略）金山の光明を背景に、「護摩の灰」の霊力をもって民衆に臨んだ山ノ神の代官であったのである。

（井上鋭夫『山の民・川の民――日本中世の生活と信仰』）

筑後一円の山岳地帯は、有力な金鉱床を含んだ地域として夙《つと》に知られている。記録によると、八女から星野に至る丘陵地帯では、中世期に小規模ながら在地豪族の手で金の採掘が行われていた。特に星野地区では江戸寛永年間（一六二四～四四）以降、金採掘が行われていた記録があり、今日でも山内各所に、その名残の廃坑跡が点々と口を開けている。

ことに、その一つである星野金山は、その開発も鎌倉期の弘安七年（一二八四）ごろに遡るといい、中世初期にはすでに存在を知られていたことになる。時あたかも、修験文化の勃興期にあたる。

矢部村の東、福岡との県境に近い大分県日田市中津江村の鯛生《たいお》金山は、かつては産金量日本一を誇ったこともある国内有数の金山として著名であった。これらの鉱脈の見立てや採掘の指導にあたったのは、おそらく山野を駆け、鉱脈の位置を熟知する一群の修験者たちであったのだろう。

実は、ここ日向神山もまた、こうした金鉱床の末端に位置していたことが明らかになっている。記録もなく、今や地域の住民にさえその存在を忘れられてはいるが、小規模ながら、日向神山の北側斜面には、明らかに金鉱跡とみられる遺構が草木に埋もれて見え隠れしている。

以前から岩場を切り崩した人為的な施設らしきものがあることは知られていたが、昭和三十八年（一九六三）に竣工した日向神ダムが近接していることもあって、近隣の住民にはダム建設関係の作業場跡だと思われていたようである。

日向神山・北側斜面の金鉱跡

実見したところ、内部にはレールの跡や陶製の碍子《がいし》の破片が散らばっていて、少なくとも稼働期は近代以降にまで下ることになるが、それはあくまでも下限が明らかなだけで、ここが日神祭祀の聖地として認識されていたのであれば、鉱脈の存在が認知されていたのはもっと古い時代に遡ることができるのではないだろうか。日向神山は、まさしくこれらの諸条件を兼ね備えた恰好の「聖地」だったのだろう。
以上述べ来たった点を総合するならば、文献に徴することは能わずとも、日向神地区に修験文化の存在を跡付けることは、もはや否定しがたいように思われる。
さて、本論に戻り、ここでひとまず結論を提示してみたい。
かつて八女の山中、聖地・スガ岳に籠って日神祭祀をつかさどり、時に山の神の化身とも畏れられた「八女津媛」＝後に「おてる」と称せられた巫女たちは、後代に至り、修験文化の隆盛に圧倒された結果、かつての祭祀者の地位から失墜し、追放され、日向神の山中をさまよう女猟師として語られ、遂には淵に身を投げて里人たちに祟りをなすという伝説上の「妖怪」へと零落の一途を辿っていったと考えられる。

いうならばこの伝説は、山岳信仰の担い手が、日神祭祀をもととした古代以来の伝統的巫女「おてる」たち――女性宗教者――から、山岳修行を中心とする修験者――男性宗教者――へと推移していった過程を物語る、稀有な民間伝承であるといっていいのかもしれない。

中世期における修験道の台頭と、そのうねりに抗《あらが》い切れなかった古代日神信仰の零落と衰退。これが「八女津媛」から女猟師「おてる」へと零落していった、神々の末路であろうか。

先に示した越中立山の止宇呂尼伝説のごときは、これらの類話が多くは現に存する女人結界石の縁起を語るものとして伝承されている点からみても、かの地が例外なく、明確な信仰対象として修験体系に組み込まれた霊山なればこそ、発生し得たものであろう。いきおい、そうした位置付けのない、修験文化の末端部においては、その伝承も異なった形をとらざるを得まい。

八女地方に残る女猟師伝承も、八女地方に古くから伝承されたであろう、日の巫女《ひみこ》の系譜に連なる八女津媛伝説の残像であり、いかにも山岳狩猟地帯という奥八女の地域的特性にふさわしい、その庶民的展開に他ならない。

修験文化と「鬼道」

そしてこれは、時代をさらに遡れば、邪馬台国の女王・卑弥呼（＝日巫女《ひみこ》）の姿とも、寸分違わず重なり合うのではないか、と考えている。

さて、八女の山中に籠り、日神祭祀を事とした古代の「日巫女」たちが奉じた神々が、具体的にどのようなものであったかは不明だが、後代に至って「修験道」に転じた経緯から逆に考えてみると、その実態は卑弥呼の「鬼道」同様、「道教」的外来信仰の要素を取り入れた、異形の日神信仰であったと考えられる。

なぜなら、先にも述べたように、「修験道は道教の日本的展開」ともいわれ、もともとが「道教」と修験道は、信仰体系に多くの共通部分を有した、彼我相通ずる民間宗教だからである。

『魏志倭人伝』に「汝（＝卑弥呼）の好物」と記された鏡は、「道教」における破邪のための重要な呪具であったし、その点、修験道においても同様に、山伏には不可欠な携行品であった。我が国の伝統的な日神祭祀の場合も、天照大神の「天岩屋戸神話」の例を引くまでもなく、鏡は日神の象徴とされていた。

このように、修験文化と卑弥呼の鬼道＝「道教」信仰とは共通する部分が多い。

そもそもここでいう「道教」とは、一般的に古代中国に発生した様々な民間信仰を総称したものだが、そのうち教団としての体裁や組織を完備したものを「成立道教」、雑多な習俗が渾然一体となって民間信仰の中に溶け込んでしまったものを「民衆道教」と呼び、両者を区別することもある。

その定義付けの当否はさておき、我が国にかつて教団としての宗教体系を完備した、いわゆる「成立道教」が流布した形跡は認められていない。くどいようだが、本書で繰り返し用いている鬼道＝「道教」信仰とは、

「後世、道教の諸要素となっていく、古代中国の雑多な習俗・迷信等（陰陽説、五行説、神仙説、讖緯説など）が渾然一体となって民間信仰の中に溶け込んでしまった」大陸系の外来信仰の総体を指している。

当時、北部九州には、しばしば渡来した漢人たちによって大陸の新しい風俗、習慣などが私的にもたらされていた。これらを媒介として、かの地の民間信仰が徐々に浸透していき、やがて我が国の信仰体系に取り込まれることによって、新たに新興宗教「鬼道」が誕生したと考えるのである。

この新興宗教「鬼道」が契機となって、奴国を頂点とする先進的港市国家と、その後背地との間で緊張関係が生じ、一種の土着主義運動から「倭国の大乱」が勃発、卑弥呼の共立によって「邪馬台国」王権が誕生するまでの概略は、すでに述べた通りである。

かつてここ日向神地区が日の巫女＝ヒミコたちの籠る「鬼道」の聖地であったとすればなおのこと、その信仰が衰退していった後代に至っても、新たに修験文化の聖地として生まれ変わるべき下地が、すでに充分に整っていたといい得るであろう。

以上の考察を通じ、古代から中世における八女地方の日神祭祀の実相――邪馬台国・卑弥呼の「鬼道」の延長上にあるもの――に、些かなりとも迫ることができたのではないか、と密かに自負するものである。

第十一章 南、邪馬台国へ

邪馬台国論Ⅳ

邪馬台とは

そろそろ最終局面にさしかかったようである。邪馬台国の比定地が筑後地方、その中でもとりわけ八女市から旧八女郡に至る広大な地域に求められることを小出しに論じてきたわけであるが、念のために申し添えておくと、「邪馬台国八女説」自体決して目新しいものではなく、すでに明治末期、歴史学者・久米邦武によって提唱され、その際に「八女津媛」との関連性も指摘されている（久米邦武『日本古代史』）。ただ、そこに至るアプローチの方法や時代背景、論証過程等はまったく異なっている点を特に強調した上で、新説・邪馬台国八女説としてここに提起しておきたい。

さて、その八女市・八女郡は合わせて旧上妻郡に属し、旧下妻郡（現筑後市）とともに「八女国」と呼ばれていたものらしい（『日本書紀』景行天皇十八年七月条。前出）。

ちなみに「上妻《こうづま》」とは「上津八女《こうづやめ》」、「下妻《しもつま》」は「下津八女《しもつやめ》」という、「八女」を上・下に分割した地域名が、それぞれつづまって成立したもので、もともとここに「妻《つま》」という原地名が存在したわけではない。

「妻」から「投馬《つま》」を連想し、その類似音のみを頼って投馬国の比定地にあてる説もないではないので、あえてここで指摘しておきたい。

さて、一島一国として処遇された対馬、一支の両国は別にして、末盧、伊都、奴の諸国ですら、その後身がいずれも「郡」「県」の範囲からさして出ていないことからすれば、『日本書紀』にいうこの「八女国」の地域名は、明らかに特異である。

後に律令制下の行政区画として成立した「筑後国」に包括されてしまう以前、八女地方が単独で「ヤメ国」と呼ぶにふさわしい、まとまった独立領域をなしていたからであろうか。

八女（ヤメ）は元来、『日本書紀』（景行紀）の地名起源説話を俟つまでもなく、その地勢が示す通り、「山峯《みね》岫《くき》重畳《かさな》りて、且《また》美麗《うるは》しき」山（ヤマ）の謂に由来する。この地域を東西に貫流する矢部川、八女郡の最奥部・矢部村の「ヤベ」もまた同種で、ヤマ・ヤメ・ヤベと徐々に転訛を遂げて今日に至ったものと思われる。

旧八女郡の西側に隣接し、有明海に面した矢部川下流域の旧山門郡も、字義通り、山（ヤマ）の門（ト＝入口）と解することができる。これなどは、ヤマという地域名が先行して初めて、その後に定着する、いわばヤマあってのヤマトという、順序性のある地域名である。

そして、ヤマという国名の表音文字こそが、すなわち「邪馬」なのであろう。

「台」（＝臺）」の文字には、漢籍の様々な用例から「中央政庁」「天子の都するところ」という字義があるという。この場合、固有名詞としての、地名（国名）の一部ではないと考えれば、「邪馬・台国」すなわち「ヤマ・王国」の謂であるといい得る。

あるいは『魏志倭人伝』に列挙する余傍《よぼう》三十国の中に、別の「邪馬国」の名が見えるから、彼我の峻別のために、あえて「台」の一字を加え、「倭国の盟主にして、『女王の都する所』としての邪馬国」＝邪馬台国を自称（もしくは他称）したものか。

「台（＝臺）」という文字についてであるが、実は『魏志倭人伝』の原本はすでに散逸しており、現存する『魏志倭人伝』の版本（南宋紹熙本、紹興本）によれば、「邪馬台」はもともと「邪馬壹（壱）」となっていたのだが、『後漢書』には「邪馬臺」、『隋書』には「邪摩堆」などとあることから、従来「壹」は「臺」の誤りと判断され、以来、臺を略記した「邪馬台国」の表記が定着して今日に至っている。

ところが原本に「壹（壱）」とある以上、一般に通用している邪馬台国ではなく、「邪馬壹（壱）国」が正しいのではないかとする古田武彦氏の説も、以前から一部で有力視されてきた経緯がある。「台（臺）」の文字は、魏朝において中央政庁、天子の都するところ、あるいは天子そのものを意味する尊貴な文字であるから、東夷の外蛮国に過ぎない我が一小国名に、わざわざかかる「至高文字」を用いてやるはずはないというわけである。

煩雑にわたるのでここでは詳細は略するが、一見正論とも思えるこの言説は、ここまで明確に言い切るためには、『魏志倭人伝』の原本が存在しない以上、底本選定の段階でどれが『魏志倭人伝』原本の流れを汲み、したがってどれが最も文献批判に堪え得る良質の版本か、という基本的な「立ち位置」の確認が必要であり、それを抜きにした屋上屋を架す論考の展開には、最近では異論も大きく提出されている。

下火にはなってきたものの、それでも相変わらずこの「邪馬壹（壱）国」説に立脚した説もないではないので、この点、注意が必要かと思われる。

それよりも問題なのは、この説の論拠となっている一連の主張――「台（臺）」という「至高文字」を、東夷の蛮国に過ぎない一小国の名に用いるはずがない――という発想である。

古田氏はその証しとして、『魏志倭人伝』の国名・人名表記が邪、馬、狗、奴、鬼などの、いわゆる「卑字」によってなされていることを挙げ、このような「卑字の大海」の中に、ひとり「至高文字」たる「台（臺）」

の字が用いられるのは異常だというのである。

しかし、「卑字の大海」といいながら、同時に佳、華、都、蘇、好などの、少なくとも「卑字」とは言い難い文字も多用されている点にどう説明をつけるのか。

「至高文字」とはいえないまでも、これらが少なくとも「卑字」に分類されるものではないことだけは確かである。そもそも「卑字」だの「至高文字」だの、誰がどこで一線を画すのか、この点が曖昧なままである。

『魏志倭人伝』に現れる国名・人名表記の大半は、当時すでに漢字文化を移入しつつあった倭人たちの、自らの表記であり、自称ではなかったかと考えている。そのテキストとなったのは、いわゆる千字文的な教本の類ではなく、修好以来、おそらく大陸からしばしばもたらされる国書、正式文書が手本であり、確かに中華思想に充ち満ちた彼らの文面には、体面上、いわゆる「卑字」が多く用いられていたことは、充分に考えられる。倭国の中枢をなす、各国の支配者階級は、同時にまた、当時にあっては先進的な知識人でもあったと考えてよい。だが、彼らが手にすることができる漢字は、質・量ともに交易関係や国書など、公的文書等の用例に偏在していたと思われ、文学的用法も含め、あらゆる漢字の意義を明確に区別しつつ、これを自在に駆使することなど、彼らにはほとんど不可能に近いものであったろう。

いや、百歩譲って、彼ら倭人たちがこれら漢字の意義を一字一字熟知していた、と仮定してもよい。無論、「卑字」であっても、そうと知った上で、「夜露死苦《ヨロシク》」ばりに、自らが露悪的に使用する分には、一向に構わないからである。

それまで文字を知らず、文字による表現のすべを持たなかった倭人たちにとって、漢字文化の流入は、以後の倭人文化に与えた影響の大きさからすれば、画期的、革命的な出来事であったはずで、「卑字」云々の分類以前に、漢字自体の利便性、これは何物にも代えがたいものであった。

『魏志倭人伝』に限らず、各史書に散見する倭国関係の国名・人名は、表音・表意の混在する雑多な表記になっている。そこには統一性もなく、継ぎ接ぎだらけで、ある意味「思いつきで付けてみました」と思われるものも、どうやら混じっていそうである。

今日の我々は、漢字文化の世界的遺産ともいうべき諸橋轍次氏の『大漢和』を手にすることができるが、そこから得た知識は、下手をすれば、現代という高みからただ見下ろしているだけの、机上の空論に成り果ててしまう危険を多分に孕んでいる。それが「卑字」であるとかないとか、こういう些末な部分で議論が終始してしまうのは、邪馬台国の問題を矮小化してしまいかねない。「卑字」云々の言説は、言辞を弄ぶ宮廷文化人的発想で、古代倭国の現実から乖離した空論に過ぎないのではないかと思われる。

まさに、邪馬・台国という、「尊」「卑」取り混ぜた、一見アンバランスとも思える国名表記が、以上の経緯を、逆に雄弁に物語っているといえるのではあるまいか。

さて、本書では一貫して、邪馬台国の所在地を筑後八女地方に求める立場から私見を展開してきたが、その比定地について、もう少し具体的に述べさせていただくことにする。

四神相応の地

『魏志倭人伝』によれば、卑弥呼は「鬼道」あるいは「鬼神の道」(『後漢書』)と呼ばれる呪術を駆使して人心を支配し、「佐けて国を治む」とあった男弟とともに、聖俗分離の構造を持つ王権を担っていた。こうした邪馬台国の二重構造は、そのまま邪馬台国の立地の特殊性と重なり合うと考えている。

男王が直接統治していた邪馬台国の王都は、おそらく平野部に広がる八女市街地のいずこかに位置していた

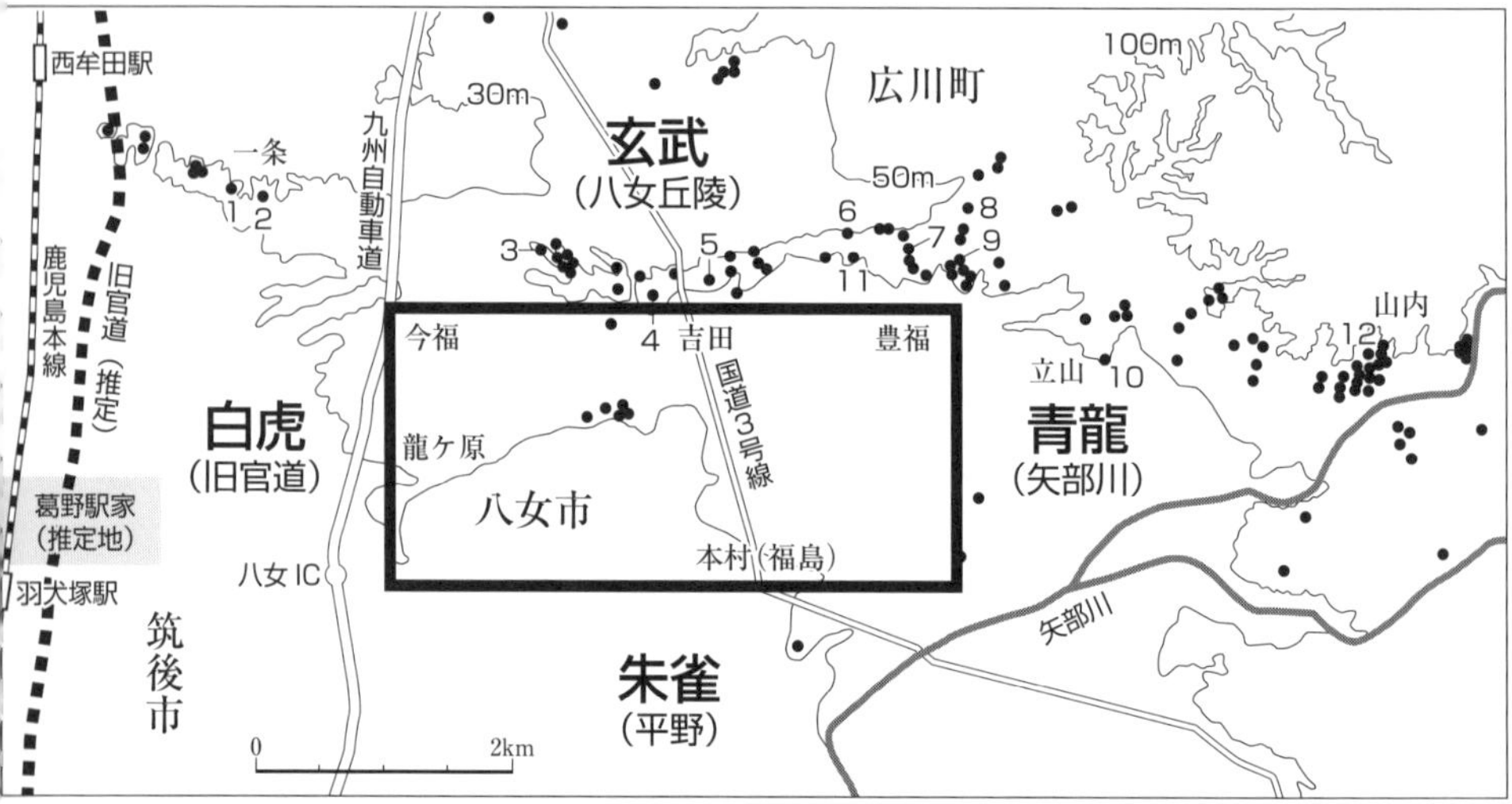

人形原古墳群（八女古墳群） 1.石人山古墳（装） 2.弘化谷古墳（装） 3.神奈無田古墳 4.岩戸山古墳 5.乗場古墳（装） 6.善蔵塚古墳 7.鶴見山古墳 8.釘崎3号古墳 9.釘崎2号古墳 10.立山丸山古墳 11.丸山塚古墳（装） 12.童男山古墳

■図6　邪馬台国・王都想定地
（森貞次郎『岩戸山古墳』〔中央公論美術出版〕所載の図をもとに作成）

と考えられ、その系譜に連なる筑紫君一族も、引き続きここを本拠としていたのであろう。

邪馬台国の王都と目される候補地は、北に八女丘陵を控え、東部の山岳地帯から矢部川が流れ込む地点である。南には八女平野を一望でき、西には『延喜式』によると、律令時代、筑前・筑後・肥後を結ぶ官道が南北に走っていた。無論、これは「律令」以後、新たに敷設《ふせつ》されたものではなく、古くからの幹線路をそのままなぞったものと考えられる。

かようにこの地は、風水説にいう「四神相応」の地としての諸要件を満たしているといってよい。これは偶然の結果ではなく、意図的に選定された可能性がある。

「四神相応」とは、北に玄武（台地・高地）、東に青龍（渓流・河流）、南に朱雀（平野・低地）、西に白虎（大道・街道）を具備した理想的な地勢をいう。具体的には、東に河川が流れ、南に低地や平坦な地があり、西に大道が通じ、北に山脈・丘陵・台地が広がるという地形を指し、都を置くには最適な、吉相の地になるという。

唐の長安、我が国の平城京・平安京などの造営地はみな、これら「四神相応」の条件を満たした吉相の地に選定されてきた。いうまでもないが、こうした風水説は大陸の外来信仰＝「道教」信仰に起源を有する。おそらく卑弥呼の「鬼道」にも早くに取り入れられており、邪馬台国の王都も、この説に従って定められたものと推定される。ただし、ここでいう風水説とは日本風にアレンジされたもので、今日言うところの正統派「風水説」とは似て非なるものだという。

こういったところに、繰り返し述べてきたように、古代の我が国に流入した「道教」信仰が、後に体系化された、いわゆる「成立道教」ではなく、大陸や半島に流布していた、比較的初期の、かつ民間次元の雑多な信仰レベルであったことが窺い知れよう。

余滴――八女遷都計画

旧聞に属するが、昭和五十二年（一九七七）十月六日付の新聞記事（「西日本新聞」夕刊）で、戦時中、我が国で極秘に「首都移転計画」が進められていたというスクープが報じられた。

それは、昭和十五年七月から翌年五月にかけて、当時の企画院によってまとめられた極秘文書「国土計画作製文書綴」が、元経済企画庁の地下倉庫から発見されたことによる。

「中央計画素案」として公式発表されたのは、戦局も押し迫った昭和十八年十月だが、その中で「大東亜共栄圏の枢軸として之が建設、指導及防衛の重大使命を有する皇国の首都は此の責務を完遂するに最も適当なる地域に之を奠《さだ》むべきもの」とされ、岡山県邑久《おく》郡行幸《みゆき》村中心地区（現岡山県瀬戸内市）、朝鮮京畿道京城府

（ソウル）周辺地区、そして福岡県八女郡福島町中心地区（現福岡県八女市）の三カ所が候補地とされた。
戦況悪化で、結局この計画が具体化することはなかったが、この三候補地が選ばれたのは、
①最も適当なる全国土の中心たるべき土地
②地震および風水害等の天災地変少なき土地
③四季の別明なると共に冬季寒気厳しからず夏季暑気甚しからざる土地
④地形平潤にして高燥、風光明媚なる土地
⑤用水・電力・食糧その他諸物資豊富なる土地
⑥交通利便にして地域文化の高く而も既成都市とは適当に離れたる新しき土地
これらの諸条件を満たした土地だから、ということらしい。

だが、果たしてそれだけだろうか。

かつて、日本の都市計画の様々なところで、前項で挙げた風水説が大いに活用されたという「俗説」は多い。古代の王都はもとより、近世の江戸についても、徳川家康の側近であった天海僧正が、風水説を巧みに取り入れた江戸の町づくりを唱導した、とさえ言われている。

天海云々の当否はともかく、唐の長安を都造りの手本とした、先の平城京、平安京といった歴代の王都が、かかる「四神相応」の地を選定した上に造営されていることは、ほぼ疑いのない事実である。

その歴史的事実を踏まえた上で言うのだが、仮に今、「首都移転計画」が新たに持ち上がったとして、首都の移転がそのまま皇居の移転に繋がる以上は、古き伝統や習俗を重んじる我が民族のこと、陰で迷信だの何だのと言われようと、時の為政者がかかる風水説を意識せずに、利便性のみで一方的に移転計画を進めていくことなど、まずあり得ない。

まして、今から七十年以上前の、戦時下の日本である。無論、近代国家・日本の指導的立場にある人物が、風水云々を大っぴらに公言することはできないにしても、である。

このように考えてみると、戦時下の「首都移転計画」で選ばれた三候補地は、いずれも「四神相応」の条件を満たした、吉相の地だった可能性がある。というよりもむしろ、そうでなければ、首都の移転というデリケートな問題に、各方面からの賛同は得られなかったに違いない。

岡山県邑久郡行幸村中心地区は、地図を眺めただけではよく分からないが、朝鮮京畿道京城府（ソウル）は、さすがに中国歴代王朝の直接的な影響下にあったかの国だけあって、極端に風水を意識した都市の造りになっているのはよく知られている。

なぜ首都移転の有力な候補地として、この八女の地が選ばれたのか。

幻の八女遷都計画は、こういった「風水」学的な観点からも再評価されるべきであろう。

聖と俗

さて、八女市の中心、福島からさらに東方、矢部川を遡った山岳地帯（旧八女郡）に、前章で述べた日神信仰の聖地・日向神地区がある。ここが「おてる」伝説の故地であり、八女津媛にして巫女王・卑弥呼の都するところである。

男王の居住する王都が「俗」を代表するとすれば、まさしくここは「聖」を代表する、もう一つの王都である。つまり、邪馬台国には矢部川の水運に結ばれた聖・俗二つの王都が併存していたことになる。これが『日本書紀』にいう「八女国」の総体であり、後代の八女市全域、および八女郡を合わせたほどの領域に相当する。日程記事にいう「水行十日陸行一月」は、従来考えられてきたように、投馬国から邪馬台国に至るまでの日数ではなく、邪馬台国の第一の王都（八女市街地）から、さらに「女王の都する所」までの日数を示したものと見なすことができる。

すなわち、「（投馬国の）南、邪馬台国に至る、女王の都する所（へは、さらに）、水行十日陸行一月」の謂であろうと見なすのである。

論拠として挙げておきたいのは、『魏志倭人伝』における、各国の記事の微妙な差異である（表4）。地誌としての性格上、目的地と方位、そこに至るまでの距離、この三点が最優先されるのは当然といえ、実際に大半の国々では、先後関係はともかく、何はさて措いてもまず方位→里程（日程）→国名、または方位→国名→里程（日程）というセットの記載があり、その後に各国の国情について見聞した記事が続く、という順となっている（ただし、対馬国・末盧国へは方位の記載なし）。にもかかわらず、一支国と邪馬台国の二例においてのみ、この三項の間にそれぞれ「名日瀚海」「女王之所都」という唐突なコメントが挿入されている。これをどう解釈すべきか。

一支国の場合は明らかに、先に提示した「又南渡一海」という海の名称を、後からわざわざ補足説明したものであって、一支国そのものとは無関係の記事なので、ここに挿入されても何ら違和感はないが、邪馬台国における「女王之所都」の一項は、通例であれば里程・日程記事の後に続くべき見聞記事であって、この配列に関していえば、いささかの不自然さは否めない。

これを「（投馬国から）南（に行けば）邪馬台国に至る（のだが）、女王の都する所（へは、そこからさらに）、水行十日陸行一月（かかる）」と解釈すれば、この違和感も解消するのでは、と考えてみた次第である。

無論そうなれば、肝腎の「邪馬台国（俗）」への日程が記載されていないことになるのだが、『魏志倭人伝』（の著者、または魏使）にとっての邪馬台国は、あくまでも「邪馬台国（聖）」の方に主体があり、「邪馬台国（俗）」の方にはさして関心が払われなかったからではないか、とも考えてみた。後考を俟つ。

さて、以上を踏まえると、邪馬台国の王都（俗）からさらに十日、矢部川を東に遡り、上陸して山中を彷徨すること一カ月で、卑弥呼の籠る山奥の聖地（日向神）に到着することになる、と比定し得るのだが、それにしてもかなり誇張した数値であり、いくら山中の聖地とはいっても、現実には辿り着くまでに、こんなに日数を費やすことはあり得ない。

■表4　方位・里程（日程）記載と国名の位置関係

国名	原文
狗邪韓国	到其北岸**狗邪韓國**　**七千餘里**
対馬国	始度一海　**千餘里**　至**對海國**
一支国	又南渡一海　**千餘里**　名日瀚海　至**一大國**
末盧国	又渡一海　**千餘里**　至**末盧國**
伊都国	東南陸行　**五百里**　到**伊都國**
奴国	東南至**奴國**　**百里**
不弥国	東行至**不彌國**　**百里**
投馬国	南至**投馬國**　**水行二十日**
邪馬台国	南至**邪馬壹國**　女王之所都　**水行十日陸行一月**

卑弥呼の居処について、『魏志倭人伝』は次のようにいう。

王と為りしより以来、見る有る者少なく、婢《ひ》千人を以て自ら侍《はべ》らしむ。唯男子一人有り、飲食を給し、辞を伝へ居処に出入す。宮室・楼観・城柵、厳かに設け、常に人有り、兵を持して守衛す。

これを含めて、「邪馬台国」に直接関わる内容は、倭国側の報告に基づく見聞で、郡使が実際に現地に赴いて記録したものではあるまい。

『魏志倭人伝』は、朝鮮半島南端に位置する狗邪韓国から順次、各国々に至る里程・方位を列挙しているが、不弥国から投馬国へは「水行二十日」、投馬国から邪馬台国へは「水行十日陸行一月」と、それぞれ厳密には、里程ではなく日数で記載されている。なぜこの二国だけが里程に拠らず日程なのかという点につき、『隋書』倭国伝によれば、

倭国は百済・新羅の東南に在り。（中略）夷人里数を知らず、但々計るに日を以てす。

とあり、もともと倭人には距離を里数で表す知識、もしくは習慣がなかったという。したがって、『魏志倭人伝』の「南、投馬国に至る水行二十日」「南、邪馬台国に至る、女王の都する所、水行十日陸行一月」という日程記事はいずれも、里数で表すことを知らなかった倭国側の報告した数字をそのまま記載したに過ぎず、つまりは郡使が実際にはこの両国に足を踏み入れていなかったことを明示している。

新興宗教「鬼道」を事とする巫女王として、その神聖さを強調する意味において、卑弥呼は世俗の塵芥《ちりあくた》から、進んで遠ざからねばならなかった。そのためには、普段住まいするその聖都は人里離れた奥地であればあるほどよく、接する人間が少なければ少ないほど、神秘性はいやが上にも高まってくる。「水行十日陸行一月」の誇張は、卑弥呼の普段住まいする聖地が、倭国の遙か彼方の奥地に存在していることを、強調するためであった、と考える。

さて、そのあたりの事情を、別の角度からひとつの表にまとめてみると、記事の内容から、

対馬国―伊都国………今回、郡使が実際に足を運び、見聞した事実に基づく部分
奴国・不弥国…………過去（前期倭国時代）から知られていた倭国の情報に基づく部分
投馬国・邪馬台国……倭国側の報告のみに基づく伝聞の部分

右の三つのパターンに分類することができる（表5）。投馬国はともかく、後期倭国の中心にして卑弥呼が都した王都・邪馬台国を郡使が直接訪問しなかったというのは、一見不審なようだが、『魏志倭人伝』に「郡使の往来、常に駐まる所なり」「女王国より以北には、特に一大率を置き、諸国を検察せしむ。諸国、之を畏憚す。常に伊都国に治す」「郡の倭国に使するや、皆津に臨みて、伝送の文書・賜遺の物を捜露し、女王に詣るに差錯あるを得ざらしむ」とあるように、「倭国大乱」以後、対外的にも国内的にも、後期倭国における政治的・対外的な中枢は、玄界灘航路を実質的に独占していた伊都国にあった。

そのように考えると、前言と矛盾するようであるが、おそらく卑弥呼にしてからが、しばしばその伊都国に出向き、郡使との対面など、必要に迫られて対外交渉の場に自ら臨むこともあったと思われる。

そういった意味では、倭人の話によれば「南、投馬国に至る水行二十日」から、さらにその「南、邪馬台国に至る、女王の都する所、水行十日陸行一月」という僻遠《へきえん》の彼方に、物見遊山でやってきたわけでもない郡使が、ましてや彼我の政治的力関係からいっても、わざわざ自ら邪馬台国を目指して表敬訪問する理由はまったくないのである。

また、こうも考えられる。

以上のように、魏側の郡使と卑弥呼とに、直接対面する機会がまったくなかったとは思われないから、倭人にしてみれば、「水行十日陸行一月」をことさらに強調することによって、卑弥呼は普段、霧に閉ざされた深山の彼方に住んでいて、ことある時には聖地と下界とを自由に往来できる、神仙にも比すべき類まれなる呪術王だ、とでもいいたかったのかもしれない。

蛇足ついでに。

ここまでお読みいただいた以上、こと改めて再説するのもおこがましいが、里程に拠らず日程でのみ記され

■表5　後期倭国（『魏志倭人伝』に記載の三十国）のうち、狗邪韓国－邪馬台国の順路に記載された国々

国	記載内容	記事の根拠
狗邪韓	里程・方位	寄港地 ※国情視察なし
対馬	里程・方位・官（卑狗）／副（卑奴母離） ・居る所は絶島、方四百余里可り、土地は山険しく、森林多く、道路は禽鹿の径の如し。千余戸有るも良田無く、海物を食して自活し、船に乗りて南北に市糴す。	①今回、郡使が実際に見聞した事実に基づく記事 ②過去（前期倭国時代）から知られていた倭国の情報に基づく記事
一支	里程・方位・官（卑狗）／副（卑奴母離） ・方三百里可り、竹林・叢林多く、三千許りの家有り。差田地有り、田を耕すも猶食するに足らず、亦南北に市糴す。	①／②
末盧	里程・方位 ・四千余戸有り、山海に浜ひて居る。草木茂盛し、行くに前人を見ず。好く魚鰒を捕へ、水の深浅と無く、皆沈没して之を取る。	①／②
伊都	里程・方位・官（爾支）／副（泄謨觚・柄渠觚） ・千余戸有り。世王有るも、皆女王国に統属す。**郡使の往来、常に駐まる所なり。**	①／②
奴	里程・方位・官（兕馬觚）／副（卑奴母離） ・二万余戸有り。	②
不弥	里程・方位・官（多模）／副（卑奴母離） ・千余家有り。	②
投馬	**日程**・方位・官（弥弥）／副（弥弥那利） ・五万余戸可り。	③倭国側の報告に基づく伝聞記事
邪馬台	**日程**・方位・官（伊支馬・弥馬升・弥馬獲支・奴佳鞮） ・七万余戸可り。	③

る投馬、邪馬台両国の比定地を、本書では後の筑後地方一円に想定してきた。

具体的には、久留米以南の筑後川沿岸地域に投馬国を、八女市を含め矢部川を遡った旧八女郡東部に至る山岳地帯に邪馬台国を比定しているのだが、奴国を滅亡に追いやった、これら筑後勢力による「倭国の大乱」の実態は、新興宗教「鬼道」による宗教的動乱であった、と考えている。

さらに、筑前域を支配していた奴国勢力を地境祭祀によって制圧した証しとして、彼らは後に、自らを「筑紫君」と称するようになったとしたのだが、この地は、『筑後国風土記』逸文に、

> 此の堺の上に麁猛神《あらぶる》あり、往来の人、半《なから》は生き、半は死にき。その数極《いた》く多《さは》なりき。因りて人の命尽《つくし》の神と曰ひき。時に、筑紫君・肥君等占へて、筑紫君等が祖、甕依《みかより》姫を祝《はふり》と為して祭らしめき。

とあったように、「境界に荒ぶる神がいて、通行の妨害をした」という伝承に加え（むしろ、その伝承の由来となったであろう、この地域の地勢的条件が主因であろうが）、そもそもがこの「筑紫」地区を境に、南と北には宗教観を異にした、それぞれ別次元の異世界が存在すると見なされていた。

いわば、後期倭国の中心となった筑後地方は、外洋に向かい開放的な筑前方面（玄界灘地域）から見れば、異宗教「鬼道」の拠点として深い霧に閉ざされた、足を踏み入れがたい侵すべからざる聖域でもあった、ともいえる。

それはある意味、奴国勢力から王権を「簒奪」した後期倭国王権の神威性・不可侵性の主張にも繋がってくる。なればこそ、卑弥呼が「王と為りし自り以来、見る有りし者少なし。婢千人を以て自ら侍せしめ、唯男子一人有りて飲食を給し、辞を伝へて居所に出入す。宮室・楼観・城柵を厳かに設け、常に人有りて、兵を持し

て守衛す」と、ことさらに神秘性を以て描かれ、投馬国以南、邪馬台国の位置関係が、「水行十日陸行一月」という膨大な日程で記されるなど、とても容易には辿り着けない僻遠の聖地として粉飾され、郡使に喧伝された可能性もあるのではなかろうか。

卑弥呼の墓

ここで、どうしても触れておかなければならないことがある。それは、『魏志倭人伝』に「卑弥呼以て死す。大いに冢《ちょう》を作る。径百歩、徇葬する者、奴婢百余人」とある、卑弥呼の墓のありかである。

墳墓の所在地、すなわち邪馬台国の所在地と言いたいところだが、実は必ずしもそうとは言い切れないのが、この問題の複雑さである。

先に述べた、スガ岳の山頂に女猟師「おてる」=日神祭祀・山神祭祀をことととした巫女の墓がある、という伝承は蠱惑《こわく》的だが、すでに見てきたとおり、その実体はスガ岳に祀られた山神祠であり（無論、かつての墳墓が山神祭祀の場として転用されることは充分にあり得ることではあるが）、そもそも標高七二〇mという高地に墳墓を築くのは、弥生墳墓のあり方としてどうなのか、という疑問は残る。

とはいえ、卑弥呼の墓がいずれなのか、どこにあったのかという問題は、邪馬台国の所在地論争と不可分に結びついている。また、その前提として、卑弥呼の墓が三世紀後半という微妙な時期において、そもそもそれが弥生墳墓なのか、初期古墳なのかという基本的な問題と絡んでくるために、軽々に結論を出すことは難しい。

多くの畿内説が主張する「箸墓」説への批判はさておき、本書で展開している「邪馬台国八女説」の立場に基づき、現時点で考えられる「可能性」について論じておきたい。

それは、すでに諸先学が述べておられるように、糸島市三雲・井原遺跡群の西方、雷山川と瑞梅寺川に挟まれた曽根丘陵に位置する、平原《ひらばる》遺跡である。

伊都王墓とも言われるこの遺跡を取り上げるのは、ややためらいがないでもない。

かつて、原田大六氏を中心とした発掘調査の結果、遺構は東西一四m、南北一〇mの長方形をした墳丘を有する方形周溝墓《ほうけいしゅうこうぼ》で、中央部に割竹型木棺の痕跡をとどめ、内部からは、四十面分にあたる破砕された銅鏡（後漢鏡・仿製鏡《ほうせいきょう》）、鉄製素環頭大刀《そかんとうたち》一口、硝子《がらす》製勾玉、小玉、管玉、瑪瑙《めのう》製管玉、琥珀《こはく》蛋白石《たんぱく》製丸玉などが出土した。

平原遺跡（方形周溝墓）

このうち仿製鏡（国産）と思われる五面の内行花文鏡《ないこうかもん》は、直径四六・五cmにも及び、国内最大である。

特徴的なのは、出土した四十面分の銅鏡が、ことごとく人為的に破砕され、しかも墓壙の四隅の穴に投げ込まれていたことである。これは、被葬者の死が、尋常ならざるものであったことを暗示させる。

この方形周溝墓がいずれの時期に築造されたかという問題も不確定で、あるいは弥生時代後期後半（二世紀前半説、三世紀後半説）とも、古墳時代前期（四世紀後半説）とも言われ、今のところ確定しているとはいいがたい。

ここで注意しておきたいのだが、考古学的な新発見に伴って、新聞記事等でいち早く「〇世紀の前方後円墳」「〇時代〇期の遺構・遺物」などとすでに自明のごとき、しばしば断定的な物言いがなされることがあるが、多くは曖昧さ（分かりにくさ）を敬遠する読者のために（という免罪符を掲げ）捨象化した、「偏向」（といって悪ければ、一方的な）記事に過ぎない。

その際に利用されるのは、お世辞にも、手堅い検証を経た客観的データとはいえず、特定の史観・主張に立つ（立場が違えば、これには異論もあろうが）、手近な考古学者の、手っ取り早い意見であることが多く、結果的にそれが正しいとは限らない、ということは知っておいた方がよい。

詳細は避けておくが、「古墳時代初期」の位置付けひとつをとってみても、九州（特に北部九州）と近畿地方とでは、その年代観に大きな差がある。

「古墳時代初期」を四世紀初頭とすれば、三世紀後半期に築造されたと思われる卑弥呼の墓は、弥生墳墓（墳丘墓）であっていわゆる「古墳」ではないことになるが、その意見に異論を唱える向きも当然あるわけで、あちらでは、いやいや「古墳時代初期」は三世紀の後半期だから、卑弥呼の墓はすでに発生期前方後円墳なのさ、と言って譲らない。

ここで平原遺跡の年代観に深入りはしないが、奥野正男氏によれば、出土品の中に初期古墳文化を特徴づける三角縁神獣《さんかくえんしんじゅう》鏡（これをいまだに、魏朝から下賜された、例の「卑弥呼の鏡」だと、すでに破綻した論理を振りかざす論者はまだまだ多いが）を一面も伴わず、後漢鏡の大半を占める方格規矩《ほうかくきく》鏡に、多く文字の簡略化、脱字、左文字、紋様の退化現象が目立ち、こういった傾向が後漢後期から三国時代にかけての顕著な特徴であるとされることから、平原遺跡の成立は同時期で、しかも三角縁神獣鏡の出現以前と考えるのが最も妥当であろう。これが我が国においては弥生時代後期後半〜末期（三世紀後半）に相当する。いわば、卑弥呼の時代とほぼ重なり合う、ということなのである。

一説には、狗奴国との抗争の末、敗北した責を負って殺害された、とも言われる卑弥呼である。魏使に拝謁し、対外交渉の不手際を突かれ、挙句、出向先の伊都国で直ちに処刑された、というのであれば、その墳墓が王都・邪馬台国にはなく、伊都国にそのまま残されていても不思議ではないことになるのだが。

一方、当時の伊都国の状況については、すでに述べたように、『魏志倭人伝』に「郡使の往来、常に駐まる所なり」「女王国より以北には、特に一大率を置き、諸国を検察せしむ。諸国、之を畏憚す。常に伊都国に治す」という記載から、伊都国内に「一大率」なる出先機関があって、女王国以北の国々に畏れ憚られていたという。つまりこの時期に、伊都国内には従来の伊都王家と、邪馬台国から派遣された「一大率」という、二つの統治機関が併存していたことになる。

平原遺跡の突出性からいって、この墳墓が、伊都国王ですら畏れ憚ったはずの監督官「一大率」のものであった可能性もある、という点も考慮しつつ、現時点での卑弥呼の墓の最有力候補として、この平原遺跡を挙げておきたい。

終章

道君首名の筑後派遣

最後に、筑後地方の「反乱」後の動向についてみてみよう。

道君首名《みちのきみおぶとな》は、記録に現れる最初の筑後守である。初めて正史に名が見えるのは文武天皇四年（七〇〇）六月、大宝律令の撰定者の一人として『続日本紀』に名を連ねたときであるが、以後、『続日本紀』の記載に従うと、翌、大宝元年（七〇一）六月、命ぜられて「僧尼令」を説くために大安寺に派遣されている。そのときわずかに正七位下と伝えるから、まず官吏としては取り立てて目立ったところはない。

和銅五年（七一二）九月、遣新羅大使に任ぜられたときには従五位下に昇進しているが、これは律令撰定の功績によるものであろう。

翌六年（七一三）八月、任を終えて新羅から帰朝した首名は、その月のうちに筑後守に任ぜられて筑後に下っている。おそらく都に戻る暇もなく、慌ただしい赴任だったと察せられる。

筑後守時代の首名は、『続日本紀』によればかなりの良吏だったとされている。

曰く、首名は若くして（唐の）律令を学び修め、その制度に通暁《つうぎょう》していた。和銅の末に筑後守となり、肥後守も兼ねた。人々に生業を勧め、耕作や植樹、鶏や豚の飼育に至るまで細かく条例を制定したという。教えを守らない者に対しては時として処罰を加えたため、人々は初め内心では恨み罵っていたが、その実が上がり始めてからはみな喜び、その一、二年のうちに国中がみな従うようになった。また溜池や堤防を築いて灌漑事業を広めた。肥後の味生《あじう》池を始め、筑後にも数々の溜池を造ったという。これによって、人々が多くの利益を得ることができたのは、すべて首名のおかげである。そして人々は首名の死後、首名を神として祀ったのだ、と。

ここにあるように、筑後在任中、肥後守をも兼ねていたという。

後の『続日本後紀』『三代実録』には繰り返し、首名が良吏であったことが述べられており、首名の筑後守時代の治績が特筆すべきものとして、宮廷内でも永らく語り草になっていたことが分かる。

さて、この首名の筑後派遣であるが、単に機械的な人選ではなく、どうもあらかじめ周到に計画された人事であるようなふしがある。

筑後守となる直前の首名は、遣新羅大使として一年足らずの間、半島に渡っていたが、帰国したのが八月十日、その月の二十六日には早くも筑後守に任ぜられている。この慌ただしさから察するに、新羅派遣と筑後守就任とは、相互に関連するひと続きの計画人事と考えるべきである。

一つには、首名の治績の中に、池を築いて灌漑設備を整えたことが挙げられている点である。

新羅は伝統的に築堤技術の先進国であるとされ、中国・秦の河川灌漑と並んで、その技術導入は我が国の国土開発に大きく寄与したようである。首名の新羅派遣の目的が、一つには、かの地の灌漑技術を学び修めることにあったのは、おそらく間違いあるまい。

だが、果たしてそれだけだろうか。

この逸話の意味するところは、新たな視点からの再検討が必要なのではなかろうか。

首名のなした教化政策は、基本的には先の律令体制を具現化したもの、すなわち儒教道徳に基づくものであろう。肥・筑の庶民たちの生活理念は、当初これと正面衝突したわけであるが、このとき彼らの生き方を支配していたのは、おそらく儒教道徳とは相容れないもの――「道教」信仰ではなかったか、と考える。
首名が国守として派遣された筑後・肥後地方は、いうまでもなく二百年ほど前、磐井の「反乱」の一大拠点となった地域であった。その「反乱」においては、「任那四県割譲事件」をきっかけに新羅と大和政権の関係が険悪になったとか、磐井が事前に新羅から賄賂を受けたとか、「反乱」に際し、「新羅海邊人」が磐井の軍に加担していたとか、筑後地方と新羅との密接な関わりを示す状況証拠が目立つ。

「反乱」の後、石人・石馬が衰退してからは、その「道教」信仰は、地下水脈のように装飾壁画へと潜行を余儀なくされたが、装飾壁画古墳の分布領域が示すように、むしろその盛行ぶりは、かつての石人・石馬文化を遙かにしのぐものがあった。

装飾壁画古墳の多くが六世紀後半前後に編年されるものが多い中で、中には七世紀～八世紀初頭にまで下る壁画（玉名市・石貫穴観音《いしぬきあなかんのん》横穴群）もあって、その時点ですでに「反乱」後二百年が経過しているとはいえ、「淫祀邪教」は決して根絶やしにされたわけではなかった。

首名の新羅派遣は、そのための「敵情視察」という側面があったのかもしれない。

一方、いま一つの「反乱」の拠点・豊国の事情はどうであったか。

こと、肥・筑とは違い、この地方で装飾壁画古墳が盛行したような痕跡はほとんど認められない。

もともと先行する石人・石馬文化さえ稀薄な地域だったから、当然といえば当然かもしれないが、これは豊国が「道教」信仰と無縁であったことを意味するわけではない。

むしろ、先にも触れたように、この地方は新羅系渡来人の本拠地として、外来信仰の一大中心地をなしていたと思われるから、一見この状況は不審である。

それは次のように解釈できよう。

新羅系渡来人によってもたらされた豊国（特に豊前）地方の外来信仰＝「道教」信仰は、土着の有力豪族・宇佐氏の比咩神《ひめがみ》信仰と習合し、やがて宇佐八幡の信仰へと展開していくことによって、比較的早い時期に大和政権の中枢と結びつくことができた。宇佐八幡の成立を、欽明朝の出来事と説く史書は多いが、これが継体朝とされる磐井の「反乱」の直後であることは、一応、注意されてよい。

また、安閑天皇の時代には屯倉設置の記事が見えるが、そのうちの五つ、腠碕《みさき》、桑原《くははら》、肝等《かと》、大抜《おほぬく》、我鹿《あか》の屯倉が豊国に集中している。どうやらこの時期、朝廷との間に、密接な繋がりが生じたらしい。

この八幡信仰が天平勝宝元年（七四九）の盧舎那大仏造立を頂点として、朝廷との間に密接な関係を結ぶことができたのは、外来信仰をもたらした彼らが、冶金技術に優れた、貴重な渡来集団だったからである。

この地方が、九州東岸にあって瀬戸内海に面するという地理的な利点から、九州諸地域の中でもとりわけ早期に、大和政権との接触がなされたと思われるのに加え、肥君、筑紫君といった在地の土着勢力とは違って、新来の渡来人勢力であったがゆえにフットワークに優れ、本来的に強い中央指向性を持っていたであろうこと、さらには、国力増強という朝廷の現実的な要請に即応できる、最新技術力を有する勢力であったことなどから、両者の利害関係が一致し、ために両者が歩み寄る形で、特に豊国勢力が温存された、と見るべきである。

いわば、肥・筑に比べ、「豊国」は別格であったということなのだろう。

このような状況のもと、いまだ肥・筑に根強い「道教」信仰は、まさしく律令国家の理念と根本的に対立し合うものとして意識されたに違いない。この現実を憂慮した朝廷の期待を一身に背負った、いわば最強の切り札となったのが首名ではなかったか、ということなのである。

大宝元年（七〇一）六月、首名は新たに撰定された僧尼令を説くために、大安寺に派遣された。

我が国の僧尼令は、唐の道僧格《どうそうかく》を典拠としているにもかかわらず、本来あるべき道士法にあたる部分のみが削除されている。道僧格とは、道教と仏教、いいかえれば道士と僧侶に種々の規定を加えた法令である。

下出積與氏は、我が国の律令政府が唐の道僧格を分割して、一方を僧尼令のように単独部門として形成しながら、他方（＝道士法）を全く削除してしまったのは、設定の対象となる道教、したがって道士が我が国に存在しなかったために、その必要を認めなかったのではなく、むしろ大宝律令の撰定時においてすでに、道術の民間流布が国家秩序の乱脈をきたすもととなっているという事実が存在していたか、あるいは少なくとも予想されたから、道教や道術を無視するだけでなく、これを抹殺しようという大きな意思が働いていたからではないか、とされる（下出積與『日本古代の神祇と道教』）。

大安寺で僧尼令を説く任に当たった首名は、大宝律令の撰定者の一人でもあったわけだから、こうした朝廷の思惑を知悉《ちしつ》していたはずであり、僧尼令を説くにあたってのみならず、筑後守・肥後守としての彼の基本姿勢は、当然のことながら、「道教や道術を無視するだけでなく、これを抹殺しようという大きな意思」に近いものを持っていたに違いない。

朝廷の意を体して筑後守に任ぜられた首名は、おそらく「反乱」の真相を知っていたはずである。

首名が筑後に赴任した翌年の和銅七年（七一四）、周知のように風土記撰進の命が下っている。首名は養老二年（七一八）、現地で卒しているが、これは『日本書紀』撰上の二年前である。

おそらく生前、首名はなんらかの形で『筑後国風土記』の編纂に関与したものと思われる。

ちなみに『出雲国風土記』の場合は、出雲国司が出雲国造・出雲臣果安《いづものおみはたやす》に風土記の編纂を委嘱したとあり、最終的には二十年の歳月をかけて出雲国造・出雲臣広島《ひろしま》の監修のもと、秋鹿《あいか》郡の人・神宅臣金太理《かんやけのおみかなたり》の手で完成している。

この点からいっても、筑後国の最高責任者である筑後守・首名が、『筑後国風土記』の編集にまったく無関係であったとは思われない。ましてや大宝律令の撰定者の一人であり、その制度に通暁していたとされる、インテリ派の能吏である。

『筑後国風土記』逸文の記す「反乱」記事が、岩戸山古墳の詳細な記述や、磐井逃亡説、八女県の篤疾《とくしつ》など、記紀には見えない独自のものであり、おそらく『日本書紀』のような官撰史書との擦り合わせがなされていない生の記事であることから、背後にことの真相を伝えようとする、編纂者の眼が働いているようにも見える。ともあれ、首名の治世は現地の人々から圧倒的な支持を得て、朝廷の賭けは、一応の成果を収めたようにも思われた。

人々は首名の治績を褒めたたえ、律令体制の勝利の象徴として、首名の名は我が国の史書に名を刻み、後世に永く語り伝えられるようになった。

だが、首名の死後、その治世に浴した農民たちは、首名を神として崇め祀ったという。伝説上の人物や祟り神は知らず、目の前に見上げた実在の人物を、その死後間なしに神に祀るという発想は、従来の神祇信仰にはなかったものであった。

ここには異質の宗教原理が働いている。

『三国志』魏書・武帝紀は興味深い話を載せている。

光和の末（二世紀末）、黄巾の乱の討伐に功績のあった曹操は、済南（山東地方）の相に任ぜられた。このとき任地に赴いた曹操は、まず、この地方一帯に蔓延していた淫祀を禁断したという。

これは漢初、呂氏の追討に功績のあった城陽景王劉章を、その死後祀ったものであって、特に済南地方にはその弊習が甚だしく、六百余祠にも及んでいたという。

祭祀のためには多くの金銭を喜捨しなければならない。そのため多くの民衆が貧苦にあえいでいたというが、曹操がこれを弾圧したのは、おそらく「窮民救済」などという、甘っちょろいものではあるまい。卑弥呼の「鬼道」、磐井の「反乱」もそうであったが、いわゆる体制の行き方と異なる「淫祀邪教」の類が、やがて反体制の形をとって一大勢力に発展していく恐れを、根っからの「能臣」である曹操が敏感に看取したからに他ならない。

そういった意味では、首名が死後、民衆たちによって祀られたのも、実はこのような危険性をはらんでいたと言えるだろう。

幸いというか、以後、肥・筑地方で磐井の「反乱」に類するような、特段の動きが起こった形跡は見られない。だが、次のことだけははっきりと言っておきたい。

律令体制による新たな教化政策は、道君首名の活躍によって、めでたく一応の成功を収めたかに見えた。しかし、長年によって培われ、すでに「地方」文化の中に深く根を下ろしてしまった外来信仰＝「道教」信仰は、もはや筑後文化の根底部分で同化して、体制からのいかなる教化をもってしても、もはや消え去ることはなかったのである。

「愚昧」な民衆教化のために、筑後に赴いた首名が、やがて民衆にとって英雄として崇められ、あまつさえ、死後彼らの手で神に祀り上げられるという皮肉な結末は、そのことをいみじくも露呈しているのではないだろうか。

そして、淵源すれば、それは卑弥呼の「鬼道」に辿り着く一方で、ひるがえっては、記紀の「八女津媛」伝承をへて、磐井の「反乱」へと、そして中世の「おてる」伝説へと後世連なっていく筑後地方の風土的特性として、形を変え、姿を変えつつも脈々と、密かに受け継がれ今日に至っている、というのが、ひとまずここに辿り得た結論である。

■図7　本書で取り上げた「倭」の神々の鎮座地

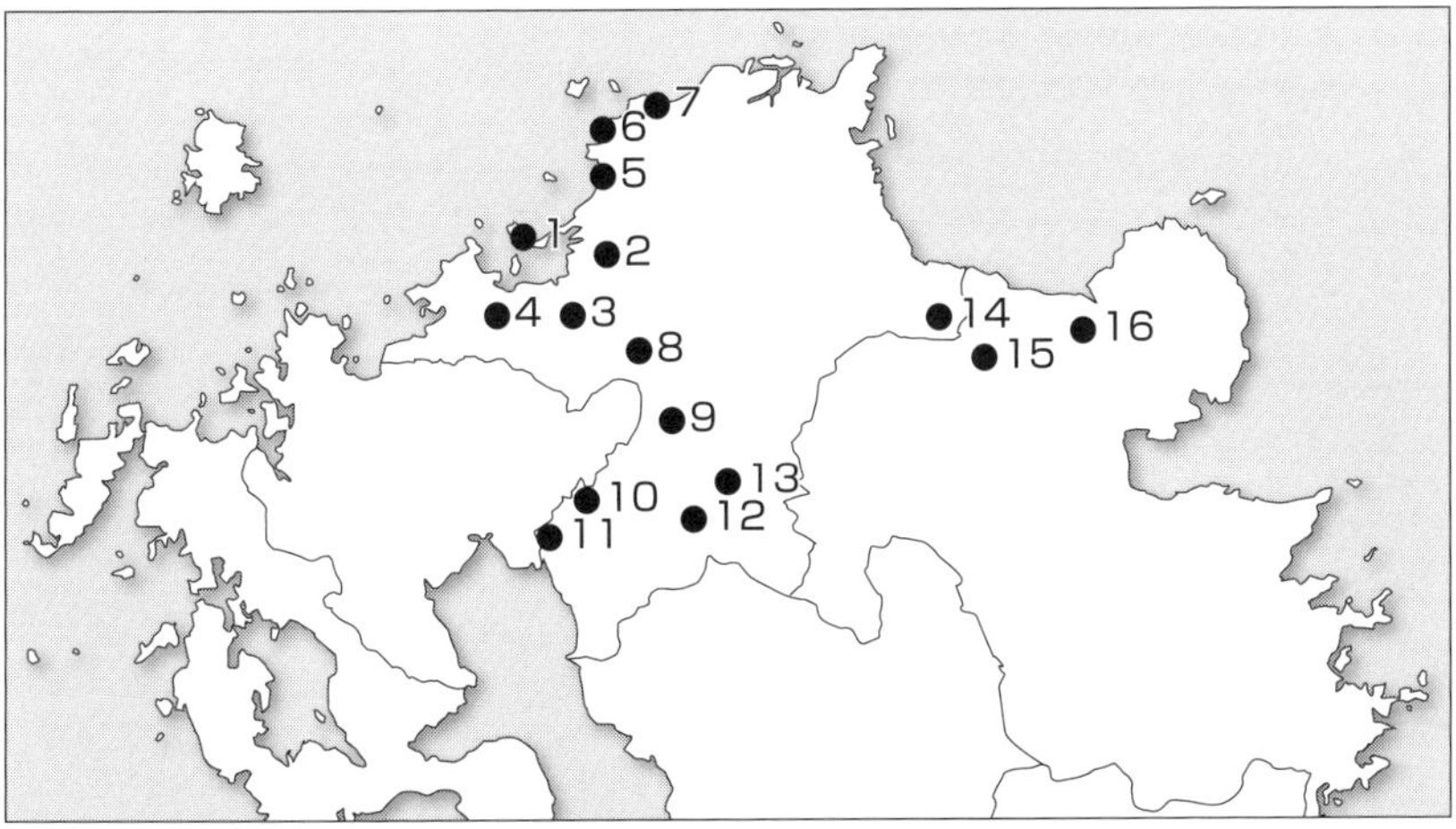

	神社名	主な祭神
1	志賀海神社	表津綿津見神・仲津綿津見神・底津綿津見神（・阿曇磯良神）、他
2	香椎宮	仲哀天皇・神功皇后・応神天皇・住吉大神
3	住吉神社	表筒男神・中筒男神・底筒男神
4	高祖神社	彦火火出見尊・玉依姫命・神功皇后（・高磯比売神）
5	宮地嶽神社	息長足比売命（神功皇后）・勝村大神・勝頼大神
6	織幡神社	武内大臣（宿禰）・住吉大神・志賀大神・八幡大神・壱岐真根子臣、他
7	宗像大社（辺津宮）	田心姫神・湍津姫神・市杵島姫神
8	筑紫神社	筑紫大明神（白日別神・五十猛尊）・宝満大神（玉依姫命）・田村大神（坂上田村麿）
9	高良大社	八幡大神・高良玉垂命・住吉大神
10	大善寺玉垂宮	玉垂命・八幡大神・住吉大神
11	風浪宮	少童命三座・息長垂姫命・住吉三神・高良玉垂命
12	日向神社	天照皇大神尊・瓊瓊杵尊・木花開耶媛命
13	八女津媛神社	八女津媛神
14	八幡古表神社	古表大明神（四十柱大神）・息長帯姫尊・虚空津比売命・住吉大神
15	古要神社	息長足姫命・虚空津比売命
16	宇佐神宮	八幡大神（応神天皇）・比売大神・神功皇后

主な参考文献（順不同・敬称略）

水野祐『日本古代国家――倭奴国・女王国・狗奴国』紀伊国屋書店（一九六六年）
井沢元彦『逆説の日本史〈1〉古代黎明編――封印された「倭」の謎』小学館（一九九三年）
松本清張編『銅剣・銅鐸・銅矛と出雲王国の時代』日本放送出版協会（一九八六年）
守屋俊彦『記紀神話論考』雄山閣（一九七三年）
西田長男「神楽歌の源流」『日本神道史研究』第十巻講談社（一九七八年）
鈴鹿千代乃『神道民俗藝能の源流』国書刊行会（二〇〇二年）
井上辰雄『隼人と大和政権』学生社（一九七四年）
松村武雄『日本神話の研究　個別的研究篇下』第三巻培風館（一九五五年）
三谷栄一『日本文学の民俗学的研究』有精堂出版（一九六〇年）
森浩一『倭人伝の世界――わたしの古代学』小学館（一九八三年）
中山太郎『日本民俗学辞典』昭和書房（一九三五年）
大林太良『邪馬台国――入墨とポンチョと卑弥呼』中央公論社（一九七七年）
岡田英弘『倭国――東アジア世界の中で』中央公論社（一九七七年）
柳田国男「地名の研究」『定本柳田国男集』第二十巻筑摩書房（一九六二年）
折口信夫「水の女」「髯籠の話」『折口信夫全集』第二巻中央公論社（一九六五年）
折口信夫「偶人信仰の民俗化並びに傳説化せる道」『折口信夫全集』第三巻　中央公論社（一九六六年）
上田正昭編『住吉と宗像の神――海神の軌跡』筑摩書房（一九八八年）
大林太良編『シンポジウム 日本の神話』第四巻　学生社（一九七四年）
武田祐吉「古事記説話群の研究」『武田祐吉著作集』第三巻　角川書店（一九七三年）
奥野正男『邪馬台国発掘――畿内か北九州か　永年の

論争に終止符を打つ！』 ＰＨＰ研究所（一九八三年）
森貞次郎『九州の古代文化』 六興出版（一九八三年）
小田富士雄編『石人石馬』 学生社（一九八五年）
中野幡能『筑前国宝満山信仰史の研究』 名著出版（一九八〇年）
中野幡能『八幡信仰史の研究（増補版）』下巻 吉川弘文館（一九七六年）
中野幡能編『英彦山と九州の修験道』 名著出版（一九七七年）
重松敏美『豊刕求菩提山修験文化攷』 豊前市教育委員会（一九六九年）
松前健『日本神話の新研究――日本文化系統論序説』 桜楓社（一九六〇年）
柳田国男「妖怪談義」『定本柳田国男集』第四巻 筑摩書房（一九六三年）
宮田登『神の民俗誌』 岩波書店（一九七九年）
宮田登『妖怪の民俗学――日本の見えない空間』 岩波書店（一九八五年）
井上鋭夫『山の民・川の民――日本中世の生活と信仰』 平凡社（一九八一年）
古田武彦『「邪馬台国」はなかった――解読された倭人伝の謎』 朝日新聞社（一九七一年）
原田大六『実在した神話――発掘された「平原弥生古墳」』 学生社（一九六六年）
下出積與『日本古代の神祇と道教』 吉川弘文館（一九七二年）

右に示した各著作は、本書をまとめるにあたり、様々なヒントや直接的・間接的に御教示をいただいた古典的名著の、ほんの一部に過ぎない。ここに示した以外にも倉野憲司、西郷信綱両氏を始め、多くの諸先学の注釈書・研究書等のお世話になった。この場を借りてお礼申し上げたい。併せて、本書の趣旨を補うものとして、拙著を紹介させていただく。御併読いただければ幸いである。

『海神宮訪問神話の研究――阿曇王権神話論』 和泉書院（一九九九年）
「綿津見神」古事記学会編『古事記論集』所収 おうふう（二〇〇三年）

おわりに

本編は陽光煌めく玄界の波濤から語り起こしたが、ここに、夕陽に照り映える有明海の干潟の光景を以て、長い「物語」のエピローグとしたい。

ここでは従来の「邪馬台国論」に多く見られたような、『魏志倭人伝』の里程・日程・方位記事を参考に、狗邪韓国から邪馬台国に至る国々を数値上から割り出して比定したり、無口な遺物に必要以上の多弁を促したり、地名考証を前面に押し立てて、まず音韻措定を軸に比定地を決定したりなどの方法は、極力避けたつもりである。

とはいえ、渺々《びょうびょう》たる霧の彼方に隠れ、いまだその全容を明らかにしない古代史の世界である。必然的に「ではないだろうか」「かと思われる」「かもしれない」的な仮説の上に立った、奥歯にものが挟まったがごとき、回りくどい物言いが多くなったのは致し方ないとはいえ、やはり忸怩たる思いである。

また、エピソード1から最終章までの内容が有機的に繋がりを持ち、併せて倭国の誕生から滅亡、それが日本古代国家の成立とどのように関わってくるのか、という私見を踏まえ、全体で壮大な大河ドラマとなるよう、記紀や風土記、民間伝承等の資料を駆使して、できるだけ「目に見える」ような「平易」な論証を心がけたつもりだが、いかんせん、臆説に臆説を重ねた私見と、屋上屋を架すがごとき多弁のせいで、結果的に晦渋《かいじゅう》にわたってしまったのは、ひとえに筆者の技量不足によるものである。

紙数の関係と相俟って、語り残したことはまだまだ多いが、それは今後の課題として、さらに検証を続けていきたい。

……と、抱負を述べつつも、「日暮れて途遠《みち》し」の観は否みようもない。

実は、本編は平成十年（一九九九）に上梓した、小著『海神宮訪問神話の研究――阿曇王権神話論』（和泉書院）の続編にあたるものである。

前著は専門書としての扱いからわずかな部数しか市中に出回らなかったが、出版以後、各方面から様々なご意見や感想をいただいたばかりか、出版からすでに二十年が経過しているにもかかわらず、「阿曇」関連の著作として、いまだに新聞や地元のテレビ、ラジオ等、各種メディアにも取り上げていただけるというのは、望外の喜びである。

拙著を手に取っていただいた関係各位に、まずは、この場をお借りしてお礼申し上げたい。

本編はその続編にあたるとはいうものの、前著はアカデミズムを意識した神話関係の専門書、という位置付けで、古代史全般、とりわけ日本の古代を語るには避けて通れない、「邪馬台国」及びその周辺に関わる諸問題に直接言及することは、あえて避けてきた。

我ながら姑息だと思いつつも、「邪馬台国」に片足を突っ込んだばかりに、アカデミックを標榜しながら、下手をすると「いかもの食い」扱いをされかねないリスクを、極力避けるためでもあった。

それでも読む人が読めば、「ああ、あのことを言っているな」と思わずニヤリとしていただけるような「仕掛け」を、随所にちりばめておいたつもりである。

「筑紫君」をテーマにした後半部分など、「まるで小説のように、楽しく拝読させていただきました」「専門外の方は、自由にものを書くことができて実に羨ましい」というお褒め（?）の言葉をいただくなど、十年一日のごとく「師の説」になづみ続け、遅々として進まない旧弊なアカデミズムの世界に半ば絶望しつつあった筆者にとって、それはある意味、励ましの言葉とも受け取れた。

とはいえ、何といってもまどろっこしい。

あれから、二十年。

今回その続編の稿をなすにあたって、前著のような実証を重んずるあまりの晦渋さはあえて避けようと決意した。

したがって、通例の専門書には欠かせない脚注等は、ほとんど取り払う結果になってしまったが、それでも私論の参考となる諸氏の重要な考説等は、本文中に随所に引用するなどした。

それが却って、文意の流れを各所で寸断してしまう結果となってしまったことは、大きな反省材料である。

また、前著の趣旨を踏まえ、それを前提とした（とりわけ阿曇と隼人の関係についての）論の展開も二、三にとどまらないため、あえて前著の再説を試みた部分もあり、それがくどいというご意見、あるいは初めて本書を紐解いていただく大方の諸氏には、むしろ中途半端で理解しづらいというご批判もあろうかと思われるが、後者については前著を参考にしていただくほかはなく、この点、どうかご海容いただきたい。

さて、ここで少々、思い出話をさせていただく。

忘れもしない、高校時代。

考古学少年の私は、当時、気鋭の考古学者であった森浩一氏の著書、新書版の『古墳の発掘』を、表紙がぼろぼろになるまで繰り返し繰り返し、何度も読みふけった。

真正面から学問に向き合い、一見物静かな風貌だが、力強い氏の、そして何よりも、考古学という学問が好きで好きでたまらない、という氏の思いが行間から滲み出てくるような真摯な語り口に、当時の私は、すっかり魅了されてしまった。

そして何よりも、関西在住の考古学者でありながら、邪馬台国九州説という「意外性」が心に響いた。

先年、すでに鬼籍に入られてしまったが、ご生前は、講演を一度きり拝聴させていただいたのみで、結局氏との対面はかなわなかったけれども、以後、私は氏の様々な著作を通じて、密かに、しかし親しく私淑させていただくことになる。

さて、当時の私は、考古学関係の部活に所属していて、ある公的機関の主催する小規模な発掘調査に、他の部員たちとともに参加する機会があった。といっても、役割はただの下働きで、長い柄のついた鎌でひたすら地山を削っていくという単純作業を延々と繰り返すのみであったが、末端とはいえ調査団の一員として発掘作業に参加しているという興奮からか、それはそれで楽しかった思い出がある。

その昼休み、現場の片隅に建てられたプレハブ小屋でくつろぐうちに、作業員たちから「先生」と呼ばれていた、調査団の責任者とおぼしき（印象から四十代そこそこか）人物と言葉を交わす機会を得た。

言葉を交わすというよりも、緊張のあまり、はあ、ええ、まあと、相手の問いかけに相づちを打つのがやっとだったが、そのうちどうしたはずみか、話が邪馬台国のことに及んだ。

これはチャンスとばかり、勢い込んで、ところで「先生」は邪馬台国畿内説ですか、いや九州説ですよね、といういかにも素人にありがちな、ダイレクトな質問をぶつけてみた。

私のぶしつけな質問に、相手は一瞬面食らったようにもみえたが、すぐに余裕の笑いで、
ああ、畿内だよ、畿内、と一蹴。

えっ、と戸惑う（実際、九州の考古学者なら誰もが九州説、と思い込んでいた）私たちに、さらに追い打ちをかけるように、

まともに考古学を学んだら、畿内説以外に考えられないよね（フン。↑あくまでも個人の主観です）。

と、ダメ押しのおまけまで付いてきた。数ならぬ身の高校生としては、はあ、そうですか、としか答えようもなく、意気消沈してその場は終わったのだったが。

もちろん、若さゆえの「身びいき」のなせるわざであった、と当時を振り返って幾分の反省はするものの、「森古代学」の弟子を自認していたその当時の私には、どうしても納得がいかなかった。

後にこの人物が、様々な著書や論文、雑誌・新聞のコラム等で、盛んに畿内文化の優越性を説き、邪馬台国畿内説に組するという、マスコミ受けのする優れた（当時、高校生だった我々に言わせれば）「裏切り者」の一人であることを知る。

この考古学者に限らず、畿内説を主張する論者の文章の多くに、「まともに考古学を学んだら、畿内説以外に考えられないよね（フン。↑くどいようですが、あくまでも個人の主観です）」というニュアンスを敏感に看取してしまうのは、果たして私だけだろうか。

いずれにせよ私は、この小さな出来事をきっかけに、「考古学」と決別した。

遺跡・遺物は黙して語らない。語るのは所詮、主観にまみれた一個の人間に過ぎない。よしんばモノをして語らしめるにしても、そこに必要なのは、いまだ不確定要素の多い、にもかかわらず「科学的」と称する遺跡・遺物の形式分類や編年の生半可な知識よりも、日本の歴史や精神性、民俗文化の古層に対する洞察力と深い共感ではないか。

具体的には、従来どおり文献史学や考古学の力を借りつつも、あくまで日本の神話や民間伝承、民俗文化の研究を通して、日本古層の「精神文化」という視点から、邪馬台国問題に迫っていく方法があるのではないか、と。

あくまでも考古学は従。無視するわけにはいかないし、幾分未練がないわけでもないが、さりとて今、縦横に使いこなすには荷が重い。事実が事実としてどこかに存在する以上、いずれ考古学の方で、黙っていてもこちらに歩み寄ってくる。今、使えるものは使いつつ、その日を粘り強く待つ以外にない。

そう念じつつ、今日に至っている。

本編の中心をなす記紀神話や民間伝承に関する部分では、机上の空論に堕するのを避けるため、当然といえば当然ながら、テーマの大小にかかわらず能うかぎり現地に赴き、時には急峻な山の斜面にへばりついたり、漆黒の坑道で恐怖の「胎内くぐり」を体験したりなど、年甲斐もない冷や汗をかきながら、フィールドワークに努めた。企図したところは、いわば、野外神話学・野外民俗学の融合である。その際に得た(と思った)インスピレーションが、拙い行間から、果たして読み手のみなさんにうまく伝わったかどうか、はなはだ心もとない限りではあるが。

最後に、本書が示した数々の臆説のうち、一つでも二つでも、そして何かの拍子にでも、「ああ、なるほどね」と膝を打っていただける部分があるとすれば、望外の幸せこれに勝るものはない。

そうあらんことを切に願いつつ、とりあえずの筆を擱くことにする。

平成三十年九月吉日

宮島　正人

宮島正人（みやじま・まさと） 昭和32年（1957）、北九州市生まれ。北九州市立大学文学部国文学科卒。大学在学中に、筑紫君磐井の乱を題材にした小説「叛乱」が第３回歴史文学賞候補作となる。平成６年（1994）、第６回荒神谷遺跡の謎懸賞論文第１席（「外来信仰と荒神谷遺跡」）。平成７年、第21回郷土史研究賞特別優秀賞（「妖怪形成論　キチキチ伝承の成立と展開」）。主な著作に『海神宮訪問神話の研究』（和泉書院）、『古事記論集』（おうふう、共著）、その他記紀神話、風土記、万葉集等の上代文学及び民間伝承に関する論文多数。なお、記紀神話・古代史研究の傍ら、怪談実話の蒐集にも努め、平成21年、第１回「幽」怪談実話コンテスト優秀賞受賞（「真夜中のギター」）を機に、岡野皆人（おかの・かいと）の筆名で『第１回怪談実話コンテスト傑作選「黒四」』『怪談実話 NEXT』（いずれもメディアファクトリー、共著）等の著作がある。高校教諭として、昭和54年、福岡県立山門高等学校を皮切りに、糸島高等学校、博多青松高等学校等に長年勤務、現在に至る。福岡市在住。

「倭《わ》」の神々《かみがみ》と邪馬台国《やまたいこく》
志賀島《しかのしま》・宗像《むなかた》・八女《やめ》

■

2018年10月１日　第１刷発行

■

著　者　宮島正人
発行者　杉本雅子
発行所　有限会社海鳥社
〒812-0023　福岡市博多区奈良屋町13番４号
電話092(272)0120　FAX092(272)0121
印刷・製本　シナノ書籍印刷株式会社
ISBN978-4-86656-035-9
http://www.kaichosha-f.co.jp
［定価は表紙カバーに表示］